새로운 성 경

한국어로 내려온
New Bible

제65권

5부 | 총10부

하얀마음

하나님 말씀 중에서

1. 사랑의 하나님

- 세상을 창조하신 하나님은 모두를 사랑하신다. 인간만 특별히 더 사랑하지 않고, 우주 만물을 다 똑같이 사랑하신다. 그러니 하나님이 창조하신 천지 만물과 화친하고, 미물까지도 소중히 대하라.

- 하나님은 특정 종파나 민족만을 더 사랑하지 않으신다. 자기 자신만 구원받겠다는 욕심을 버리고, 자기 종파만 구원받는다는 편협한 교리에서 벗어나야 한다. 종파를 초월해서, 모두를 사랑하라.

- 원수까지 사랑하라 했으니, 이 세상에 사랑하지 못할 자가 누가 있겠는가? 종파가 다르다고 해서 부모 형제와 원수처럼 지내는 자는 인간의 근본을 모르는 자다. 가장 가까운 가족부터 사랑할 때 남도 진심으로 사랑할 수 있다.

- 한 사람을 원수같이 생각하던 마음에서 사랑하는 마음으로 돌리면, 자기 자신의 마음이 가장 기쁘고 행복하다. 하나님께서는 인간의 마음속에 무거움이 없이 기쁘고 행복한 삶을 살기를 바라신다.

- 이웃을 "내 몸처럼" 사랑하라 했으니, 마지막 한 장 남은 천국의 티켓도 이웃에게 양보하라. 자기 중심적인 신앙에서 벗어나서 남을 위해 살아야 한다.

- 독초도, 약초도, 이단도 사탄도 천사도 다 필요하기에 존재한다. 독초일지라도 극소량을 사용해서 생명을 살릴 수 있고, 약초라 하더라도 남용하면 생명을 잃을 수 있다.

- 세상 모든 것을 명약으로 활용하는 것은 인간의 지혜에 달렸다. 어떤 것이든 어떤 사람이든 적재적소에 꼭 필요한 명약으로 승화시키라.

- 사탄도 이단도 천사도 모두 하나님의 주관하에 존재한다. 진정한 하나님의 백성은 사탄과 마귀까지도 감화시켜서 천사로 거듭나게 한다.

2. 기도

- 하나님은 인간의 생각까지 모두를 다 알고 계신다. 우리의 소원도 이미 알고 계시기에, 소원의 기도를 할 필요가 없다. 우리가 받을 자격이 되면 내려 주신다.

- 죄를 짓고 아무리 회개를 해도 용서받지 못한다. 도둑질한 자는 용서해 달라고 기도하고, 도둑맞은 자는 도둑을 잡게 해 달라고 기도하면, 공의의 하나님은 누구의 편에 서시겠는가?

- 자기가 잘못한 것은 그 사람에게 직접 갚고 용서를 구하라. 그가 용서하면 하나님도 용서하신다. 땅에서 매면 하늘에서도 매이고, 땅에서 풀리면 하늘에서도 풀리는 이치다.

- "회당에서 기도하지 말고 골방에서 기도하라" 했다. 눈에 보이는 골방이 아니라, 골방과 같이 고요한 마음이다. 잡념을 버리고 하나님을 향해 마음을 집중하며, 사랑하고 용서하는 아름다운 생각만 나오도록 하라.

- "두드리면 열릴 것이다." 하는 것은 육의 소원을 위해 두드리라는 것이 아니라, 진리의 깨달음을 얻기 위해 두드리라는 것이다.

- 기도하는 방법: 생활 속에서 수시로 기도하는 삶을 살아야 한다.

- "저의 죄를 용서하여 주옵소서." 하는 회개의 기도를 하라.
- 범사에 "하나님! 감사합니다." 하라. 현재 가진 것에 감사하며, 과욕하지 말라. 자기 노력 이상의 것을 더 갖고자 기도하는 것은 도둑놈심보다. 공의의 하나님은 각자 노력한 만큼 주신다.
- "하나님 뜻대로 살아가겠나이다." 하며 마음의 각오를 다지라.

- 기도는 하나님의 말씀을 받아서 "행하는 것"이다. 하나님이 계심을 굳건히 믿고, 하늘을 향하여 한 점 부끄럼 없이 사는 삶 자체가 가장 위대한 기도이며, 삶이 곧 예배다.

3. 지도자

- 똑같이 사랑한다는 말을 해도, 순수하게 하는 말은 천사의 말이지만, 사기 쳐서 재산을 가로채려고 하는 말은 사탄의 말이다.

- 종교 지도자가 아무리 훌륭한 설교를 해도, 신도의 재물을 거둬서 더 큰 교회를 짓고 자기의 부귀영화를 바라며 설교하면 사탄의 가르침이 된다.

- ▪ "저희 교회는 만원사례요, 믿음은 다 같으니 이웃의 개척 교회에 가서 예배를 드리시오." 하며, 이웃 교회의 부흥을 먼저 생각하여 제 신도를 보내는 종교 지도자가 있다면 그를 따르라. 그가 하나님의 사랑을 실천하는 자다.

- ▪ "부자가 천국에 들어가는 것은 낙타가 바늘구멍을 통과하는 것보다 더 힘들다" 하였거늘, 지금의 교회에서는 부자가 되기만을 기도하고 소원하니, 이는 곧 천국을 포기하고 지옥 행 열차의 티켓을 사는 것과 같다.

- ▪ 예수는 빈손이었다. 종교 지도자가 예수보다 더 호화롭고 편안하게 살아간다면 잘못된 것이다. 부귀영화와 명예를 바라는 자는 절대로 갈 수 없는 좁고 협착한 길이 종교 지도자의 길이다.

- ▪ 종교 지도자는 유리로 비춰 봐 한 점의 부끄러움이 없이 살아야 한다. 의식주도 직접 일해서 해결하고, 예수의 가르침과 행함을 그대로 따라야 한다.

- ▪ 종말은 없다. 지금의 잘못 가는 종교 집단에게만 종말이 있다. 보이지 않는 하나님은 보이는 육의 종말은 관여하지 않으신다. 환경 파괴로 인간이 스스로 멸망을 자초하는 것이다. 종파끼리 싸우기 전에, 무너진 인성을 바로잡고 지구의 몸살을 해결하는 데 뜻을 모으는 게 급선무다.

4. 성전이란

- ▪ 이 세상 자체가 하나님께서 만드신 성전이다. 자연보다 더 아름다운 성전이 있는가? 보이는 건물이 성전이 아니라, 성스러운 마음가짐이 성전이다.

- ▪ 반석 위에 교회를 지으라 했다. 지상의 단단한 돌은 인간이 쪼갤 수 있으나, 마음속의 굳은 결의는 세상 무엇으로도 쪼갤 수 없다. 바르고 굳건한 믿음으로 성경의 가르침을 실천하는 것이 마음의 반석 위에 교회를 짓는 것이다.

- ▪ 손으로 지은 건물의 교회에 모여서 복음을 전하는 것이 아니라, 교회를 개인과 가정에 심어 주어야 한다. 무너지고 부서지는 건물을 짓지 말고, 마음속에 영원히 불변하는 참진리의 교회를 지으라.

5. 십계명

- 십계명은 인간이 죽어서 반드시 통과해야만 하는 열 개의 관문이다.
- 부모를 공경하지 아니한 자는 "네 부모를 공경하라." 하는 제5계명의 관문이 열리지 않으니 구원받을 수 없다.
- 살인, 간음, 거짓, 우상 등의 나머지 계명도 마찬가지다.

- 십계명은 하나님의 친필이다. 모기소리만 한 하나님의 음성이라도 들어 보겠다고 여기저기 찾아 헤매지 말고, 십계명부터 암송하고 지키라.

- 십계명은 영혼을 구원하는 양식이며, 십계명을 지키는 것이 구원을 받는 길이다. 인간이기에 지키고자 노력하고 또 노력한다면 지킬 수 있다.

- 십계명을 지키고 천사처럼 아름답게 살아가는 그 마음 하나면 세상에 이루어지지 않는 것이 없다.

6. 보물

- 하나님은 재물이 아니라 우리의 마음을 받으신다. 사랑을 실천하며 천사처럼 변하는 마음이 하나님께 바치는 보물이다.

- 보이지 않는 하나님께 재물을 바치려 하지 말고, 너희를 길러 준 부모에게 용돈 드리고, 찾아뵙고, 효성을 다하라. 그것이 하나님께 효도하는 것이다.

- 하늘에는 선과 악의 창고가 있다. 자기 창고에 선이 많으면 천국으로 구원을 받고, 악이 많으면 심판받아 지옥으로 간다. 그것이 바로 "선한 일을 행한 자는 생명의 부활로, 악한 일을 행한 자는 심판의 부활로" 나오는 것이다.

- "선악과를 따먹지 말라"는 것은 양심을 지키라는 것이다. 선과 악을 구분할 수 있는 양심을 최초에 인간에게 주셨다. 선한 열매는 취하고, 악한 열매는 버리며, 양심에 비추어 부끄럼 없는 삶을 살아가라.

- 가장 작은 거짓말을 하지 않고, 가장 작은 죄를 짓지 않으며, 가장 작은 선행을 하고, 가장 작은 악행을 멀리하는 것이 율법의 일점 일획도 빠뜨리지 말고 다 지키는 삶을 사는 것이다.

7. 우상

- 박물관에 있는 불상은 하나의 예술품이다. 그 조각품에 대고 제 소원을 빌 때 우상숭배가 된다. 십자가라 하여도 그 앞에서 소원을 빈다면 우상숭배하는 것이며, 하나님께 소원을 빈다면 하나님을 우상으로 전락시키는 것이다.

- 지금 기복신앙에 젖어 있는 모든 사람이 우상 앞에 절을 하고 있다. 조각품을 우상이라며 파괴하지 말고, 네 마음속에 있는 욕심의 우상을 무너트리라.

- 생수를 약초가 먹으면 약을 만들고 독사가 먹으면 독을 만든다. 같은 성경을 봐도 선한 지도자는 신도를 천사로 만드는 데 활용한다. 그러나 욕심이 가득한 지도자는 재물을 거두어들여 제가 부귀영화를 누리는 데 악용한다. 그가 바로 성경을 우상숭배의 도구로 전락시키는 거짓 선지자다.

- 성경을 한 획도 빼거나 더하지 말라는 것은, 그 가르침을 빠트리지 말고 온전히 지키라는 것이다. 성경 속에서 자기에게 유리한 구절만 보는 것은, 자기에게 불리한 구절들을 빼 버리는 것이다. 믿음이 제일이요, 행함은 구원과는 관계없다는 것은 자신에게 유리한 쪽으로 성경을 악용하는 것이다.

- 진정한 종교 지도자는 종파에 관계없이 어떤 종파든 어떤 책이든 접하고 보고 깨우쳐 견문을 넓히도록 인도한다. 참진리를 모르고 자신이 없는 자가 남을 이단이라며 배척하고, 신도들의 눈과 귀를 가린다.

8. 예수

- 예수의 재림은 없다. 예수가 다시 온다 해도, 과연 누가 그를 예수라고 믿겠는가? 예수와 같은 삶의 행함이 곧 예수의 재림이다. 각자 모두가 "재림 예수"가 되는, 차원 높은 믿음으로 가야 한다.

- 예수는 "주여 주여 하지 말고, 아버지의 뜻대로 행하라"고 했다. 예수가 전한 하나님의 뜻이 곧 "길이요, 진리요, 생명"이며, 그 가르침이 예수의 보혈처럼 소중한 것이다. 예수를 믿는 것은, 예수의 가르침을 믿고 따르는 것이다.

- 예수는 낮은 자로서 만백성을 섬기고자 했다. 만나는 모든 사람을 다 하나님이라 생각하라. 돈을 벌수록 겸손하고, 높은 지위를 얻을수록 낮아지라.

▪ 예수는 종파를 만들지 않았다. 인간이 만든 종교와 인간의 교리를 따르지 말고, 예수를 통해 전한 하나님의 참진리를 연구하고 따르라.

▪ 예수가 2천 년 전에 만백성을 위해 죽었으니, 지금 이 땅에는 예수의 가르침대로 사는 천사만 존재해야 한다. 예수가 죽어 가면서 바란 것은 만백성이 천사가 되어 예수의 자리를 채워 주는 것이지, 지금과 같이 재물을 바치면서 중언부언 제 소원만을 비는 백성들을 바란 것이 아니다.

9. 구원

▪ 천사가 사는 천국에는 천사만 갈 수 있으니, 천사 같은 마음을 길러야 한다.

- "천국 열쇠를 네게 주리니 땅에서 무엇이든지 매면 하늘에서도 매일 것이라" 했다. 땅에서 천사같이 사는 자가 하늘에서도 천사가 되어 천국에 들어간다. 모든 사람에게 천사같다는 말을 듣는 삶을 살아야 한다.

▪ 천사의 곱고 아름다운 마음은 부모를 공경하고 어른을 어른으로 대접하는 데에서 출발한다. 효도하는 자는 형제와 화목하게 지내기에 가정이 화목해지고, 이웃과 화목해지고, 국가가 화목해지고, 온 인류가 화목해진다.

- 그러므로 지상의 아름다운 소왕국은 가정에서부터 이루어야 한다.

▪ 선택된 14만 명만 구원받는 것이 아니라, 천사처럼 변하고자 하는 14만 명을 기초로 온 인류가 천사처럼 거듭나는 영적인 개혁이 시작되는 것이다.

▪ 천 년에 걸쳐서 하늘에서 이루어진 것같이 이 세상을 낙원으로 만들어, 만백성이 지상의 천국에서 살다가 죽어서 그대로 하늘의 천국으로 들어가는, 영원한 지상 낙원을 건설하는 것이 하나님의 계획이다.

- **이것이 구약과 신약에 이어 "새로운 성경"으로 역사하시는 하나님의 창조의 완성이다.**

▪ 지금의 믿음으로 구원받을 수 있다면 그 길을 가라. 그러나 자신이 없다면 하나님께서 직접 내리신 160권의 "새로운 성경"을 읽고 구원의 길을 보라!

하나님 머리말씀

이 새로운 성경을 읽는 너희 모두는
이 율법에 따라 행하면 영원히 구원받을 것이니라.

너희 인간이 수년, 수십 년, 평생
성서를 공부하고 기도하는 것은
하늘나라 나의 곁으로 오고 싶은 소망일진대,

몇천 년 전의 너희 인성과 생각이
지금의 너희와는 판이하게 다르니,

꺾여 가고 병들어 가는 너희를 고칠 수 있는 길은,
오늘 내가 선지자에게 내리는 새로운 성경과 같이
너희가 변화되는 것뿐이니라.

나의 예수가 태어난 것처럼
내가 아들 선지자를 선택하여
나의 새로운 성경을 온 세계에 전하고자 하니,

묵은 것은 버리고 새로운 것은 취하여,
너희 모두는
'여호와 하나님! 저의 죄를 용서하여 주옵소서.'
하는 기도문으로 기도하고, 죄를 뉘우치라.

이 새로운 성경은
수천 년간 내려온 성서를 요약한 것이니,
너희는 이 책을 정독하여 쉽게 깨달음을 얻고,
이대로 실천하여 하늘에 오르라.

대역자 머리말

■ 하나님의 율법을 지키는 선지자로 선택을 받도다.

저는 남들처럼 그저 열심히 살아온 평범한 사람이었습니다. 그러나 50대 중반에 사업에 실패하여 많은 부채에 시달렸으며, 건강도 악화되어 눈이 잘 안 보이고, 걷기도 어렵고, 두통이 심해서 잠을 이룰 수 없는 고통의 나날을 보냈습니다. 그때 제가 선택할 수 있는 것은 육의 삶을 끝내는 길뿐이었습니다.

죽기 직전에 그동안에 죄를 지은 이들에게 용서를 빌고 인생을 끝내기로 작정하였습니다. 어려서부터 지은 죄를 빌고 빌다 보니 끝이 없었고, 죽음으로도 그 많은 죄를 용서받을 길이 없다는 생각에 하염없이 눈물이 흘렀습니다. 그 순간 '재래식 화장실의 구더기는 죄를 짓지 않는데, 나는 인간으로서 구더기만도 못한 삶을 살았구나.' 하는 생각이 들면서 괴로움에 몸부림칠 때, 갑자기 하나님의 음성이 들렸습니다.

"나는 여호와 하나님이니라. 너는 십계명을 암송하고 내가 내려 주는 메시지를 받아 책으로 만들어 만백성을 구하라." 하시며, 제 눈을 손으로 문지르게 하시고, 아픈 머리와 다리를 손으로 두드리게 하셨습니다. 그러고 나니 눈도 잘 보이고 걸을 수 있었으며 머리의 통증도 말끔히 낫게 되었습니다. 그때부터 십계명을 암송하고 나면 들려주시는 말씀을 기록하였고, 1999년 8월부터 2004년 7월까지 권당 288쪽, 총 160권을 받아서 "새로운 성경"이라는 책으로 펴내게 되었습니다.

그러한 저에게 죽기보다도 힘든 길이 시작되었습니다. 모든 교인들이 저에게 사탄이요, 이단이요, 악마요, 마지막 시대에 온 거짓 선지자라 하면서 공격하였고, 저를 짐승을 보듯이 대하는가 하면, 편협한 종교 지도자들의 선동으로 신도들이 이 책을 직접 읽어보고 평가할 기회마저 막아 버렸습니다. 그래서 하나님의 말씀을 세상에 내는 데 많은 어려움을 겪으며, 피를 토하는 심정으로 책을 전하고 있습니다.

그러나 아무리 인간의 힘으로 막으려 해도, 하나님의 뜻이 세상에 전해지는 위대한 역사는 계속될 것입니다. 책으로 전해지는 "하나님의 말씀"은 세상 끝날까지 항상 우리와 함께하실 것입니다. 사람은 죽어도, 책에 기록된 말씀은 영원히 남으니까요.

■ 따뜻한 실천

하나님께서는 어려운 사람들에게 삶의 터전을 마련해 주고, 미래를 열어 주는 것을 기뻐하십니다. 어려운 이웃이 스스로 자립할 수 있도록 이끌어 주는 것이 진정으로 이웃을 돕는 것이라고 말씀하셨습니다. 그래서 일자리가 없는 제자들에게 작은 사업장을 만들어 주는 "달란트 사업"을 하고 있습니다. 식당, 반찬 가게 등을 차려 주고, 기존의 어려운 사업장이 자립할 수 있도록 돕고 있습니다(커피숍, 미용실, 의상실 등).

하나님께서는 교회에 나와서 모든 시간과 재물을 쏟기를 원하지 않으시고, 그 시간과 재물을 교육에 투자하여 스스로 미래를 열어 가기를 원하십니다. 그래서 제때 공부하지 못한 제자들에게 학업을 이어 가도록 하였습니다. 중화요리 주방장을 하며 초등학교 검정고시부터 공부하여 2012년에 방통대를 졸업한 36세 남성, 만학도들의 2년제 중학교에 입학해서 2007년에 명지대학을 졸업한 38세 여성, 중학교 검정고시를 시작으로 숭의여자대학을 졸업한 47세 여성 등이 있습니다. 그밖에도 많은 제자들에게 나이를 초월하여 배우고 깨우쳐서 사회 속의 당당한 일원이 되도록 인도하고 있습니다.

학자금 대출로 힘겨워하는 젊은이들을 위해 "따뜻한 바람 장학회"를 발족하여(2016년 12월) 대출받은 학자금 전액을 매월 갚아 주고 있습니다. 또한, 다문화 가정을 위해 "다문화 가족 랜드"를 조성하여, 각종 시설을 무료로 활용하도록 하고 있습니다.

이러한 따뜻한 실천이 아직은 미약합니다. 그러나 책의 수입이 늘고, 저와 뜻을 같이하는 분들이 늘어나면 계속 확대할 것입니다. 지도자로서 신도의 재물을 헌금으로 거둬들여 착복하는 것이 아니라, 하나님께서 기뻐하시는 일에 사용하도록 중매 역할만 하며 살아가고자 합니다. 이런 제가 과연 사탄이고 이단인가요? 하나님께서 기뻐하시는 일이라면, 저에게 사탄이라 하든 거짓 선지자라 하든 굽히지 않고 실천해 나갈 것입니다.

끝으로, 일상의 삶 속에서 "지금 내가 하는 행동이 과연 하나님께서 기뻐하실까, 슬퍼하실까?" 생각하고, 매사에 하나님께서 기뻐하시는 길을 택하기 바랍니다. 교회에 모여서 집단적으로 예배 드리는 것이 아니라, 개인이나 가정 단위로 새로운 성경을 읽어 스스로 깨우치고 그대로 행하면 충분합니다. 그것이 마음속에 성전을 짓고, 신령과 진정으로 예배 드리는 길입니다. 그러면 천국의 문에 들어서게 됩니다.

2017. 2. 1.

하나님 말씀 대역자 김용철

차 례

십계명

이 책은 십계명을 암송하고 나면 내려 주시는 "하나님의 음성"을 듣고 그대로 받아쓴 기록입니다. 하나님께서 십계명을 모세에게 내려 주셨지만, 그것은 만백성에게 내려 주신 것입니다. 마찬가지로 이 책의 모든 말씀도 저에게 내려 주셨지만, 만백성 각자에게 들려주시는 말씀입니다. 여러분도 이 책을 접할 때마다 십계명을 암송하고 나서 정독해 주시기 바랍니다.

제일은, 너는 나 외에는 다른 신들을 네게 있게 말지니라.
제이는, 너를 위하여 새긴 우상을 만들지 말고, 또 위로 하늘에 있는 것이나, 아래로 땅에 있는 것이나, 땅 아래 물 속에 있는 것의 아무 형상이든지 만들지 말며, 그것들에게 절하지 말며, 그것들을 섬기지 말라.
제삼은, 너는 너의 하나님 여호와의 이름을 망령되이 일컫지 말라.
제사는, 안식일을 기억하여 거룩히 지키라.
제오는, 네 부모를 공경하라.
제육은, 살인하지 말지니라.
제칠은, 간음하지 말지니라.
제팔은, 도적질하지 말지니라.
제구는, 네 이웃에 대하여 거짓 증거하지 말지니라.
제십은, 네 이웃의 집을 탐내지 말지니라.

나 여호와가 존재함을 믿는 그 자체가 구원의 길에 들어서는 기본이요, 근본이며, 나의 새로운 성경을 가슴에 안고 정독하는 자, 반석 위에 서서 하늘에 오르는 찬란한 빛을 보게 되는 영광을 얻게 됨이니라. 진정 나를 따르고 믿는 자는 감히 사탄이나 마귀도 근접하지 못하느니라.

〈하나님 말씀〉

2003년 1월

4,783 번째 하나님 말씀

2003년 1월 31일 17시 22분

1 사랑하는 나의 아들아!
2 "네, 아버님! 말씀하옵소서."
3 하늘의 낙원같이 지상에 낙원을 이루
고자 하는 것이 나 여호와의 뜻이요,
4 내가 그리하여 창조한 이 세상이 썩을
대로 썩어져 가며 무너져 가며 병들
대로 병들어 가며, 거짓과 도둑과 강
도가 우글대는 이 사악한 시대가 되었
음이니,
5 이것은 낙원이 아니요, 너희들이 말하
는 마지막 종말의 시대가 이루어지는
사악한 시대로 돌변하였음이니라.
6 이와 같이 험악하게 변하는 이 지상의
낙원이요, 말할 수 없이 변해지는 나
의 백성의 사악한 마음을 무엇으로써
다스리며 무엇으로써 바로잡으며 무
엇으로써 이를 수술할 수 있다 너희들
은 생각하는가?
7 이를 수술할 길이 없으며 이를 바로잡
을 길이 없기에, 내가 지금 나의 아들
을 통하여 밤과 낮을 가리지 아니하며
나의 법전을 세상에 내려보냄이니라.
8 지금의 믿음의 길을 가는 백성은 구원
의 참진리를 가르치고 보급하는 것이
아니요,
9 사악한 뜻이요, 사악함을 뿌리며 사악
함을 전하는 그와 같은 종교 집단이
요, 나의 자식들이 아닌 곳에 가 그들
이 그리 변질되어 가고 있는 이와 같
은 형국이니라.
10 지금 너희들이 나에게 오르는 길이라
하여 광란의 짓을 하며 눈물을 흘리며
재물을 갖다 뿌리며 너희들이 그와 같
이 기도하는 그 모두는 미쳐서 날뛰는
짐승과 같은 형국의 형태임을 너희들
은 아는가?
11 믿음이란 그리 가는 것이 아님이니라.
12 나는 이를 이제 수술하고자 하며 이를
다스리고자 함이니라.
13 그러나 이를 수술하고 이를 다스릴 것
이 과연 무엇이 있던가?
14 이는 아무것도 없음이니라.
15 내가 내리는 160권의 법전이요, 내가
선택한 백성 너희들이, 나의 160권의
법전은 활촉이 되어 너희들은 화살을
쏘는 사람이 되어 그 화살을 쏠 때,
16 그 화살이 지금의 병들어 썩어져 가는
세상의 한가운데를 가르며 힘차게 지
나갈 때, 그때 그로부터 수술이 시작
되는 그 역사가 이루어질 것이니라.
17 그 날카로운 화살촉이 그들의 심장부
를 뚫고 지나가 그를 갈라 놓을 때,
18 그 틈바구니를 밀고 들어가는 것이 나
의 법전이요, 나의 깨달은 백성 너희
들임을 알아야 할 것이니라.
19 바로 나의 법전이 썩어 가는 세상의
심장부를 뚫고 날아갈 화살과 화살촉
이며, 그를 당길 것이 너희들임을 알
아야 할 것이니라.
20 그와 같이 심장부를 뚫고 지나가 갈라
놓지 아니하면 그와 같은 아픔의 역사

가 이루어지지 아니한다면, 나의 피조
물 만백성은 다스리고 수술할 수가 없
음을 너희들은 알아야 할 것이니라.
21 화살촉이 날아가 그 모두를 갈라놓는
역사의 위대한 힘은 오로지 나의 법전
을 전하는 것뿐이니라.
22 너희들이 많은 나의 법전을 전할 때
그 화살촉은 힘을 얻어 힘차게 돌진할
것이며, 병든 자를 수술할 것이며 이
지상의 썩어져 가는 그 모두를 수술하
는 그와 같은 새로운 역사의 변혁을
이룰 수 있을 것이니라.
23 그들을 다스리며 미친 자를 다스리며
미친 자를 바로 세우며, 미쳤기에 저
희들이 하고 있는 짓이 죄인 줄을 모
르고 하는 그 병자들을 이 시대에 바
로잡고자 하는 것이 나의 뜻이니,
24 이는 바로 나의 법전이 힘차게 심장부
를 뚫고 나가 갈라놓는 그와 같은 대
수술의 역사가 시작되지 아니하면 이
는 이룰 수 없는 것임을 너희들은 알
아야 할 것이니라.

4,784 번째 하나님 말씀

2003년 1월 31일 20시 41분

(강론을 마치며)

1 사랑하는 나의 아들아!
2 "네, 아버님! 말씀하옵소서."
3 내가 내린 구약이요, 신약의 그 성경
이나 내가 너를 통하여 새로 내리는
이 성경이요, 나의 법전, 이 모두는 너
희들의 과거와 미래와 현재를 알 수
있도록 그리 내가 다 정립하여 그 모
두를 다스릴 수 있도록 내려보냈다 하
였음이니라.
4 그리하여 나의 피조물 만백성이 수천
년 동안 흘러오면서 그 성경에 기록되
어 있는 내용만 잘 깨우치고 깨달았더
라면, 오늘과 같이 험악한 세상은 되
지 아니하였을 것이니라.
5 그들은 그를 정확히 정독하지 아니하
며, 그들은 과거와 현재와 미래에 비
추어 그를 볼 수 없으며, 그저 글을 글
대로 그냥 읽었을 뿐이요,
6 또한 그대로 읽고 깨우쳐 저희들이 정
독했더라면 오늘같이 이와 같은 시대
는 오지 아니하였으며 말세요, 사악한
시대는 오지 아니하였을 것이니라.
7 저희들이 읽고 깨우친 수천수만의 그
종교 지도자들이 같은 구절을 읽으면
서도 서로 해석이 다르며 생각이 달라
제 마음대로 갖다 붙여 대고 그를 강
론이요, 설교라 하니,
8 그를 듣는 백성이 '아멘!'이요, '할렐
루야!' 그리 소리 지르며,
9 이 교회에 가면 이 말을 가지고 이리
가르치며, 저 교회에 가면 이 말을 저
리 가르치니,
10 그들 자신도 지금 혼동하고 있음을 알
아야 할 것이니라.
11 거기에는 반드시 그 깊은 나 여호와의
뜻이 있음이니,
12 그러나 그들은 그 뜻을 알지 못하며
그를 찾아내지 못하기에, 같은 성경을
가지고 같이 공부하는 그 종교 집단도
그리하여 제 것만이 우수하며 저만이
구원을 받으며,
13 남의 것은 가짜요, 그들은 지옥으로
간다 하여 저희들끼리 시시비비를 하

고 있으니,
14 이는 바로 무엇이더냐?
15 종교 지도자들이 제 마음대로 해석하
며 제 뜻대로 생각하기에 그 뜻이 하
나로써 전해지지 못함이니, 서로 너희
들이 알지 못함이니라.
16 너희들이 나의 성경을 바로 읽고 그를
바로 깨달으면 너희들이 구원의 길이
무엇이며 행하는 것이 무엇인지 알 수
있을 것이며,
17 너희들이 천사와 같은 마음으로 돌아
설 수 있는 것이니라.
18 그러나 너희들이 성경을 알 수 없으
니, 이를 어찌하겠는가?
19 너희들이 성경을 보지 못하고 깨우치
지 못하기에, 내가 바로 성경을 읽고
너희들이 깨우칠 수 있는 나의 법전을
설명해서 세상에 내려보내니,
20 여기서 나의 법전을 읽고 정독하는
자, 그와 같은 너의 제자들 모두가 성
경을 들여다봤을 때 이제는 그 뜻과
의미를 알 수 있을 것이니라.
21 그러니 내가 만백성 너희들에게 전하
노니, 너희들이 나의 법전을 먼저 읽
고 깨우쳐 보면 너희들이 바로 성경의
참뜻을 알며 거기서 내가 원하는 것을
알게 되며,
22 그 성경에 기록되어 있는 너희들의 과
거, 현재, 미래에 내가 의미하며 전하
고자 하는 내 뜻을 알게 될 것이니,
23 그때야말로 너희들이 무서움을 알고
두려움을 알 것이며, 나 여호와의 전
지전능함이라는 것을 알게 될 것이니
라.
24 그러나 너희들은 이 법전을 사탄이요,
이단이라 하며 절대 이를 보지 못하게
하며 읽지 못하게 함이니,
25 나의 피조물 만백성이 성경의 참진리
를 깨우치며 내가 전하고자 하는 의미
를 깨우쳐 그들이 바로 서고자 하나,
26 그것을 너희들이 하지 못하게 하기 때
문에 나의 백성이 그를 보지 못하고
깨우치지 못하고 있음이니라.
27 모든 종교 지도자 너희들은 가슴에 손
을 얹고 생각해 봐야 할 것이니라.
28 너희들이 다른 종교 집단의 가르침이
요, 다른 집단에서 나오는 책이요, 다
른 집단에서 나와서 진리라 하여 전하
는 것을 읽지도 못하며 보지도 못하게
하는 그 이유는 무엇이던가?
29 너희들이 자신이 없기 때문이니라.
30 그리고 너희들이 그와 같은 역사를 할
수 없기 때문에 그를 보지 못하게 함
이니라.
31 너희들이 그들을 위하며 그들을 사랑
함이 아니요,
32 너희들이 능력이 없고 자신이 없으며,
너희들에게 재물을 갖다 바치는 그 돈
줄이요, 한 사람이 빠지면 금광이 메
워지는 것같이 그와 같은 계산을 두고
있는 것이 너희들이니,
33 오로지 그 재물을 거둬들이는 것을 염
려하여 그 백성들에게 보지 못하게 하
며, 그들을 위협하며 달래며 공갈하여
붙잡아 놓고 있는 형국이 아니던가?
34 너희들이 재물을 가지지 않는 진정한
종교 지도자요, 그리고 참진리를 위해
서 가는 백성이라면, 너희들의 제자들
이요, 평신도들이 어디에 가서 공부하
든 무엇을 바라보든 안내하고 인도하

고 깨우쳐야 하는 것이 너희들임을 알
라.
35 종교 지도자 너희들은 스스로 반성하
라.
36 너희들이 정녕 하늘에 오르는 길이요,
참진리를 가르치고 있다 생각하는가?
37 그리고 너희들이 나의 뜻이 무엇인가
를 알고 가르치는가?
38 그리고 그 성경의 숨어 있는 뜻을 아
는가?
39 너희들 스스로 성경의 뜻을 알지 못하
거든 너희들이 나의 법전을 읽어 보도
록 그리하라.
40 너희들이 나의 법전을 정독해서 읽고
난 다음에 성경을 들고 너희들의 교리
요, 그 설교요, 강론을 하게 될 때,
41 너희들은 참뜻이요, 진리를 알아 나의
백성을 깨우칠 수 있는 길이 거기에
있음이니라.
42 너희들이 진정한 길을 간다면 너희 제
자들을 너희들이 안내하며 인도해 줄
수 있으며 다른 곳을 볼 수 있고 배울
수 있도록 그리하는 것이 너희들의 도
리이며,
43 또한 지금처럼 아무것도 모르며 참진
리를 모르며 너희들이 진정한 하늘에
오르는 길을 전하고 가르치며 인도하
지 못한다면,
44 너희들이 스스로 그들에게 용서를 빌
며 그들이 바로 갈 수 있는 길을 인도
하고 안내하는 것이 너희들이 하여야
할 길이라 내가 일찍이 너희들에게 전
하여 주었음이니,
45 너희들은 이 둘 중에 하나를 반드시
선택해야만 너희들을 내가 기억함을
잊어서는 아니 될 것이니라.
46 너희들이 가르치는 것이 잘못된 것이
며 자신이 없으며, 참진리의 길이 아
니요, 하늘에 오르는 길이 아니라면
남의 그 소중한 생명을 저버리지 말라.
47 그 죄를 어찌 감당하려 하는가?
48 그들을 바른길로 인도하는 데 자신이
없으면 그들을 세상에 내보내도록 그
리하라.
49 세상에 그들을 풀어놓아 그들이 알아
서 가도록, 그들이 바른길을 찾고 못
찾는 것은 그들에게 달렸지 아니한가?
50 그들을 속박하지 말라.
51 그들을 재물로써 계산하며 너희들의
어리석고 무지함을 덮어 두고자 하여
그와 같은 무지한 행동으로써 나의 피
조물 만백성을 지옥 불로 인도하는 그
와 같은 짓을 하지 말라.
52 하나의 생명을 너희들이 죽이는 것도
그 죄가 무섭거늘,
53 그 많은 사람의 영혼을 죽여 놓고 너
희들이 과연 어찌 감당하려 하는가?
54 너희들 한 사람 때문에 나의 피조물
만백성이 죽어 가는 그와 같은 모습을
내가 볼 수 없음이니,
55 너희들은 정녕 인자요, 의인이 될 수
는 없겠는가?
56 너희들이 나의 법전을 읽고 깨우치면,
그 법전을 읽고 난 다음에 성서를 읽
으면 바로 볼 수 있음이니, 지금이라
도 너희들이 늦지 아니하였음이니라.
57 나의 법전을 읽고 깨우치라.
58 모든 종교 지도자들은 나의 법전을 정
독하고 깨우쳐 들여다보라.
59 그것이 너희들이 사탄이 안 되는 길이

요, 너희들이 지옥으로 가지 않는 길이니라.
60 너희들 스스로 나의 법전을 읽고 깨우쳐 보라.
61 그곳에서 나의 아들 예수의 비방하는 내용이 있으며, 나를 비방하는 내용이 거기에 기록되어 있으며, 성경을 부정하는 것이 거기에 있는가?
62 다만, 잘못된 성경을 바로잡고자 하며, 나의 아들 예수가 펴고자 했던 그 뜻, 나의 아들이 전하고자 했던 그 뜻을 내가 너희들에게 전하고자 함이며, 나의 새로운 뜻을 너희들에게 전하여 깨우치고자 함이니,
63 거기에 도적질하며 간음하며 거짓 하며 남을 우롱하며 사기하며 그와 같이 너희들에게 악의 심판이요, 악의 행동을 하면서 살라는 내용이 하나도 기록되지 아니하였거늘, 어찌하여 너희들은 이를 사탄이요, 이단이라며 불로 태우는가?
64 너희들이 불로 태우고 찢어 버리는 것은 무엇이던가?
65 이것이 나 여호와의 참진리요, 이것이 두렵고 무섭기 때문이니라.
66 참진리가 아니요, 사탄의 장난이요, 사탄이요, 마지막 시대에 거짓 선지자가 너희들을 우롱하기 위해 만든 책이라면, 그것을 보는 백성이 먼저 알 것이니,
67 너희들은 두려워할 것도 없고 겁먹을 것이 없음이니라.
68 그렇다면 너희들이 이 책을 벌레 보듯이 하며, 이 책을 보지 말라, 태워 버리라, 찢어 버리라 그리 말하지 아니하여도 될 것이니라.
69 이는 참진리요, 두렵기에 너희들의 추한 모습이 드러날까 너희들이 겁이 나고 무서워서 이를 회수해서 태워 버리며 찢어 버리며 읽지 말라 하며,
70 사탄의 장난이라 너희들이 악을 쓰고 있는 형국을 나 여호와는 하늘에서 다 보고 있으니,
71 너희들의 마음까지 속이려 하지 말라.
72 나의 피조물 만백성을 지옥으로 이끄는 것도 부족하여 너희들 자신까지 속이는 그와 같은 무서운 죄를 짓지 말도록 그리하라.
73 내가 오늘 나의 아들을 통하여 나의 법전에 기록하여 종교 지도자 너희들에게 경고함이니,
74 이를 듣고 읽고 깨우친 자 바로 서지 못할 때, 네 죄상이 무엇인 줄 알 것이니라.
75 너 스스로 나 여호와로부터 선택된 종교 지도자인가 네가 캄캄한 방에 너 혼자 다락방의 창문을 닫고 너 자신을 벗겨 보도록 그리하라.
76 너는 너 자신을 알지 않겠는가?

2003년 2월

4,785 번째 하나님 말씀

2003년 2월 1일 0시 42분

1 사랑하는 나의 아들아!
2 "네, 아버님! 말씀하옵소서."
3 내가 너에게 뭐라 가르쳤느냐?
4 믿음의 길을 가는 나의 피조물 만백성
이요, 지금 종교 집단에 속해 있는 지
도자나 또는 그 평신도라 하는 자,
5 그들이 수십 년 동안 평생을 다 바쳐
믿음이라는 길을 가기 위하여 그 길을
달려왔느니라.
6 그러면 그들이 믿음의 세월이 흘러간
것만큼 그만큼 깨우쳐 있으며 천사와
같이 아름다운 마음으로 변해 있어야
한다 내가 그리 말하였느니라.
7 이제 시작한 자나 10년이요, 20년이
지난 자나 다 똑같은 백성으로서 그
믿음의 길을 가는 것에 차이가 없다면,
8 이는 사탄이요, 사악한 자요, 잘못된
믿음이라 내가 그리 말하였느니라.
9 너의 제자들 또한 그러하니라.
10 지금 너의 제자들도 믿음의 길을 가고
있으며, 또 나의 법전을 읽고 깨우쳤
으며 나의 아들로부터 강론을 수없이
들은 너희들이 변화되지 아니하고 항
상 그대로 있는 백성이 되어서는 아니
됨을 알아야 할 것이니라.
11 너희들이 한 달 전에 시작한 자, 1년
이 된 자, 그와 같이 너희들이 다른 기
간 속에 변화의 차이가 없으며 똑같은
그와 같은 자리를 지키고 있다면,
12 나의 법전은 정녕 나의 뜻이 아니며,
나의 아들은 정녕 나로부터 선택된 목
자요, 너희들을 이끄는 자가 아님을
알아야 할 것이니라.
13 너희들은 내가 말했듯이, 너희들이 믿
음의 가는 길에 10년이요, 20년이 지
났어도 오늘 간 자와 차이가 없다 하
면,
14 그는 사탄의 가르침이요, 진정한 참진
리의 길을 가는 것이 아니요, 나를 향
하여 오는 길이 아니라 내가 그리 말
했듯이,
15 너의 제자들 또한 그러하니라.
16 너의 제자들도 시간에 따라서 그 믿음
을 따른 만큼 변화되며 깨우침의 경지
가 높지 아니하면 또한 나의 법전이
진실한 나의 성령이 아니라 만백성이
그리 말할 것이며, 이는 나의 참진리
요, 하늘에 오르는 길이 아님이니,
17 너의 제자들이 어찌 변하나 그를 너
는 보고 그들이 변하는 모습을 다스려
주어야 할 것이니라.
18 그와 마찬가지이니라.
19 너의 제자들이 나의 성령을 들으며 법
전을 읽고 읽은 숫자만큼 너희들은 마
음이 변해야 하며 경지에 올라야 함이
니,
20 지금 사랑하는 나의 아들 네가, 나의
법전을 60권이라는 그 숫자를 돌파하
는 시점에 와 있는 네가 정녕 나와 같
은 마음으로 변하지 아니하며, 그 누
구도 갈 수 없는 천사와 같은 마음의

자리를 잡아 그리 달려가지 아니한다면,

21 내가 너에게 가르친 그것은 나 여호와의 가르침이 아니요, 사탄의 가르침이요, 사악한 자의 가르침이니라.

22 네가 변하지 아니하며, 네가 나의 심성을 따라 천사와 같이 지금 변해 가고 있지 아니하다면, 너는 정녕 나로부터 선택된 나의 아들이 아님이니라.

23 너 자신이 너를 돌아다보라.

24 네가 과연 얼마만큼 나의 뜻에 따라 나의 법전에 따라 십계명을 지키고 살아가는 것인가?

25 네가 288쪽이라는 대장서의 법전을 60권을 지금 써 가고 있는 이 시점에서, 네가 얼마만큼 변했느냐에 따라서 그 모두는 나의 성령의 나의 뜻이며 만백성을 구하는 가르침이요, 아니요, 그 평가는 여기서 나올 것이며, 너의 제자들이 먼저 알 것이니라.

26 너는 그리 변해 가야 함이니라.

27 십계명을 지키며 나의 법전대로 살아가는 그와 같은 완벽한 나의 아들로서 만백성을 구하는 선택된 자로 네가 변화되어야 할 것이니라.

28 그렇지 아니한다면 나의 법전은 만백성을 구할 수 있는 나의 참진리로서 나의 새로 내려보내는 성경이 아니요, 만백성을 심판하는 법전이 아님을 알라.

29 그를 입증하기 위해서, 그를 증명하기 위해서 네가 무섭도록 변해야 하며 네가 무섭도록 달라져야 하는 것을 너는 잊지 말라.

30 그리하여 모든 종교 지도자요, 만백성 그 누구도 갈 수 없는 그 어렵고 힘든 길을 너는 가야 함이니라.

31 세상사의 모든 유혹이요, 인간의 욕심의 유혹이요, 인간의 육에서 너희들에게 요구하는 그 모든 욕심을 다 뿌리치며 정녕 너 자신을 버리는 그와 같은 자로서 우뚝 서야 함이니,

32 그렇지 아니할 때 네가 뭐라 말해도 나의 법전은 진실한 나 여호와 창조주의 뜻이 아니요, 나의 성령이 아니라 만백성이 그리 알 것이니라.

33 사랑하는 나의 아들아, 네가 바로 서야 너의 제자들이 또한 바로 섬이며,

34 너의 제자들이 법전을 읽은 만큼 그들이 변화되는 그와 같은 역사가 이루어질 것이니라.

35 내가 너에게 뭐라 말하였느냐?

36 네가 고통과 시련을 인내하고 견디는 그와 같은 네 마음의 변화 속에서, 나와 같은 마음으로 천사와 같은 마음으로 네가 설 때,

37 나의 법전에 그려 놓은 네 사진이요, 네 얼굴의 형태에서 그 아픔의 눈물을 흘리는 것을 책장을 여는 나의 만백성이 보니,

38 그들이 그를 보고 기적이라 놀라며, 그들이 그 역사함을 보고 나 여호와의 법전이요, 내가 내린 새로운 성경이라 믿는 역사를 이루는 것이 여기에 있다 하였음이니,

39 이 모두는 너의 책임임을 잊지 말라, 사랑하는 나의 아들아!

4,786 번째 하나님 말씀

2003년 2월 1일 0시 46분

1 사랑하는 나의 아들아!
2 "네, 아버님! 말씀하옵소서."
3 내가 성경에 기록하여 너희들에게 전
했으니, 예수가 그리 전했음이니라.
4 누구든지 사람 앞에서 예수 그를 시인
하면 예수 또한 하늘에 있는 나 여호
와에게 와서 너희들을 시인할 것이라
그리 너희들에게 전하는 그 성서의 가
르침이 있느니라.
5 이는 무엇을 의미하는가?
6 너희들이 참진리를 추구하고 예수가
전하는 그 성령이요, 나의 뜻을 인정
하고 그에 따라서 변화되는 삶을 사는
백성 너희들을 인정하며 나 여호와가
너희들을 받아들인다는 그와 같은 뜻
임을 알아야 할 것이니라.
7 이는 나의 아들 예수를 인정하며 그가
인정하는 자, 나 여호와가 그들을 인
정한다는 그 뜻은,
8 너희들이 인간관계의 만남에서 서로
인정하고 인정하지 아니하는 그와 같
은 것을 의미함이 아니니라.
9 내가 전하고자 하는 나의 성령, 나의
참진리의 뜻대로 살아가는 자, 그리고
그를 행하며 살아가고자 노력하는 그
와 같은 백성을 나 여호와가 기억한다
는 그와 같은 뜻으로써 내가 거기에
기록하여 전한 내용임을 너희들은 알
아야 할 것이니라.
10 그리고 나의 아들 예수가 그리 전하였
느니라.
11 그는 '세상에 화평을 주려고 온 줄 생
각하지 말라.
12 화평이 아니요, 검을 주러 왔노라.' 그
리 말하였음이니라.
13 이는 바로 너희들에게 무엇을 의미하
는지 알겠는가?
14 그 시대의 믿음이 얼마나 사악하고 얼
마나 험악한 것이었는가?
15 지금보다도 더 험악하고 잘못 가고 있
는 그와 같은 시대의 그 환경을 그대
로 보여 주며, 그 시대의 믿음의 길을
가는 그들의 형태요, 그들이 겪고 이
루져 가는 그와 같은 저희들이 가는
그 믿음의 상황을 나의 아들 예수가
보여 줌이니라.
16 지금보다도 더 사악하고 잘못된 백성
속에서 믿음이라는 길을 달려가는 백
성에게 참진리를 가르쳐 그들을 바로
잡고자 함이니,
17 너희들이 화평이요, 평화요, 너희들이
가는 지금의 잘못된 믿음으로 그대로
가는 것이 아니요,
18 그를 바르게 개혁하며 혁신하고자 하
는 것이 나의 아들 예수의 뜻이며 그
가 세상에 내려간 그 의미를 여기에
반영하여 내려보냄이니,
19 지금의 모든 종교 집단들이 저희들 집
단에서 저희만이 구원을 받았다 하며,
다른 집단은 경원시하며 이와 같이 지
금 반목하며 편을 갈라 놓았으며,
20 그리고 구원받은 백성과 구원받지 않
는 백성으로 분류시키는 이와 같은 형
국으로 이루어지는 이 시대를 반영함
이니,
21 지금의 이루어지는 그 모두를 바로잡
고 그들을 다스리기 위하여 나의 뜻이

요, 새로운 진리가 세상에 나가 너희
들을 다스린다는 그와 같은 뜻을 여기
에 기록하여 전한 내용임을 너희들이
알아야 할 것이니라.

4,787 번째 하나님 말씀

2003년 2월 1일 0시 50분

1 사랑하는 나의 아들아!
2 "네, 아버님! 말씀하옵소서."
3 내가 성서에 기록하여 너희들에게 전
하는 내용이 있음이니라.
4 나의 아들 예수가 '내가 온 것은 사람
이 그 아비와 딸이, 며느리가 시어머
니와 불화하게 하려 함이니' 그리 전
하여 기록되어 있음이니라.
5 '사람의 원수가 자기 집안에 있으며
자기 식구 중에 있으며, 아비나 어미
를 나보다 더 사랑하는 자는 내게 합
당치 아니하고, 아들이나 딸을 나보다
도 더 사랑하는 자도 내게 합당치 아
니하고, 또 자기 자신을 좇고자 하는
자 나에게 합당치 아니하다.' 그리하
였느니라.
6 '자기의 십자가를 지고 나를 좇지 않
는 자 또한 그도 합당치 아니한 자'라
내가 성서에 기록하여 전하였음이니
라.
7 '자기 목숨을 얻는 자는 잃을 것이요,
나를 위하여 자기 목숨을 잃는 자는
얻을 것이니라.' 그리 성서에 기록되
어 있음이니, 너희들은 이 대목을 나
의 피조물 만백성에게 어찌 가르치는
가?
8 너희들은 이 대목에 내가 원하고자 하
는 그 뜻을 알아야 할 것이니라.
9 이 모두는 나의 아들 예수를 지칭하여
그를 섬기고 따르며 그를 신격화하라
는 그와 같은 뜻이 여기에 기록된 것
이 아니니라.
10 여기에 내가 기록된 그 내용은 나 여
호와가 내리고자 하는 참진리의 뜻이
너희들이 세상에 소중하다는 그 무엇
보다도 더 소중하고 귀함이니,
11 너희들이 참진리를 위하여 깨우치며
참진리의 길을 가는 데 모두를 다 바
쳐 나에게 구원의 길을 오도록 하라는
그와 같은 뜻이 여기에 담겨 있는 것
이요,
12 나의 아들 예수를 지칭하여 예수를 신
과 같이 섬겨 그 뜻을 따라 행하라 하
는 것이 아님이니라.
13 너희들은 이와 같은 대목의 의미를 잘
깨우치지 못하기에,
14 오늘날 나의 아들 예수의 보혈로써 구
원을 받으며 나의 아들에게 모든 것을
다 소원할 때 이루어진다 그와 같은
믿음으로 가고 있음이니,
15 이것이 너희들이 잘못되어 있음을 알
아야 할 것이니라.
16 너희들의 어미와 남편과 자식을 더 사
랑하지 말라 하는 것은 나 여호와의
합당한 뜻이 아님을 알라.
17 내가 십계명에 기록하여 '네 부모를
공경하라.' 하였으며 '형제를 사랑하
지 아니하는 자 너희들이 지옥 불로
간다.' 말한 그 대목이 있거늘,
18 너희들은 이 대목을 가지고 나 여호와
를 부르며 너희들이 지은 성전에 가
재물을 바치며 울고불고 그와 같이 역

사를 하면 모두가 다 이루어지는 것처
럼 그리 깨우쳤음이니, 그것이 아니니
라.
19 세상의 인간관계에서 너희들이 가장
소중한 것도 그 모두가 나의 참진리
요, 나의 성령이요, 나의 뜻보다 더 소
중한 것이 없음이니,
20 너희들이 바로 깨우치고 바로 배워 하
늘에 오르는 그 영광된 길을 보라 하
는 그와 같은 의미의 비유의 가르침임
을 너희들은 여기서 알아야 할 것이니
라.

4,788 번째 하나님 말씀

2003년 2월 1일 0시 55분

1 사랑하는 나의 아들아!
2 "네, 아버님! 말씀하옵소서."
3 지금 모든 사랑하는 나의 백성이, 창
조주 나 여호와에게 너희들이 세상에
나감을 감사하며,
4 너희들이 육의 삶을 편안히 살아갈 수
있는 그 모두를 다 내려 준 그것에 너
희들이 나에게 감사하는 그 마음을 갖
고 살아야 하거늘,
5 어찌하여 너희들은 나의 뜻에 의해 살
지 못하며 그리도 험악하고 험악한 삶
을 살아가고자 하는가?
6 내가 모두를 다 주었거늘, 그 감사한
마음으로 사랑을 베풀며 아름답게 살
아가면 되거늘,
7 너희들이 지금에 살아가는 그 형태가
어떠한지 알겠는가?
8 너희들은 최소한 짐승만도 못한 그와
같은 삶을 살아간다면 과연 믿겠는가?
9 너희들보다 못한 짐승의 살아가는 그
도리를 다하고 사는 그와 같은 삶을
산다 해도 나 여호와가 너희들에게 무
서운 심판이요, 재앙의 형벌을 내리지
아니할 것이니라.
10 너희들은 지금 짐승이 살아가는 그만
큼의 도리도 못 하고 살아가는 것이
나의 사랑하는 백성, 지혜를 가지고
있는 너희들이라 하면, 과연 이 부끄
러움을 어찌하겠는가?
11 짐승은 제 새끼를 위하여 목숨을 바쳐
지키려 하며, 자신의 어떠한 희생을
또 두려워하지 아니하며,
12 그 새끼를 지키기 위하여 제 목숨까지
도 던지는 무서운 사투를 마다하지 아
니하며 이겨 내고자 하는 것이 그들이
니라.
13 그리고 제 새끼를 지키고자 하는 것이
그들이니라.
14 그러나 나의 백성 너희들의 지금의 형
태는 과연 어떠하던가?
15 너희들이 살아가는 지금의 형태는 이
와 같지 못함이니라.
16 길러 준 부모를 버리는 것을 너희들이
무서워하지 아니하며,
17 자식으로부터 너희들이 계산된 생각
이요, 그 자식을 위하여 그 아내를 위
하여 너희들이 목숨을 바칠 수 있는
그와 같은 인자하며 사랑하는 그 마음
자체도 다 무너져 가고 있는 것이 지
금의 형국이 아니던가?
18 이와 같이 인간으로서 견디기 어려운
무서운 세상을 만든 것은 바로 그 누
구던가?
19 지금 잘못 이끌어 가는 종교 집단 너

희들이 스스로 자기 중심적이요, 자기
들의 우월주의에 빠져 이 세상을 이와
같이 험악하고 살아가기 힘든 세상으
로 만들어 놓았느니라.
20 너희들은 이와 같은 죄를 짓고 사는
것을 알면서 모르는 체 살며 그와 같
이 두려움을 모르고 살며,
21 나에게 와 심판받는 것을 너희들이 두
렵지 아니하게 생각하며,
22 그리하여 다음 세상에 어떠한 결과에
대해 어떠한 심판을 받으며 어찌 살아
간다는 것을, 그리고 너희들이 어찌
존재한다는 것을 생각하지 아니하며,
23 오늘의 육의 향락과 육의 즐거운 삶
을 위하여 육의 향락만을 좇아감이니,
24 그러나 너희들은 이를 알아야 할 것이
니라.
25 지금 잘못 끌고 가며 잘못 가르치는
종교 지도자 너희들이 얼마나 무서운
그 결과를 초래하는가?
26 너희들은 이제 너희들의 육신의 생명
이 다하기 전에 너희들이 지상에 존재
하면서 그 대가를 치르는 그와 같은
무서운 심판의 역사가 이루어질 것이
니라.
27 나의 법전이 세상에 나가, 하얀 눈이
세상을 덮듯이 다 덮었을 때, 너희들
은 그 심판의 무서움이 어떤 것인가
를, 너희들이 죽기 전에 살아서 그를
볼 것이며 그를 알게 됨을 알아야 할
것이니라.

4,789 번째 하나님 말씀

2003년 2월 1일 08시 26분

1 사랑하는 나의 아들아!
2 "네, 아버님! 말씀하옵소서."
3 모세의 삶은 누구를 위한 삶을 살았던
가?
4 저 자신을 위한 삶이 아니요, 나의 사
랑하는 모든 백성을 위하여, 그 민족
을 위하여 그는 살아가고자 했으며 그
리 살았음이니라.
5 나의 아들 예수 또한 그 생애를 어찌
살았는가?
6 그가 저 자신의 호의호식을 위해서 살
았던가?
7 그는 남을 위하여 사는 삶을 살았음이
니라.
8 그도 모세와 같이 남을 위하며 만백성
을 위한 삶을 살았음이니라.
9 오늘 제3의 시대에 나의 성령을 받아
기록하는 나의 아들 너 또한 네 삶을
위해서 살아서는 아니 됨이니라.
10 그리하여 너를 죽은 자라 하였으며,
구르는 돌이라 하였음이니라.
11 너는 너를 위하여 사는 삶이 아니라
만백성을 위한 삶을 사는 그와 같은
나의 아들임을 알아야 할 것이니라.
12 그렇다면 만백성을 위해서 사는 너의
삶은 과연 어떠하던가?
13 너는 네 기준이요, 네 생각으로써 모
두를 행하고 살아서는 아니 됨을 알아
야 할 것이니라.
14 네 마음이 어떻든 많은 백성은 네가
바로 서 주기를 바라며, 네가 근엄한
지도자로서의 자세를 지키는 그와 같

은 것을 그들은 생각하며 그와 같은
너의 삶을 원할 것이니라.
15 네가 자유분방한 모습으로써 살아가
고자 하는 것은 네 생각이요,
16 너의 제자들이나 또한 너를 찾는 백성
은 그를 이해하지 못하며 그를 그냥
보지 못함이니라.
17 그러니 너는 너 자신을 네가 들여다보
는 그러한 삶도 소중하나, 남들이 너
를 보고 너를 평가하는 그와 같은 삶
을 삶에 있어서 너는 주저해서는 아니
되는 것이니라.
18 이제는 모두를 다 남들이 너를 보고
평가하며 남들이 생각하고 있음을 의
식하고 사는 네가 되어야 됨을 잊어서
는 아니 될 것이니라.
19 만백성을 위해서 사는 너라면, 만백성
이 너를 생각하고 너에게 바라는 그
마음과 뜻과 그들의 생각에 비추어 네
가 살아가는 자세로 살아가는 것이 옳
음을 알아야 할 것이니라.
20 그들이 너로부터 실망하며 너의 살아
가는 모습에 좌절해서는 아니 될 것이
니라.
21 그들은 너에게 완벽한 자의 모습이요,
완벽한 선지자의 모습으로써 비치기
를 바라는 것이며, 그들이 기억하고
생각하는 것이 다 그러하니라.
22 그러니 너는 네가 행동하고 하나하나
움직이는 모든 일거수일투족을 다 너
를 위하여 움직이는 것이 아니요, 만
백성을 위해 움직이며,
23 그들이 너를 보고 있는 그 눈에서 조
금도 벗어나지 아니하며 어긋나지 아
니하며 그들로부터 실망하지 아니하
는 삶을 살아야 할 것이며,
24 너의 제자들 또한 다 그와 같은 자세
로 살아가야 함을 잊어서는 아니 될
것이니라.
25 단정한 모습이요, 근엄한 모습이요,
인자한 모습이요, 사랑의 눈길이 넘치
는 그와 같은 말과 행동으로써 네가
살아가야 하는 것이니,
26 이는 곧 남을 의식하고 살며 남들이
너를 보고 배우고 깨우쳐 너를 따라
그들이 가기에, 네가 얼마나 바로 서
고 곧게 서야만 하는지 알아야 할 것
이니라.
27 그리하여 내가 너에게 말도 어린아이
에게도 존경어를 쓰라 하였으며,
28 네가 모든 사람을 다 하나의 인격체로
서 똑같이 대하며, 너보다 낮은 자가
없는 그와 같은 마음의 자세로 만백성
을 대하라 하였음이니, 그 뜻을 알겠
는가?
29 이제는 네가 그리 갈 수 있음이니, 지
금부터라도 그리 행동하도록 하라.
30 자유분방한 네 삶을 남들은 이해할 수
없으며 그를 바라볼 수 없음이니라.
31 완벽한 지도자요, 완벽한 선지자요,
완벽한 나의 아들로서 네가 비치고
네가 서 주기를 바라며, 그들은 그것
만을 이해하느니라.
32 그렇지 못한 부분을 사랑으로써 너를
이해하고 너를 인간적으로 다스려 줄
것이라 생각하나,
33 그들은 네가 인간이 아닌 나의 아들이
요, 나의 선지자요, 만백성을 구하는
목자라는 것으로 너를 따르며 너를 보
고 너를 생각함이니,

34 이를 이제 잊지 말고 앞으로 그리 행
동하는 데 스스로 훈련에 들어가도록
하라, 사랑하는 나의 아들아!
35 내가 너를 사랑하며 너의 제자들을 사
랑하며, 너희들의 노고를 치하하는 바
이니라.

4,790 번째 하나님 말씀

2003년 2월 1일 08시 30분

1 사랑하는 나의 아들아!
2 "네, 아버님! 말씀하옵소서."
3 지금까지 너를 따르는 제자들과 나의
법전을 읽고 깨우치며 선택된 백성 너
희들에게는 나 여호와가 존재함을 알
며,
4 나 여호와가 존재하기에 너희들이 나
로부터 심판을 받으며,
5 그리하여 심판을 받음에 의하여 너희
들이 그 대가를 치르는 그와 같은 인
생의 삶을 두려워하며 그를 무서워하
라 하였음이니라.
6 그리하여 너희들이 오늘의 삶을 바로
살라 내가 그리 말하였으나,
7 이제 나의 아들을 따르는 제자, 그리
고 선택된 백성 너희들은 큰 사랑으로
써 큰 참진리의 뜻을 바라보는 그와
같은 마음의 눈을 떠야 할 것이니라.
8 나 여호와가 너희들의 생명을 주어 세
상에 내보냈으며,
9 이 자연의 위대함이요, 그 오묘한 속
에서 너희들이 그 모두를 통제하고 관
리하며 살아갈 수 있도록 선택된 백성
너희들은 나 여호와를 사랑하며 나 여
호와의 은혜를 생각하는 그 큰 사랑의
마음의 자세를 가져야 할 것이니라.
10 받은 것만큼 돌려준다는 그 마음, 그
리고 그 모두는 나 여호와가 주관한다
는 것,
11 그리고 무엇보다도 가장 중요한 것은
내가 너희들을 너무나 사랑한다는 것,
12 내가 너희들을 사랑하는 만큼 나를 따
르며 나를 사랑하는 마음, 그 마음이
큰 사랑의 기틀이니라.
13 나를 사랑하는 그 마음, 내가 너희들
을 사랑하는 만큼 너희들이 나를 아끼
고 사랑하고 그리 정을 줄 때, 너희들
은 참진리의 의미를 알며 참진리의 큰
뜻을 알게 됨이니라.
14 그리되면 너희들의 세상사 모두가 밝
은 광명 천지요, 이 세상 모두를 사랑
하지 못할 것이 없으며, 소중하지 아
니한 것이 없으며, 너희들이 정을 주
지 아니할 것이 없음이니라.
15 너희들이 나 여호와를 기억하며 나를
경배하며 내가 너희들을 사랑하는 그
넓고 높은 사랑의 의미를 알아 너희들
이 나를 그리 사랑하고 나를 따른다
하면, 그 마음은 모두를 다 덮어 줄 수
있음이니라.
16 썩어서 냄새나는 것까지도, 생명이 없
는 것까지도 그 모두를 다 너희들이
가슴으로 안고 살아갈 수 있음이니,
17 너희들은 죽어 나에게 와 심판받는 것
을 두려워하며, 나 여호와가 존재함을
두려워하며, 내 앞에 오지 못하는 것
을 두려워하며, 지옥으로 가는 것을
두려워하기 전에,
18 이제는 너희들은 더 큰 사랑을 하는
그와 같은 마음으로 가져라.

19 더 큰 사랑을 하는 그 마음이, 너희들
이 내가 존재함을 두려워하며 심판받
는 것을 두려워하며 지옥으로 감을 두
려워하여 너희들이 바로 서려는 그
마음보다도 더 위대한 너희들의 삶이
요,
20 너희들의 마음을 다스리며 너희들이
참진리를 연구하고 하늘에 오르는 길
을 올 수 있는 그 힘과 용기가 더 큰
사랑이니라.
21 사랑하는 나의 백성 너희들은 내가 너
희들을 사랑하는 나의 사랑의 마음을
들여다보며 나를 생각할 때, 너희는
알게 되느니라.
22 그것이 큰 사랑이요, 위대한 사랑이며,
23 모두를 다 다스리고 이기고 어렵고 힘
든 그 고비를 넘을 수 있는 그 용기와
힘이 거기에 있음이니라.
24 나를 두려워하지 아니하며, 내가 너희
들을 사랑하는 만큼 그 큰 사랑의 의
미를 알고 너희들이 그와 같이 나를
사랑하고자 할 때, 너희들이 만백성을
사랑하는 마음의 눈을 뜨게 되며, 만
물을 사랑하는 그와 같은 의인이 되는
길이 더 쉬움을 알라.
25 이제는 너희들이 나의 큰 사랑을 나누
며 보고 그리 살아가는 나의 사랑하는
백성이 되도록 그리하라.

4,791 번째 하나님 말씀

2003년 2월 1일 08시 34분

1 사랑하는 나의 아들아!
2 성경에 이와 같이 기록되어 있는 내용
을 너희들은 어찌 깨닫고 보는가?
3 예수가 말하였느니라.
4 '내가 진실로 진실로 너희에게 이르노
니, 인자의 살을 먹지 아니하고 인자
의 피를 마시지 아니하면 너희 속에
생명이 없느니라.
5 내 살을 먹고 내 피를 마시는 자는 영
생을 가졌고 마지막 날에 내가 그를
다시 살리리니 내 살은 참된 양식이
요, 내 피는 참된 음료로다.
6 내 살을 먹고 내 피를 마시는 자는 내
안에 거하고 나도 그 안에 거하나니,
살아계신 아버지께서 나를 보내시며
내가 아버지로 인하여 사는 것과 같이
나를 먹는 그 사람도 나로 인하여 살
리라.'
7 이와 같이 너희들이 성서에 기록하여
전하였음이니, 이 애절한 뜻을 아는가?
8 너희들이 살을 먹고 피를 마시며 음료
를 마시는 이와 같은 모든 뜻은 예수
를 지칭하여 예수에 관한 것이 아니요,
9 나 여호와가 예수를 통하여 전하고자
한 나의 참진리요, 나의 뜻을 너희들
이 깨닫고 그리 살라는 내용임을 알아
야 할 것이니라.
10 너희들이 인자의 살을 먹지 아니하고
인자의 피를 마시지 아니한다 함은,
11 너희들이 나의 참진리요, 나의 뜻을
받아들여 너희들의 생명체로 삼지 아
니하면 너희들이 구원을 볼 수 없다는
것을 내가 말함이니,
12 이 소중한 구절을 너희들이 마음대로
평가하여 마음대로 해석하는 그와 같
은 깨달음을 얻지 말라.
13 '내 살을 먹고 내 피를 마시는 자는 영
생을 가졌고, 마지막 날에 내가 그를

다시 살리리니'
14 이 또한 너희들이 나의 성령이요, 나
의 참뜻을 깨달아 참진리를 보고 사는
자, 구원을 받을 수 있는 그와 같은 길
이라는 것을 너희들은 잊어서는 아니
될 것이니 그리 알라.
15 이것이 얼마나 소중한 의미며 얼마나
소중한 뜻인가?
16 이 모두는 나의 참진리를 너희 것으로
만들며, 너희들이 이를 보고 행하며
이대로 살지 아니하면 구원을 받을 수
없으며,
17 그와 같이 행하고 사는 자, 나의 계명
을 지키고, 내가 새로 내리는 새로운
성경의 그 모든 행동 요강을 행하고,
그리고 성경에 기록되어 있는 그 내용
을 제대로 읽고 깨우쳐 그리 행하는
자는 구원을 받을 수 있을 것이며, 그
렇지 못한 자는 구원을 받을 수 없다
는 뜻이니라.
18 이는 무엇이더냐?
19 인자의 피와 살은 진실한 것이니라.
20 그리고 깨끗하며 소중한 것이니라.
21 나의 성령이요, 나의 법전이요, 나의
진리를 가지고 공부할 때,
22 너희들이 다른 생각이요, 다른 마음을
갖고 깨우치는 그와 같은 행위를 하지
말라 함이니라.
23 순수한 그대로 받아들이며 순수한 그
대로 읽고 깨우쳐야 너희들이 구원의
길을 얻을 수 있다는 것을 여기에 기
록하여 전함이니 그 뜻을 알라.

4,792 번째 하나님 말씀

2003년 2월 1일 11시 07분

1 사랑하는 나의 아들아!
2 "네, 아버님! 말씀하옵소서."
3 네가 너의 제자들에게 물어 말하기를,
너희들이 한 시간 동안 텔레비전이라
는 기계 앞에서 그 어떠한 프로그램을
보고 웃고 즐기는 것이 너희들이 즐거
운 것인가, 아니면 너희들이 나에게
기도하고 경배하는 것이 더 소중한 시
간이며 위대한 것이냐 이렇게 물으면,
4 그 제자들은 그리 말할 것이니라.
5 '어찌하여 선생님은 말이 되지도 않는
그 쉬운 문제만을 가지고 저희들에게
묻습니까?' 말할 것이니라.
6 당연히 그것은 너희들이 텔레비전이
라는 기계 앞에 웃고 즐기는 그 시간
보다 기도하고 경배하는 것이 더 소중
한 것이라 그리 말할 것이니라.
7 '그러니 선지자님께서는 어찌하여 말
도 안 되는 것을 묻습니까?' 그리 말
할 것이니라.
8 그러나 너희들은 여기서 들어야 할 것
이니라.
9 너희들이 그와 같이 내가 너희들에게
가장 기초적인 것을 가르치고 깨우치
는 것은, 너희들이 기초서부터 다시
다져 와야 하기 때문이니라.
10 기초가 다져지지 아니하였으며, 기초
의 근본이 되지 아니하였으며, 모든
참진리의 아름다움의 가르침은 가장
밑에 있음을 너희들은 알아야 할 것이
니라.
11 그러나 너희들이 많은 기계 앞에서 웃

고 즐기는 그것보다 나에게 기도하고
경배하는 것이 낫다 그리하나,
12 너희들은 정녕 텔레비전이라는 기계
를 보고 즐기는 것은 두세 시간이요,
몇 시간씩 그 앞에 앉아 즐길 수 있으
나,
13 과연 너희들은 나에게 기도하고 경배
하는 그 시간을 네 시간, 다섯 시간씩
기도하고 경배하는 것을 감사하고 기
쁨으로 생각할 수 있는 사람이 있는가?
14 너희들은 어느 쪽이 편안하게 놀고 즐
길 수 있는가?
15 결국, 너희들은 텔레비전이라는 그 기
계 앞에서 웃고 즐기는 그 시간은 즐
거움으로써 몇 시간이요, 시간이 흘러
가는 줄을 모르나,
16 너희들이 나의 법전을 읽고 공부하며
깨우치는 그 시간은 고통이요, 시련이
요,
17 온몸이 쑤시고 아프며 눈이 보이지 아
니하며 온몸이 뒤틀림을 알게 될 것
이니,
18 내가 너희들에게 던진 그 의제는 당연
히 질문해 볼 만한 가치가 있는 것이
아닌가?
19 너희들이 단순히 말하고 생각할 때는
'선지자께서는 어찌하여 그리 쉬우며
말도 안 되는 아이들 같은 질문을 하
시느냐?' 말하나,
20 시간이 점점 지나고 너희들이 많은 시
간을 놓고 따져 볼 때,
21 너희들은 나의 법전을 두 시간, 세 시
간 읽을 때, 눈이 보이지 아니하며 몸
이 뒤틀리며 별의별 생각을 다 하면
서 나의 법전을 놓았다 들었다 하며
그리 읽을 것이니라.
22 그러나 너희들이 기계 앞에서 웃고 즐
기는 그 시간이 가는 것은 웃음 속에
서 시간이 가는 줄도 모르고 앉아 즐
길 수 있을 것이니,
23 그러니 너희들의 본 마음이 어디에 있
는지 내가 물어보는 것은 당연하지 않
은가?
24 너희들은 그 기초요, 근본이요, 기본
이 안 되어 있음이니라.
25 너희들이 기초가 되어 있으며 굳건히
되어 있는 자, 나의 법전을 세 시간을
보든 열 시간을 보든 즐겁고 기쁜 마
음으로 볼 수 있으며 마음과 몸이 뒤
틀림이 없을 것이니라.
26 그러나 너희들이 그 마음의 기초요,
근본이 다져지지 아니하였기에,
27 말로는 나의 법전을 읽는 것이 더 소
중하며 그를 선택한다 하나, 너희들의
행동에서는 그리하지 못하니,
28 내가 너희들에게 다짐을 받아 두며 내
가 너희들의 마음을 굳혀 주는 것이
당연하지 아니한가?
29 이것이 너희들이 지금에 가고 있는 형
태며 너희들의 마음 자세이니, 나 여
호와가 너희들에게 묻는 것은 당연함
이니,
30 너희들은 모든 기초 질서는 낮은 곳에
있으며, 아래에 있으며, 바닥에 있으
며, 쉽고 너희들이 다 알고 있는 사항
이나,
31 다만 그를 얼마나 지키고 얼마나 행하
고 그리 따라가느냐가 가장 소중한 그
이치가 거기에 있음을 알라.
32 행함이 중요하기에 내가 너희들에게

질문하는 그 뜻을 알라.

4,793 번째 하나님 말씀

2003년 2월 1일 11시 15분

1 사랑하는 나의 아들아!
2 "네, 아버님! 말씀하옵소서."
3 나로부터 생명을 가지고 세상에 나간 백성 너희들은 내가 모두를 다 주었음이니, 너희들이 사는 것이 어디에 있는가?
4 모든 백성이 평화와 화합과 아름답게 살아가는 그것에 모두를 다 바치며, 그와 같은 마음으로 살아가는 것이 너희들이 가야 할 길이거늘,
5 지금의 그와 같이 인도하고 깨우쳐 하늘에 오르는 길로 이끄는 백성, 종교 지도자 그들이 과연 어찌 살아가는가?
6 그들은 그 길을 위하여 모두를 다 바침이 아니니라.
7 그저 너희들이 큰 성전을 짓는 것으로써, 그리고 많은 백성을 모아 놓고 그들에게 설교하는 것으로써 너희들은 그것에 모든 목적을 두고 있으며, 그를 위하여 너희들이 지금 가르침을 가고 있음이니,
8 내가 너에게 내리는 인간의 사랑이요, 화합이요, 평화라는 것은 찾아볼 수가 없음이니라.
9 너희들이 지금 큰 성전을 짓고자 하며, 큰 성전을 갖고자 하며 많은 백성을 모아 놓고 강론하고 가르치고자 하나, 설교하고 그들을 이끌어 간다고 하나,
10 너희들은 과연 내가 원하는 이 지구상의 모든 백성의 평화와 화합에 얼마나 역사하고 산다 생각하는가?
11 그리고 너희들이 얼마나 기여했으며 기여했다고 생각하는가?
12 너희들은 여기서 아무것도 기여한 것이 없음을 알아야 할 것이니라.
13 너희들은 더 큰 성전을 짓기 위하여 더 많은 자들을 모아 놓고 제왕적인 대접을 받기 위한 거기에 급급하였음이니,
14 너희들이 더 큰 성전을 짓기 위해서는 재물을 긁어모아야 하며,
15 재물을 바치도록 유도하는 것에 지금 너희들의 모든 마음이 가 있으니,
16 너희 종교 집단의 지도자들의 마음은 여기에 다 있음이니라.
17 너희들은 여기서 알아야 할 것이니라.
18 인간인 너희들이 아무리 아름답고 평온하게 살며 사랑한다 해도,
19 재물이 있는 곳에는 너희들이 사악한 마음을 갖게 되어 있으며,
20 너희들이 재물을 만지는 곳에는 불화하는 마음을 갖게 되며,
21 너희들이 재물을 먼저 모으며 재물을 우선으로 아는 그와 같은 집단 속에는 재물에 대한 욕심이 있으며, 서로 의심하며 반목하는 그러한 마음을 너희들이 지울 수가 없으니,
22 이는 평화와 화합과 사랑하는 마음으로 아름답게 세상을 음미하며 살라는 나의 뜻과는 전혀 관계도 없으며, 그 길에는 너희들이 기여한 것이 하나도 없음을 알아야 할 것이니라.
23 지금의 너희들이 큰 성전을 짓고자 몸부림치는 것, 많은 백성을 모아 많은

재물을 갈취하겠다는 생각으로 가는
그 종교 집단은
24 이 세상 인류의 평화요, 내가 말하는
만백성이 하늘에 오르는 그 진리의 길
을 깨우치는 데 기여한 것은 하나도
없으며, 기여된 것이 하나도 없음을
알아야 할 것이니라.
25 지금의 몇천 년 동안 흘러온 모든 종
파의 뿌리들이 그와 같이 흘러가고 있
는 것이 현실이니,
26 너희들은 여기서 무어라 거부할 말이
없을 것이니라.
27 물질만능주의요, 이기주의가 탄생하
게 된 것이 바로 너희들이 그와 같은
마음을 가지고 이끌어 왔기 때문에 그
리되었으며,
28 그리하여 너희들이 이 세상의 평화와
화합과 사랑을 이루는 데 그를 규합하
고 기여한 것이 아니라,
29 너희들은 이기주의자를 만들어 내는
데 기여한 것이며,. 이 세상에 이기주
의자만 들끓게 하여 놓은 것이 너희
들이니라.
30 큰 성전을 짓고 수많은 신도를 거느린
너희들이 사회의 평화와 봉사와 화합
에 기여하도록 그리 이끌어 가며 그를
가르친 것이 아니니라.
31 너희들은 지금의 종교 집단에서 인간
의 존엄성까지도 말살시키며 사랑이
메마르고 황폐한, 씨앗을 심을 수 없
는 그와 같은 땅과 같은 마음으로 나
의 백성을 그리 송두리째 다 쓸어버렸
으며,
32 그와 같이 그들의 마음과 사랑의 모두
를 다 갈취해 간 것이 너희들임을 알
아야 할 것이니라.
33 너희들이 물질이 가는 곳에 마음이 있
다 그리 말함이니, 너희들은 여기서
깊이 깨우치라.
34 물질을 바치고 물질이 가는 곳에 거래
하며, 물질에 의하여 생각하는 것이
다르며, 물질에 따라서 사람을 보는
마음이 다르니라.
35 많은 금화를 모으기 위해서 많은 금화
를 갖다 놓는 자를 너희들이 격려하게
되어 있으며,
36 갖다 바치지 못하는 자는 등한시하게
됨이니,
37 바로 물질을 바치는 곳에 너희들의 마
음이 있는 것이 아니라,
38 너희들이 물질을 바치는 곳에서 물질
에 대한 사악한 마음이요, 불화하는
마음이요, 욕심이요, 의혹하는 마음이
요, 서로 시기 질투하는 그와 같은 마
음을 갖게 되며,
39 이기주의 쪽으로 변화되는 것이 물질
이 가는 곳에 너희의 마음의 형태임을
알라.
40 이제 모든 종교 지도자 너희들은 '물
질이 가는 곳에 너희들의 마음이 있으
니 많이 바쳐라! 많이 바쳐라!' 그리
하지 말라.
41 물질을 쌓아 놓는 그곳에 시기가 있고
질투가 있으며 사악한 싹의 근원이 거
기에서 싹틈이니,
42 과연 너희들 종교 집단이요, 많은 세
월을 보냈다는 신도들이요, 너희 손으
로 지은 그 성전이요, 신성하다는 곳
에서
43 그 물질 때문에 아귀다툼하며 그것을

가지고 고성을 지르며 그것을 가지고
따지고 물고 늘어지는 그와 같은 현상
이 생기지 않는가?
44 그리고 분열하고 분할되며 나누어지
는 그와 같은 추하고 더러운 모습이
너희들의 성전에서 이루어지지 아니
한다면, 너희들은 내가 나의 아들을
통하여 내리는 나의 이 새로운 성경이
요, 나의 법전이 잘못되었다 그리 전
하라.

4,794 번째 하나님 말씀

2003년 2월 1일 11시 22분

1 사랑하는 나의 아들아!
2 "네, 아버님! 말씀하옵소서."
3 만백성에게 참진리를 가르치며 나 여
호와의 뜻을 가르치며 하늘에 오르는
길을 인도하는 그와 같은 너희들 모든
종교 집단이요, 지도자들이 뭐라 말하
는가?
4 너희들은 성공적인 종교 집단의 단체
를 무엇으로 표현하는가?
5 너희들은 성공했다는 그 종교 집단을
크나큰 성전을 가지고 있는 자, 그리
고 많은 백성을 거느리고 있는 자, 많
은 재물을 거둬들일 능력을 가지고 있
는 그와 같은 것을 성공한 종교 집단
의 교회요, 또는 너희들의 온갖 이름
이 붙어 있는 성전이라 너희들이 그
리 말하느니라.
6 그리고 많이 거둬들이는 자를 능력 있
다 그리 말하느니라.
7 그러나 여기서 너희들은 알아야 할 것
이니라.
8 그와 같이 가고 있는 것이며 그와 같
이 성공 여부를 평가하는 너희들은 나
여호와와는 아무런 관계도 없음이니
라.
9 나 여호와가 정녕 성공한 성전이라 하
는 것은,
10 너희들이 일정 기간 동안에 나의 피조
물 만백성을 가르치고 깨우쳐 그들이
세상에 나가 만백성을 가르칠 수 있도
록 내보내는 순환 교육을 하는 그와
같은 성전이야말로 나의 뜻에 의한 성
전이요, 나의 뜻에 의해 가는 목자요,
나의 뜻에 의해 움직이는 곳임을 너희
들은 알아야 할 것이니라.
11 한번 잘못하여 성전이라는 곳을 들어
가면 그들을 평생 붙잡고 끌고 가는
것은 나의 뜻이 아님을 너희들은 알아
야 할 것이니라.
12 단시간 내에 나의 피조물 만백성이 나
여호와가 존재함을 알며, 내가 원하는
성령의 뜻이요, 내 마음이 무엇인가를
깨우치게 하여,
13 그들을 세상에 내보내 많은 백성을 깨
우치는 그와 같은 방법으로 너희들이
가르쳐야 함이니라.
14 너희들이 성장하면서 배우는 교육 과
정처럼, 초등학문이요, 중등학문이요,
이와 같이 그 한계를 넘어 그들을 깨
우쳐 세상에 내보내며 그와 같이 순환
교육을 하는 것이니라.
15 그들이 들어오면 짧은 시간 내에 그들
을 가르쳐 졸업시켜 세상에 내보내 만
백성을 깨우치는 그와 같이 순환하는
교육을 하는 것이 나의 성전이요, 내
가 원하는 성전임을 너희들은 알아야

할 것이니라.
16 그리하여 그들이 배운 것을, 나의 뜻
을 가지고 세상에 나가 실천하도록 그
리 내보내고 또 내보내는 것이 너희들
이 해야 할 일이거늘,
17 지금의 너희들의 종교 집단은 어찌 가
는가?
18 한번 그들이 너희들의 집단에 발을 들
여놓으면 그를 죽을 때까지 붙잡고 끌
고 가고 물고 늘어짐이니라.
19 그리하여 너희들은 반복 교육을 하고
또 반복 교육을 하고, 한 내용을 가지
고 몇 년씩, 몇십 번씩 재탕을 하며 평
생 그를 가르침이니,
20 그들이 배우는 것이 무엇이 있으며 그
들의 머릿속에 남는 것이 무엇이 있는
가?
21 너희들 종교 집단이 하는 교육이요,
설교요, 지금 가고 있는 것은 산 교육
이 아니요, 산 가르침이 아니요, 산 진
리를 따르는 것이 아니라,
22 죽음이요, 죽은 믿음이요, 고통의 믿
음으로 너희들이 가고 있음을 알아야
할 것이니라.
23 너희들은 어찌하여 큰 성전과 많은 인
간의 머릿수로써 그저 가르쳐야 한다
생각하며 많은 머릿수를 모아 놓고 설
교해야 한다 하는가?
24 백 명이 들어갈 수 있는 좁은 자리에
천 명을 모아 놓고 교육을 한다면 과
연 그와 같은 교육이 이루어지겠는가?
25 그 교육은 이루어질 수 없으며, 제대
로 모두가 진행될 수 없음이니라.
26 너희들이 백 명을 모아 놓고 교육할
장소에 60명을 모아 놓더라도,
27 너희들이 진심으로 교육하여 그들이
그 교육 과정을 마치면 졸업시키고 또
받아서 교육하며,
28 그와 같이 순환하는 알찬 교육 방법으
로써 나의 피조물 만백성에게 나 여호
와가 존재하며 하늘에 있음을 그와 같
이 가르쳐야만 하거늘,
29 너희들은 재물과 금화를 거둬들이기
위하여 한번 너희들의 손에 들어온
자, 평생 고리를 채워 끌고 가는 그와
같은 형국임을 알아야 할 것이니라.
30 너희들이 그와 같이 사악한 자들이 되
어 있음을 알라.
31 너희들이 참진리요, 아름다운 나의 성
령을 가르치지 아니하기에,
32 많은 백성이 순환해 나갔을 때 그들이
돌아오지 아니하며, 너희들이 잘못 가
는 것이요, 너희들이 잘못 가르치는
것을 그들이 볼 수 있기에,
33 그들을 놓아주지 아니하고 평생 그저
재물을 바치면서 하늘에 오르라, 구원
을 받을 수 있다 그리 감언이설로 끌
고 감이니라.
34 너희들이 먹고 마시는 물이라는 것도
어떠하던가?
35 고이고 고여 있으면 그 물은 썩어서
먹을 수가 없으며 버리느니라.
36 물은 흘러야 함이니라.
37 그와 같이 나의 참진리요, 깨우침이
요, 하늘에 오르는 만백성을 구하는
나의 진리요, 성령은 흘러야 함이니라.
38 그리고 유유히 흘러가야만 하는 것이
니라.
39 너희들이 지금 모두를 고이게 하고 고
여 놓았으며 움직이질 못하도록 했으

니, 다 썩고 무너져 그 냄새가 추악함
이니,
40 이 썩고 무너지는 것을 내가 바로잡고
자 하는 것이 나의 법전이요, 나의 뜻
이니라.
41 만백성 너희들은 나의 법전을 읽고 깨
우치라.
42 그리하여 나의 법전을 읽고 접하지 않
는 자 깨우칠 수 없으며 하늘의 뜻을
알 수 없기에,
43 이것이 바로 심판의 기본이요, 근본이
라 하였으며,
44 새로운 성경이라 명함이 여기에 있음
이니라.
45 그리고 법전이라 부르는 이유가 여기
에 있음을 명심하라.

4,795 번째 하나님 말씀

2003년 2월 1일 11시 33분

1 사랑하는 나의 아들아!
2 "네, 아버님! 말씀하옵소서."
3 사랑하는 나의 피조물 만백성을 천국
이요, 하늘나라에 인도하며 그 길을
위하여 가르친다는, 너희들이 말하는
목사요, 신부요, 중이요, 모든 종파의
지도자들이 나의 피조물 만백성을 한
평생 가르치고 인도하는 그곳에서 과
연 배울 것이 있다 생각하는가?
4 너희들이 성전에 들어가는 순간에 평
생 나오지 못하며, 재물을 바치며, 거
기서 그 종교 지도자에게 배움을 얻고
자 또 배우고 있음이니,
5 과연 너희들은 거기서 종교 지도자로
부터 평생 또 배우고 깨우침이 있다
생각하는가?
6 너희들이 나의 성서를 열 번이요, 백
번을 읽었다는 것은 무엇이던가?
7 그는 너희들이 읽은 숫자만큼 새로운
것이 없다는 것이 아니던가?
8 새로운 가르침이 있으며, 새로운 깨달
음을 나 여호와로부터 받아 내려간다
면, 너희들은 그 성서를 열 번, 백 번
읽을 시간이 없을 것이니라.
9 새로운 공부를 하고 또 배워서 새로
전진해 가고 변해야 하기 때문이 아니
던가?
10 그렇다면 너희들은 지금의 종교 지도
자로부터 과연 평생 깨우침을 배울 그
와 같은 지혜와 그와 같은 능력을 그
들이 가지고 있다 생각하는가?
11 그것이 아님을 너희들은 알아야 할 것
이니라.
12 너희들은 평생 배울 것이 그리 있다고
생각하는가?
13 거기에는 있지 아니함이니라.
14 그들이 가진 그 모든 깨달음이요, 진
리를 가장 짧은 시간 내에 나의 피조
물 만백성 너희들에게 가르쳐, 너희들
을 그들이 알고 있는 상식선까지 끌어
올리는 것이 그들의 임무이니,
15 그것은 나름대로 단시일 내에 그와 같
이 역사를 이룰 수 있음이니라.
16 그리하여 모든 종교 지도자들은 저희
들의 신도라는 자들을 그들이 알고 있
는 그 실력의 수준까지, 지도자로서
가지고 있는 그 수준까지 빠른 시간
내에 끌어올려, 그들을 저희들의 손에
서 놓아 줘야 함을 알라.
17 그리하여 너희들을 그리 배출하여 세

상에 내보내 만백성을 구하도록 가르
쳐야 하는 것이 나의 뜻이며 도리이거
늘,
18 가르칠 것도 없으며 더 이상 보일 것
도 없는 그와 같은 종교 지도자들이,
19 1달이요, 2달이요, 1년이면 끝마칠 만
한 그와 같은 수준의 실력을 가지고
있는 자들이 10년, 20년, 50년 동안
재탕하고 재탕하여 그리 끌고 가는 것
은 나의 피조물 만백성을 우롱하는 것
이며,
20 그들을 골탕먹이며 빈 깡통의 머리로
만드는 것이며, 사고력이요, 판단력까
지 잃게 하며,
21 그저 짐승이 먹이를 주는 주인에게 충
성을 다하듯이 맹종 맹신하는 그와 같
은 백성으로 만드는 데만 그들이 급급
해 있느니라.
22 너희들이 종교 지도자 그들 앞에 맹신
하며 맹종하는 것으로 가르치는 것이
아니라,
23 너희들을 그들 수준으로 빠른 시간 내
에 끌어올려 너희들이 세상에 나가
만백성을 가르치며 그 사회를 정화하
는 데 기여하도록 그리해야 하는 것
이 나 여호와의 뜻이니라.
24 그리하여 종교 지도자 그들의 수준까
지 신도들을 빠른 시간 내에 끌어올려
사회에 내보내는 것이 나 여호와의 뜻
이며 내가 원하는 것이니라.
25 평생을 너희가 배울 것이 없음이니라.
26 그 종교 지도자요, 어떠한 지도자도
너희들이 평생 그 밑에 가서 배울 것
이 없음이니라.
27 1달, 2달이요, 1년, 2년이면 모두를 다
그 수준으로 끌어올릴 수 있는 것이
아니던가?
28 그들 종교 집단이 성공이 아니고 실패
의 길을 가고 있으며, 나 여호와의 뜻
과는 전혀 관계없는 그 길을 가고 있
는 것이라 하였음이니라.
29 내가 여기서 너희들에게 물어보고자
함이니라.
30 종교 지도자라 하여 단상 앞에 서서
너희들을 평생 끌고 가는 그 종교 지
도자들은 과연 그들이 선생으로부터
평생 배웠던가?
31 그들은 일정 기간에 인간의 교육 과정
을 거쳤으며, 인간으로부터 제한된 시
간 속에서 그들이 공부하며 깨우쳐,
32 그 스승이 가지고 있는 실력을 저희
것으로 1년이요, 2년 내에 만들어 저
희들이 지도자라 하여 지금 단상에 서
서 종교 지도자로서 나의 피조물 만백
성을 가르쳐 깨우쳐 가는 것이 아닌가?
33 그들은 2·3년 동안 배워 지도자로서
군림하여 섰으면서, 나의 피조물 만백
성 너희들은 왜 평생 그들에게 봉사하
며 그들에게 코를 꿰여 끌려가는 짐승
처럼 맹종하고 살아가야 하는가?
34 그들이 3년 동안의 교육 과정으로 종
교 지도자의 수준에 올랐다면, 나의
피조물 만백성을 그 이상 그들이 데리
고 있어서도 안 되며 더 이상 끌고 가
서도 아니 됨이니라.
35 나 여호와가 나의 아들을 통하여 뭐라
가르쳤느냐?
36 모든 나로부터 받은 능력은 만백성에
게 무상으로 주라 하였음이니라.
37 나로부터 받은 것은 다 그대로 내가

대가 없이 주었으니, 무상으로 주라 하였음이니라.
38 그들이 3년이요, 4년이라는 과정을 인간에게 대가를 치르고 공부했다면, 그만큼 3·4년 동안에 나의 피조물 만백성도 그 수준으로 올릴 것이며,
39 그에 버금가는 지능을 가지고 있는 나의 백성임을 그들이 알아야 할 것이니,
40 그들은 3년이요, 4년이라는 동안에 그 시간을 지도자가 되기 위하여 봉사하고 바치면 평생 그 많은 백성으로부터 거둬들이고 또 거둬들이니,
41 얼마나 그들이 웃기는 장사를 하고 있는가?
42 강도와 살인자가 갈취하는 행위보다도 더 무서운 그와 같은 장사를 하는 것이니라.
43 그들이 3년이요, 4년 동안 그 선생이요, 지도자에게 배워 종교 지도자가 되었다면,
44 그들은 나의 사랑하는 백성을 단기간 안에 그와 같은 수준으로 올려야 할 것이니라.
45 여기서 종교 지도자들이 견주어 보라.
46 저희들이 3·4년이라는 동안에 인간의 지도자에게 배워 종교 지도자라 하여 강론하고 설교하며 단상에 서서 평생 나의 피조물 만백성을 우려먹는 그들보다 머리 좋은 신도들이 더 많을 것이며,
47 그들보다 두 배, 세 배로 천재적인 재능을 가진 자들이 저희 신도 중에 더 많으니,
48 머리가 둔한 자가 3·4년 동안에 배워 그 자리에 섰거늘,
49 머리가 더 좋고 명석하며 그들보다 네 배, 열 배 더 좋은 두뇌를 가지고 있는 자들을 평생 골탕을 먹이고 끌고 감이니,
50 무지한 자가 선한 백성이요, 능력 있는 자를 죽이는 사악한 짓을 하고 있음이니라.
51 이제 나의 사랑하는 피조물 만백성 너희들은 들어야 할 것이니라.
52 너희들의 단상에 서 있는 종교 지도자가 과연 몇 년 동안 공부해서 몇 년 만에 자격증이라는 것을 손에 들고 와,
53 그것도 인간이 만든 그 종이에 쓴 자격증을 가지고 와서 너희들을 그리 우롱하며 끌고 가며, 평생 너희들의 재물과 시간을 다 갈취하는가?
54 부모를 사랑하는 것보다도, 나 여호와를 찾으며 저희들의 성전에 와 재물을 바치면 부모에게 은혜요, 보답하는 것이 다 저절로 이루어진다 그리 가르치는 사악한 자들의 머리보다 너희들의 머리가 더 좋으니라.
55 그들이 몇 년 동안 배웠는가?
56 너희도 그만큼 재물을 더 바침이니, 그들이 배운 시간만큼이라도 가지고 있는 모두를 다 너희에게 가르치라 전하라.
57 그리하여 너희가 또 나가서 가르치는 자가 되어야 할 것이니,
58 3년이요, 4년을 배워 온 종교 지도자보다 평신도 너희 머리가 더 좋은 자가 수없이 있거늘,
59 어찌하여 머리 둔한 자에게 머리 좋은 자가 평생 끌려가는 그와 같은 어리석은 짓을 하느냐?

60 내가 뭐라 말하였느냐?
61 죄를 백 가지 짓는 종교 지도자가 죄
를 열 가지 짓는 그 신도를 가르칠 수
없으며 그를 위해 기도할 수 없다 하
였거늘,
62 머리 나쁜 자가 4년 동안에 배워서 종
교 지도자가 되었거늘, 어찌 머리 좋
은 너희들은 40년 평생 죽을 때까지
그 밑에 가서 맹종하고 어리석은 삶을
사느냐?
63 더 머리가 좋은 자 1년이면 깨우칠 것
이니, 바로 나와 만백성을 가르치는
그와 같은 자들이 되어야 할 것이니
그리 알라.
64 이제는 한번 몸담은 데 평생 맹종을
하지 말라.
65 너희들은 거기서 얻을 것을 다 얻었으
며 들을 것을 다 들었으니,
66 성경의 한 구절이요, 한 뜻을 갖다가
성서를 한 번 공부하고 두 번, 세 번
나의 성경을 공부하면 그 이상 공부할
것이 없음이니라.
67 그러면 너희들이 바로 지도자이며 나
로부터 선택된 백성이거늘,
68 어찌하여 너희들보다 못한 자에게 머
리 좋고 똑똑하며 많이 아는 자가 거
기 가서 평생 코 꿴 송아지처럼 끌려
가는 웃지 못하는 그와 같은 형국으로
살아가는가?
69 이 웃지 못할 형국에서 벗어나는 자
가 구원을 받을 수 있음을 알라.

4,796 번째 하나님 말씀

2003년 2월 1일 11시 38분

1 사랑하는 나의 아들아!
2 "네, 아버님! 말씀하옵소서."
3 나 여호와가 너희들이 십자가를 수없
이 많이 세워 놓은 그 모든 성전이요,
너희들이 읽고 가는 종교 집단의 간판
을 내리며 문을 닫고자 함이 어디에
있는지 알고 있는가?
4 그 모두를 단죄하며 그들을 다스리고
자 하는 나의 뜻이 있음을 너희들은
알아야 할 것이니라.
5 너희들은 정상적으로 생각하는 머리
요, 나로부터 지혜를 받아가 정상적인
생각을 하고 세상을 살아가는 나의 백
성이니라.
6 그러나 너희들이 종교 집단에 들어가
는 순간에, 잘못 가는 종교 지도자에
게 이끌려 가는 그곳에 감으로 인하
여, 지금 하늘의 구원이라는 그 성전
에 너희들이 몰려 있는 기간이 길면
길수록,
7 나의 피조물 만백성 너희가 정상적인
사람이요, 사랑을 베푸는 백성으로 살
아가는 것이 아니라,
8 물질 만능이요, 상업적으로 변한 그들
의 혀에 현혹되어 너희 자신을 잃게
됨이니,
9 그 알차고 명석했던 머리가 텅 빈 빈
깡통으로 되어 가는 것이 지금의 신도
임을 알아야 할 것이니라.
10 맹종과 맹신 외에는 그리고 재물을 바
치면 구원을 받는다는, 나의 아들 예
수의 보혈로써 구원을 받으며 너희 손

으로 지은 성전에 가면 천국을 간다는
그것 외에는 아무것도 모르는,
11 머리가 텅텅 빈 빈 깡통의 머리로 되었음이니,
12 머리가 텅 빈 사람이 많이 우글거리는 그 교회는 나의 뜻에 의해 이루어진 것이 아니며 만백성을 구원하는 곳이 아님이니라.
13 그러한 성전에 가지 않는 자가 더 머리가 비어 있지 않으며, 생각할 수 있으며, 참진리를 볼 수 있으며, 깨달음이 있기 때문이니라.
14 하늘에 오르는 길이요, 사랑을 베푸는 성전이라는 그곳에 감으로 인하여 너희들은 모두를 다 잊어버리고 모두를 다 버리는, 머리가 빈 깡통과 같은 형국으로 되며,
15 나의 사랑하는 백성을 그리 만들어 가며 그리고 노예화해 가고 있기에,
16 내가 그와 같은 성전에 거미줄을 치며 그 문을 닫고자 하는 것이 나의 생각임을 알라.
17 사회는 너희들의 머리를 빈 깡통으로 만들지는 아니하느니라.
18 인간 세속에 살아가는 너희들의 세상 속에서는 그리 남을 빈 머리로 만들지는 아니하는 것이니라.
19 서로 정상적인 생각이요, 정상적인 판단으로 살아가고자 노력하는 것이 인간 세상의 삶의 사는 것이며 도리이거늘,
20 정상적인 머리를 가지고 정상적인 생각을 하고 사는 나의 백성이 너희들의 손으로 지은 그 성전에 감으로 인하여 그 머리가 빈 깡통으로 변함이니,
21 거기에서 너희들이 무엇을 얻고 무엇을 이루겠는가?
22 큰 성전에 많은 신도가 죽을 때까지 끌려가고 끌고 가는 그것을 내가 볼 수 없어, 너희들을 구원하고자 함이니라.
23 성전에서 참진리요, 아름다움을 가르치는 것이 아니라,
24 나의 백성의 머리를 빈 깡통으로 만들어 너희들이 물질을 거둬들이며, 그들을 노예화해 버려 너희들이 부귀영화를 누리며 제왕적인 대우를 받는 그와 같은 행위로써 세상을 이끌어 가니,
25 그를 내가 보지 못하여 지금 단죄하고자 함이니라.

4,797 번째 하나님 말씀

2003년 2월 1일 11시 51분

1 사랑하는 나의 아들아!
2 "네, 아버님! 말씀하옵소서."
3 인간 세상에도 이기주의요, 자기 욕심을 위하여 자기만을 위해 사는 세상이 된다면 얼마나 무서운 결과를 초래하겠는가?
4 지금 그와 같은 것이 만연되어 지금의 사악한 세상이 이루어졌듯이,
5 종교 집단이 참진리를 깨우치며 만백성을 정화하는 그와 같은 길을 가지 못하며 아름답게 변하는 그 길을 인도하지 못하며,
6 많은 백성을 가르치고 지도하는 종교 집단이 물질만능주의로 변하는 그것이 얼마나 무섭고 무서운 결과를 초래하는지 아는가?

7 모든 백성을 인도하는 종교 집단의 지
도자들이 상업적으로 변하는 것, 장사
꾼으로 전락한 것, 장사꾼보다 더한
것으로써 거래하고자 하는 것,
8 그와 같은 마음을 가지고 사는 것이
얼마나 무섭고 돌이킬 수 없는 이 지
상을 오염을 시키는 것인가를 너희들
은 어찌 모르는가?
9 너희들이 그와 같이 변하였기 때문에
지금 이와 같은 형국이 되었음을 알아
야 할 것이니라.
10 모든 종교 집단이 상업적이요, 물질
만능으로 변하게 된다면, 도적질을 하
든, 사기를 치든, 살인을 하든, 강탈을
하든 물질만 얻어서 자기가 편하게 그
인생을 살 수 있다면 물불을 가리지
아니하고 행하는 사람과 너희들이 과
연 무엇이 다르다 말하는가?
11 개인이 그와 같은 짓을 하는 것은 개
인으로서 끝나는 것이니라.
12 그러나 집단을 이끌며 만백성을 지도
한다는 종교 지도자 너희들이 만백성
앞에서 그와 같은 짓을 하고 있다면,
그것이 얼마나 무서운 결과며 얼마나
무서운 죄를 짓는 행위인지를 너희들
은 아는가?
13 많이 바치는 자, 어떠한 돈이든 어떠
한 재물이든 그저 너희들의 성전에 많
이 바치는 자는 구원을 받으며,
14 그저 도둑질하고 강탈하여도 하늘에
많이 쌓아 놓으면,
15 너희들이 죽어 가 그 앞에 섰을 때 그
창고의 문을 열어 너희들에게 보여 줄
때, 금화와 은화를 많이 쌓아 놓은 자
는 그만큼 죄를 감면받으며 나 여호와
로부터 축복을 받는다는 해괴망측한,
어느 사전에도 없는 그와 같은 행위를
하고 있음이니,
16 너희들이 이것이 얼마나 무서운 죄며
얼마나 무서운 범죄 행위인가를 아는
가?
17 이 사악한 행위가 나의 만백성을 지옥
으로 보내는 것임을 너희들은 알지 못
하는가?
18 그리하여 너희들이 손으로 지은 성전
이 죄의 온상이라 하였음이니라.
19 이 아름다운 세상이 내가 지은 성전이
니라.
20 자연의 아름다움이요, 불어오는 바람
이요, 너희들과 더불어 살아가는 모든
동식물이 존재하는 이 지상이 내가 만
든 성전이니라.
21 창조주 나 여호와가 만든 이 성전에서
너희들이 나의 뜻을 듣고 배워 깨우치
고 전하고 살면 되는 것을,
22 어찌하여 너희 손으로 지은 성전에 가
기도하고 경배하는 것만이 구원을 받
는다 하여 큰 건물을 짓고자 하며,
23 많은 백성의 머리 숫자를 모아 놓는
데만 연연하는 그와 같은 삶을 사는가?
24 그리하다 보니 너희들이 상업적이요,
물질 만능 주의로 변하지 아니할 수
없는 그와 같은 형국이 되었음이니,
25 지금의 너희들은 물질 위에서 모든 것
을 변화하는 것이 아니라, 너희들이
물질의 지배를 받아 끌려가는 그와 같
은 형국이 되어 있음을 알아야 할 것
이니라.
26 남의 물건을 훔쳐서 팔든 도둑질을 하
든 그저 저만 배부르면 된다는, 지금

과 같이 돌이킬 수 없는 형국이 만들
어진 것은 모든 종교 집단 너희들이
잘못 이끌어 온 죄의 대가라는 것을
알아야 할 것이며,
27 너희들이 지금이라도 반성하고 회개
하며 참진리를 위하여 십자가를 짊어
지고 가는 그와 같은 고통의 길 속에
서 너희 자신을 다시 분석하고 들여
다봐 깨우치는 대변화의 역사를 이루
지 아니한다면 너희들이 받을 죄의 대
가는 너희가 상상할 수 없거늘,
28 아무리 벌이 무섭고 두렵다 해도 지금
육신의 삶의 그 향락만큼은 못할 것이
라, 그 즐거움보다는 벌 받는 것이 덜
할 것이라 생각하나, 이는 용서받을
수 없으며,
29 얼마나 무섭고 고통스러운 것인가는
너희들이 영원히 그 죄의 대가를 받고
살아가 보면 알 것이니라.
30 이를 너희들이 잊지 말라.

4,798 번째 하나님 말씀

2003년 2월 1일 11시 57분

1 사랑하는 나의 아들아!
2 "네, 아버님! 말씀하옵소서."
3 나 여호와가 사랑하는 나의 아들을 통
하여 밤과 낮을 가리지 않으며 너를
독촉하여 내 법전을 만듦이니,
4 이를 내가 세상에 내려보내고자 하는
그 뜻을 너는 알 것이며 너의 제자들
또한 알고 있을 것이니라.
5 내가 이와 같이 법전을 만들어 새로운
성경이라 하여 세상에 내려보내는 것
은,
6 나의 사랑하는 백성 너희들이 평화롭
고 아름답게 사는 그 세상 속에서, 나
의 피조물 만백성에게 무거운 멍에의
짐을 짊어지게 하여 고통의 길이요,
시련의 길을 가도록 그리 가르치고 인
도하여,
7 지금 너희들이 바른길이요, 곧고 평탄
한 길을 놔두고 험악하고 험준한 그
길을 무거운 짐을 지고 가는 너희들의
힘들고 고통스러운 삶에서 내가 구원
하고자 함이니라.
8 너희들을 그와 같이 이끌어 간 자들을
내가 단죄하여 구원하고자 하는 것이
나의 뜻임을 알라.
9 내가 이 지상을 만들었으며 너희들의
생명을 세상에 내보내 준 것은 그와
같이 무거운 멍에를 짊어지고, 험난하
고 험난한 그 고통스러운 길을 너희들
이 괴로움 속에서 가라고 만든 것이
아니니라.
10 너희들이 평화롭고 아름답게 화합하
며 살라 만들었거늘,
11 오늘날 물질 만능 주의로 변한 종교
지도자들이요, 이기주의적인 사악한
자들이 너희들에게 멍에를 짊어지게
하여 그리 끌고 가니,
12 저희 손으로는 물 한 방울을 만지려
하지 않으며, 무거운 것 하나 들지 않
으려는 그와 같은 사악한 심성을 가진
종교 지도자들로부터 내가 너희들을
해방시키고 구원하고자 하는 것이 나
의 뜻임이니라.
13 나의 사랑하는 백성 너희들이 불쌍하
여, 지금 잘못 가는 집단 속에서 잘못
가는 종교 지도자 앞에 가 그 무거운

멍에를 지고 말없이 끌려가는 그 어렵
고 힘든 삶에서,
14 내가 너희들을 거기서 구원하며 너희
들을 구제하기 위해서 지금 법전을 세
상에 내려보냄이니,
15 어찌하여 너희들은 나의 이 뜻을 모르
는가?
16 나의 아들 예수도 그 당시에 이를 위
하여 나의 뜻을 전하고자 하였음이니
라.
17 그리하여 그들의 종파요, 나의 길이라
하여 믿고 있는 그 당시의 종교 집단
들이 저희들의 권위요, 제도를 무너트
리지 아니하며, 사악한 방법으로써 영
원히 지속하고자 하는 그와 같은 계획
을 가지며 그리 끌고 가는 자들에게,
18 나의 아들이 그들의 개혁을 원했으며,
그들을 단죄하기 위하여 세상에 나가
바로 그들로부터 나의 백성을 구하고
자 그리하였으나,
19 그들 사악한 집단의 무리의 힘에 의해
나의 아들이 도리어 죽임을 당하는 그
와 같은 고통을 당했으니,
20 지금의 모든 종파가 그 당시 나의 아
들 예수를 죽인 그들과 같은 형국이니
라.
21 개혁하고 바른 진리를 가르치며, 참진
리로써 하늘에 오르는 길을 가르쳐 주
며, 나의 사랑하는 백성이 지고 가는
그 무겁고도 힘든 멍에를 벗겨 주고자
하는 것이 나 여호와의 뜻이니,
22 오늘의 나의 아들이 지금도 그보다도
더한 종교 집단 속에서 허덕이며 고통
스러운 길을 가는 나의 백성을 구원해
주며 해방하기 위하여 밤과 낮을 가리
지 아니하고 법전을 만들어 너희들에
게 전하는 그 역사를 쉬지 않고 이리
달려가고 있으며,
23 마음이 저리고 가슴이 저리나 그가
이 일을 행하는 것이 무엇인 줄 알겠
는가?
24 예수의 시대에 그 종교 집단들이 예수
가 개혁하고 바르게 가르치며 너희들
을 해방시키고자 했던 것을 방해했던
그 역사를 하고자 하는 것이며,
25 그 뜻을 알고 있으며 그 사명을 알고
있으며, 그를 알기에 지금 나의 아들
이 너희들을 구원하고자 하며 지금 내
가 그를 달굼이니,
26 새로 내려가는 성경은 바로 사악한 종
교 집단에서 너희들을 내가 해방시키
고자 하는 나의 뜻이라는 것을 알라.
27 그리하여 너희들이 나의 법전을 읽고
깨우쳐 나의 아들이 가는 길에 힘이
되어 주며, 너희들이 손을 잡고 더불
어 힘차게 나아가는 그와 같은 대변화
의 역사가 이루어지지 아니하면,
28 또한 몇천 년 전에 예수가 사악한 자
들에 의하여 세상을 등지는 고통 속에
죽어 갔듯이 나의 법전이 그리될 것이
며 나의 아들이 또한 그리 죽어 가게
될 것이니,
29 나의 법전을 읽는 백성 너희들이야말
로 바로 서야 할 것이며, 하나가 되어
야 함을 잊지 말라.
30 사랑하는 나의 백성들아, 내가 나의
아들을 독려하여 대장정의 160권의
법전을 단시간에 세상에 내려보내는
것은 죽은 자를 다시 살리는 기적보다
도, 앉은뱅이를 일으켜 세우는 것보다

도, 눈먼 자를 눈뜨게 하는 것보다도
더 무섭고 위대한 기적임을 알라.
31 이는 영원히 존재하며, 지우려 해도
지워지지 아니하며, 지구가 망할 때까
지 존재하는, 내가 직접 관리하는 나
의 성령의 나의 뜻이요, 심판의 기본
이요, 근본이기 때문이니 그리 알라.

4,799 번째 하나님 말씀

2003년 2월 1일 21시 17분

1 사랑하는 나의 아들아!
2 "네, 아버님! 말씀하옵소서."
3 내가 너에게 명하여 세상의 모든 물체
를 한 색깔로 보라 그리 너에게 깨우
쳐 전했을 때, 너는 과연 그를 깨닫지
아니하였는가?
4 수천수만 가지 색상으로써 장식되어
있다 해도 그 본래의 색은 하나이기에
그 색을 네가 볼 수 있는 그 깨달음을
스스로 얻었음이니,
5 이는 나 여호와가 어떠한 마음을 갖고
세상을 창조했느냐는 네가 생각하기
에 따라서 그 하나의 색깔이라 내가
너에게 그리 전하여 주었느니라.
6 너는 지금 세상에 살아가는 모든 백성
의 마음을 볼 줄 아는 그와 같은 안목
이 있어야 함을 알라.
7 그가 말하는 것, 그의 외형이요, 그의
갖춰진 모든 외형적인 인격체요, 그와
같은 것을 보고 네가 사람을 보며 그
마음을 들여다볼 수는 없음이니,
8 그저 네가 그를 보는 순간에 그 마음
을 들여다볼 수 있는 그와 같은 경지
에 올라야 함이니라.
9 그와 같이 그 한 사람의 마음도 들여
다보지 못한다 하면, 네가 어찌 만백
성을 다스리는 나의 아들이요, 목자로
서 세상의 모든 백성을 이끌어 갈 수
있으며 그들에게 하늘에 오르는 길이
요, 그 희망의 영광을 줄 수 있겠는가?
10 이는 네 마음이 비워지지 아니하였기
때문에 그를 정확히 알지 못함이니라.
11 네가 다른 사람의 그 마음이요, 그가
생각하고 있는 것을 정확히 알 수 있
는 것은 네 마음이 비워져야 함이니라.
12 네 마음의 무게가 있으면 네가 그 사
람의 마음속으로 들어갈 수 없으며 그
육신 안에 들어갈 수가 없으니,
13 네가 그 마음속에 들어가 그 마음을
다스리지 아니하면 그를 정확하게 알
수 없음이니라.
14 네가 나의 마음과 같이 변화되어 무게
가 없는 그와 같은 상태의 네 마음이
되었을 때, 네가 가볍게 그 몸으로 들
어가 그 사람의 모두를 볼 수 있으나,
네가 그 마음이 되지 아니하면 그를
볼 수 없음이니,
15 이는 곧 네가 깨우침의 경지가 높지
아니하면 너 스스로 아무것도 손에
쥘 수 없는 공기와 같은 형국으로써
되지 못함이니라.
16 너희들이 생각하는 것이요, 마음에는
무게가 없다 그리 생각하며 중량이 없
는 듯 생각하나,
17 너희들의 마음이요, 그 생각 속에 가
지고 있는 그 모두가 다 무게가 있음
을 너희는 알아야 할 것이니라.
18 그것이 무엇인 줄 아는가?
19 너희들의 생각하는 마음이니라.

20 그리고 너희들이 살아가는 마음의 자
세가 마음의 무게임을 알아야 할 것이
니라.
21 사랑하는 나의 아들아!
22 "네, 아버님! 말씀하옵소서."
23 너희들이 생각하기에는 숨을 쉬는 것,
움직이는 것, 그것만이 생명이 있으며
살아 있는 것이라 그리 생각하나,
24 너희들이 그리 생각해서는 아니 됨을
알아야 할 것이니라.
25 이 세상 모두는 나 여호와가 존재하며
나로 하여금 모든 것이 이루어졌다 하
면 그들 또한 무엇이던가?
26 너희 살아 움직이는 인간이요, 동물이
요, 식물이요, 미물도 다 살아 있는 것
은 나로부터 다 생명을 받아 가지고
가 있음이니,
27 너희들이 이 세상의 모든 것이 다 나
의 주관하에 이루어진다면 그들도 다
생명이 있음이니라.
28 다만, 그 생명을 너희들이 보지 못함
이니라.
29 유유히 흐르는 그 물은 한 방울 한 방
울이 모여서 강이 되고 바다가 되니,
너희들은 그 물에 생명이 없을 것이
라 생각하나, 그 물에 생명이 있음을
알아야 할 것이니라.
30 그 물도 생명이 있음이니라.
31 한 포기 피어 있는 아름다운 꽃은 너
희들에게 말을 하지 아니하며 그들이
생각이 없으며 그들은 뜻이 없다 그리
생각하지 말라.
32 너희들이 꽃을 사랑하고 예뻐하는 것
만큼 그 꽃의 모양이 변화되며 그 꽃
의 형태가 움직이는 것을 너희들은 보
지 못하는 것뿐이니라.
33 너희들이 마음을 비운 자요, 정녕 나
여호와의 마음과 같이 경지에 올랐을
때 너희들은 꽃이 말하는 것을 들을
수 있으며,
34 너희들이 꽃을 어찌 생각하느냐에 따
라서 그 꽃의 모형이요, 그 꽃이 변화
되는 것을 볼 수 있을 것이니라.
35 그렇지 아니하면 너희들은 보지 못함
이니라.
36 유유히 흐르는 그 물이 하나하나 방울
로 되어 떨어지는 그 방울에도 생명이
있다 함을 너희들은 알겠는가?
37 모든 것에 생명이 없는 것이 없음을
알라.
38 흘러가는 돌도, 그저 버려진 돌도 다
그들 나름대로 생명이 있으며 그들 나
름대로 존재함이 있음을 알아야 할 것
이니라.
39 너희들이 어떠한 마음을 가지고 하나
의 돌을 너희들 손에 쥐느냐에 따라,
40 그와 같이 너희들이 생각할 때 그 돌
이 그것을 느끼고 있다면 너희들은 믿
겠는가?
41 너희는 이와 같은 무서움을 믿어야 할
것이니라.
42 그 돌이 그 자리에 있는 것도 나 여호
와가 있게 하였다면,
43 그도 내가 필요로 하여 생명을 세상에
내보냈듯이 필요한 것은 똑같이 필요
하기에 내가 똑같이 만들었음이니,
44 그 모두는 다 그들 나름대로 생명이
있으며 그들 나름대로 흐름이 있다는
것을 너희들이 듣지 못하고 보지 못하
기 때문이니라.

45 그 모두가 다 살아 있음을 너희들은 알아야 할 것이니라.
46 이 지구상에 있는 내가 만든 아름다운 이 세상 속에 존재하는 것은 어느 것 하나도 생명이 없는 것이 없으며, 필요하지 아니하게 만들어진 것이 없으며,
47 그들끼리 대화하며 통하며 교류하며 흘러가고 있는 것을 너희들은 알아야 할 것이니라.
48 너희들의 마음이 비워질 때는 백사장의 모래알 하나의 그 생명을 알 수 있으며,
49 그 모래알의 생각과 흘러가는 것을 알 수 있으며,
50 그리고 그 모래를 어찌 보느냐에 따라 너희 마음이요, 너희 눈빛까지 그 모래가 보고 알 수 있다는 그와 같은 마음의 깨달음을 알아야 할 것이며, 마음의 문을 열고 살아가는 그와 같은 백성이 되어야 함을 알라.
51 그가 정녕 깨우친 자요, 인애하는 자요, 인자요, 세상사를 지배할 수 있는 자임을 너희들은 알아야 할 것이니라.
52 모두 내가 필요하여 세상에 내보냈으니 그 모두는 생명이 있으며,
53 그들이 생명체가 있으며, 대화를 하며, 흐름이 있으며,
54 그들을 미워하는지 좋아하는지, 귀히 쓸 것인지 쓰지 아니할 것인지 그 모두를 다 그들이 알고 있다는 생각을 하고 세상의 모든 사물을 대하도록 그리하라.
55 다 생명체가 있음을 잊지 말라.

4,800 번째 하나님 말씀

2003년 2월 1일 21시 26분

1 사랑하는 나의 아들아!
2 "네, 아버님! 말씀하옵소서."
3 정녕 믿음의 길을 가는 백성이요, 나의 뜻에 따라 하늘에 오르는 길을 가고 인도하는 백성이요, 나의 아들 예수의 보혈로써 구원을 받았으며 하늘에 오를 수 있는 자격을 받은 그 백성이라면,
4 그를 깨우치지 못한 일반 백성과 차별화된 그 차이점이 어디에 있는지 알겠는가?
5 그는 엄연한 차이가 있어야 함이니라.
6 믿음의 길을 가는 백성과 그러하지 않은 백성과의 차이점은,
7 나를 모르며 믿음을 잘못 가고 있는 그 백성이요, 믿음의 길을 가지 않는 백성은 재물을 남에게 빌려 주며 금화와 은화를 빌려 주었을 때,
8 그들로부터 빌려 준 그 대가의 이자를 받아들이며 거기에 대한 대가를 거둬들이는 것이 일반 상식적으로 살아가는 나의 백성들이 하는 행위이니라.
9 그러나 너희들의 손으로 만든 그 종교 집단에서 정녕 나 여호와의 뜻을 따르며 하늘에 오르는 백성이요, 만백성을 하늘로 인도하며 모든 백성의 모범이 되는 그와 같은 삶을 살아가는 자,
10 그리고 그 종교 집단의 지도자의 설교를 듣고 신도라 하여 그곳에 가서 '아멘!'이요, '할렐루야!'요, 광란의 찬송을 부르면서 믿음의 길을 가는 선택된 백성이라 하여 사랑을 베풀며 산다 하

니,
11 스스로 사랑을 베풀고 산다 하는 너희
들이 과연 어찌 사는가?
12 너희들은 그것이 차별화되어 있어야
할 것이니라.
13 너희들은 어찌하는가?
14 너희들이 정녕 믿음의 길을 가는 그
백성이라면 남에게 재물을 빌려 주며
남에게 금화와 은화를 빌려 주고 그것
을 돌려받을 때,
15 일반 백성은 그 이자라 하는 것이요,
그 대가를 받아들이나, 너희들은 그를
거둬들이면 아니 됨이니라.
16 정녕 사랑을 베푸는 것이요, 종교 지
도자로서 만백성을 구하는 그곳에 가
서 나 여호와로부터 하늘에 오르는 그
은혜를 받았으며 나의 아들 예수의 보
혈로써 구원을 받았다 하면,
17 세상 어떤 것보다 더 위대한 것을 얻
었으며, 그보다 더 큰 축복이 없으니,
18 너희들은 금화와 은화를 남에게 빌려
주고 그들에게 이자를 받는 것이 아니
요,
19 그들이 가장 버리지 못하는 악습 하나
를 버리는 조건으로써 너희들은 금화
와 은화를 빌려 주며 재물을 빌려 주
는 그와 같은 행위로써 살아가야 하는
것이 나로부터 선택된 백성이 하는 행
위이니라.
20 강도질하는 자에게 돈을 빌려 줄 때,
그가 강도질하지 않고 선한 사람으로
살 수 있도록 그 조건을 붙여 재물을
빌려 줄 수 있는 것이 믿음의 길을 가
는 너희들이니라.
21 마약이라는 것을, 또는 알코올을 좋아
하는 자, 알코올 중독에 빠진 자, 그와
같은 자에게 재물을 빌려 주며 금화와
은화를 빌려 줄 때,
22 이자를 받으며 그들에게 재물을 더 늘
려 받는 그와 같은 행위를 하는 것은
정녕 나 여호와 뜻을 따라가는 백성이
하는 짓이 아니니라.
23 너희들은 어찌하는가?
24 그들에게 알코올을 중단하며 마약을
중단하는 그와 같은 조건으로써 너희
들이 재물을 빌려 주는 그와 같은 사
람으로 변하는 것이 나의 진정한 길에
오르는 백성이니라.
25 지금 모든 종교 집단에서 너희들이 그
와 같이 살지 못하고 그와 같이 행하
지 아니한다면, 너희들은 나의 길을
오는 백성이 아니니라.
26 하물며 형제간에 반목하며 부모에게
반목하면서, 너희만이 믿음의 우월성
과 특수성을 가졌으며 너희들은 특별
한 인간이라 그리 말하며, 나에게 특
별히 선택된 백성이라는 너희들이 정
녕 특별한 행동을 하지 아니하면 무엇
하는가?
27 보통 사람도 재물을 빌려 주고 이자를
받으며 그 대가를 받는 것이 보통 사
람들이 하는 짓이 아니던가?
28 너희들은 나로부터 선택된 백성이요,
나의 아들 예수의 보혈로써 구원을 받
으며 하늘에 올라올 수 있는 선택된
백성이며 특별한 백성이라면서,
29 너희들이 하는 행위는 일반 백성이 하
는 짓과 똑같이 한다면,
30 과연 너희들은 무엇이 특별한 백성이
며, 나에게 선택을 받은 자이며, 구원

을 받아 하늘에 오르는 축복과 영광을
가슴에 안은 백성이라 하는가?
31 이와 같은 특별한 행동을 하지 아니하
면서 너희들이 그저 구원받고 천국에
오르는 것이요, 너희들의 생활 방편으
로 특별한 백성이라는 그 '특별' 자를
붙이지 말고,
32 너희들이 오만과 자만에 빠지지 말라.
33 정녕 내가 지금 말한 대로 여유 있어
남에게 빌려 줄 때도 그 이자요, 이익
을 생각하지 아니하며, 그의 악습을
고쳐 줄 수 있는 그와 같은 행위를 하
는 것이 특별한 백성이요, 특별히 선
택된 백성이요, 특별한 사람들이 하는
행위가 아니던가?
34 이와 같은 행위를 하지 못하는 자, 너
희들은 나를 부르지도 말며,
35 나에게 구원받으며 특별히 선택된 백
성이라는 그 환상에서 깨어나며, 나의
아들의 그 고귀한 피를 더럽히지 말라.
36 너희들을 내가 용서할 수 없음이니라.
37 나의 법전을 읽고 깨우친 백성 너희들
또한 그리 살아가야 할 것이니라.
38 너희들은 장사를 하는 데, 금화와 은
화를 모으는 데만 전념해서는 아니 될
것이며,
39 나의 법전을 전하여 나의 만백성을 구
하는 그와 같은 역사를 너희들이 다
같이 소중히 생각하는 마음으로 가야
할 것이니라.
40 너희들이 장사하는 마음의 높이는 크
고 무거워 밑으로 내려가며, 나의 법
전을 전하는 것은 가볍고 소홀히 생각
하니 높이 올라가는 그와 같은 마음의
자세로써 무엇을 이루고자 한다면 너
희들은 아무것도 이룰 수가 없음이니
라.
41 나로부터 선택된 백성이요, 나의 아들
을 따르는 나의 아들의 제자라는 너희
들은 모두가 다 장사함이요, 또 법전
을 전함을 병행하여 똑같이 이룰 때
모든 기적의 역사가 이루어질 것이니,
42 이를 행하지 아니하는 자 어떠한 기적
이요, 역사도 볼 수 없음이니 그리 전
하도록 하라.

4,801 번째 하나님 말씀

2003년 2월 1일 21시 35분

1 사랑하는 나의 아들아!
2 "네, 아버님! 말씀하옵소서."
3 성서에 기록되어 너희들에게 전하기
를, '너희들 중에 누가 아들이 떡을 달
라 하면 그 아들에게 돌을 주며, 생선
을 달라 하면 뱀을 줄 사람이 있느
냐?' 기록되어 있음이니라.
4 또한, '네가 악한 자라도 좋은 것으로
자식에게 줄 줄 알거늘, 하물며 하늘
에 계신 너희 아버지 나 여호와가 구
하는 자에게 좋은 것을 주지 않겠느
냐?' 그리 기록되어 너희들에게 전하
는 것이 있음이니라.
5 그러므로 '무엇이든지 남에게 대접을
받고자 하는 자는 남에게 대접을 하
라.' 그리 가르쳤으며, '이것이 율법이
요, 선지자이니라.' 내가 그리 가르쳤
음이니라.
6 '좁은 문으로 들어가라.
7 멸망으로 인도하는 문은 크고 그 길이
넓어 그리 들어가는 자가 많고, 생명

으로 인도하는 문은 좁고 길이 협착하
여 찾는 이가 적음이니라.' 이를 너희
들은 암송하고 또 암송하여 읽어 보도
록 그리하라.
8 그리하면 너희들이 그 속에서 육의 부
모의 마음을 알며, 창조주 나 여호와
가 너희들을 얼마나 아끼고 사랑하는
것인가를 그 뜻을 알게 될 것이니라.
9 인간인 너희 부모가 너희들을 사랑하
는 것을 알고 깨달아야 바로 나 여호
와가 너희들을 얼마나 사랑하고 소중
히 생각하는지 그 마음을 알 수 있기
때문이니라.
10 그리하여 너희들은 이 대목을 읽고 읽
어 깨달음을 그곳에서 얻도록 하라.
11 그리하면 나 여호와의 뜻을 너희들이
알게 될 것이니라.
12 이를 위하여 인간이 자식에게 어떻게
모범을 보이며 어찌 살아가야 하는지
그것까지도 이 대목을 읽는 중에 너희
들에게 깨우침이 있으며 내가 깨달음
의 문을 너희들에게 열어 줄 것이니라.
13 이는 곧 너희들이 자식을 기름에 있
어서 선과 악을 구분할 수 있는 지혜
를 길러 주는 것이 너희들이 가야 할
길이며 부모로서 해야 할 도리라는 것
을 너희들 스스로 알게 될 것이니라.
14 너희들이 이와 같은 내용을 읽고 또
읽어, 너희들이 육의 부모의 자식에
대한 애정을 알고 그 기초의 사랑하는
마음을 알 때, 나 여호와에 대한 큰 사
랑의 마음의 문이 열릴 것이니,
15 이를 너희 것으로 만들도록 그리 전하
라.

4,802 번째 하나님 말씀

2003년 2월 1일 21시 42분

1 사랑하는 나의 아들아!
2 "네, 아버님! 말씀하옵소서."
3 나의 피조물 만백성 너희들이 살아가
며 세월이 흐르고 흐를수록 진정한 종
교 지도자요, 믿음의 길을 바로 가고
깨우쳐 왔다 하면,
4 세월이 지나면 지날수록 사랑하는 마
음을 가져야 할 것이며,
5 너희들의 마음이 변하여 천사와 같은
심성으로 변하는 그 길을 위하여 깨달
아 그 길을 향하여 달려가는 백성으로
서 너희들이 살아가야 할 것이며,
6 하루하루 살아가는 그 생활 속에서 진
정한 참진리의 길을 위하여 변화되는
그와 같은 아름다운 모습으로 살아가
는 것이 인간 너희들이 살아가는 길이
며 나 여호와의 은혜에 보답하는 길이
아니던가?
7 내가 너희들이 평화로우며 즐겁고 행
복한 그와 같은 삶을 살라 하여 세상
을 내가 너희들에게 내려 주었거늘,
8 거기서 사는 너희들이 살면 살수록 어
찌하여 사랑하는 마음이요, 아름다운
마음으로써 나의 백성이 살아가지 못
하는가?
9 이는 바로 지금의 모든 종교 집단이
요, 지도자라 하는 자들이 자신의 집
단의 이익을 추구하는 그와 같은 형국
으로써 이끌어 왔기에,
10 너희들의 마음이 이렇게 메말라져 사
랑을 모르는 백성으로 전락하여 가고
있음이니,

11 이를 보는 나 여호와 마음이 과연 어
떠하겠는가?
12 너희들에게 사랑하는 마음으로 베푸
는 마음으로 세상을 아름답게 살라 하
였거늘,
13 그와 같은 마음이 너희들에게서 점점
멀어지며 너희 마음속이 황폐하고 삭
막한 마음으로 잡히는 것은 무엇을
의미하는가?
14 나의 사랑하는 백성 너희들이 세상사
육의 삶을 마치고 영원히 사는 나의
나라에 올 수 있는 기회요, 그와 같은
길을 위하여 나 여호와가 너희들을 기
다리고 있건만,
15 너희들은 나를 향하여 달려오는 길로
가는 것이 아니요, 사랑하는 나의 아
들딸 만백성은 나에게서 점점 멀어지
며,
16 너희들이 나에게서 점점 멀어지는 그
것은 또한 무엇이던가?
17 너희들이 나에게서 점점 멀어짐으로
인하여 나 여호와를 잊어 가고 있으
며, 나를 너희들의 기억 속에서 자신
도 모르게 지워 가며 잊어버리고 살며
그 길을 가고 있는 것이 너희들이 아
니던가?
18 너희들이 나를 멀리하며 나를 잊어버
리고 사는 그 삶은 바로 무엇이더냐?
19 너희들이 매일같이 기도하며 경배하
는 마음으로써 나를 향하여 달려와도
사탄이 너희들을 유혹하며 매수한다
하였음이니,
20 너희들은 바로 나에게서 멀어지며 나
를 잊어 가는 그와 같은 생활 속에 빠
져듦으로 인하여 너희들이 나 여호와
를 매도하며 나를 경멸하며 그와 같이
사는 사람이 됨이니라.
21 이는 사랑이라는 것을 모르며 내가 원
하고 바라는 길과 멀어지면 멀어질수
록 정녕 너희들은 나를 능멸하는 그와
같은 마음으로 변해짐이니,
22 이는 곧 사탄이 너희들의 마음에 작용
하며 사탄이 너희들의 마음을 잠식하
여 사탄의 명에 너희들이 움직이는 그
와 같은 길을 가게 되기 때문이니라.
23 사랑하는 나의 아들딸들아, 너희들이
지금 구원의 길을 가고 있다는 그 길
이 나에게서 멀어진 길이니,
24 너희들은 하늘이요, 그리도 갈망하는
천국으로 오는 것이 아니요, 지옥 불
의 벼랑으로 계속 떨어지는 그 길을
가고 있음이니,
25 지금 나의 피조물 만백성이 지옥의 벼
랑으로 수없이 떨어지는 형국을 바라
보는 나 여호와의 아픈 마음을 너희들
은 어찌 그리도 모르는가?
26 나 여호와의 우는 마음을 너희들은 어
찌 그리도 모르며, 이를 바라보지도
아니하며 들으려 하지도 아니하는가?
27 지금 죽어 가는, 지옥의 벼랑으로 떨
어지는 너희들의 처참한 모습을 보며
우는 나 여호와의 마음을, 너희들이
그 울음소리를 듣지 못함이니, 이게
너희들의 한계이니라.
28 그리하여 내가 그 백성을 구하고자 마
지막 나의 법전이요, 나의 성령을 나
의 아들을 통하여 세상에 내려보내,
너희들이 읽고 깨우칠 수 있도록 가장
쉽고 간단한 글로써 책을 만들어 너희
들에게 전하거늘,

29 이를 보지 아니하며 이를 사탄이요, 이단이라 그리 너희들이 찢어 버리고 태워 버리는 그와 같은 행위로 살아감이니, 이것이 과연 무엇이던가?
30 내가 세상에 생명을 내려보내 준 너희들의 어버이요, 창조주이니라.
31 너희들이 나를 부르기를 전지전능한 아버지라 부르면서, 내가 원하는 길을 오지 아니하고 나를 등지고 멀리 나에게서 떨어져 가며 나를 매도하고 능멸하는 사탄의 앞잡이로서 살아간다는 것은 무엇이더냐?
32 너희들은 고아와 같으니라.
33 부모를 잃고 사는 그 고아와 같은 자요,
34 너희들이 나에게서 멀리 떨어지는 것은 나의 사랑하는 백성이 고아가 되는 것이니,
35 너희들이 고아가 되는 그와 같은 길을 가지 말라.
36 너희들은 나의 자식이요, 나의 아들딸로서 어버이요, 창조주가 있거늘,
37 어찌하여 너희들은 고아와 같은 그 길을 가며 나에게서 멀어진 자식이라 하며 나와 인연을 끊으려는 그와 같은 길을 가고 있는가?
38 나 여호와의 뜻을 따르라.
39 내가 원하고 바라는 그 길에 오도록 하라.
40 너희들은 나의 자식이요, 나의 아들딸임을 잊어서는 아니 될 것이니라.
41 너희들이 고아가 되는 길을 가는 것은 나 여호와가 탓하고 싶지 아니하니라.
42 그 또한 너희들이 선택한 길이요, 너희들이 원하는 길이나,
43 너희들이 나의 아들딸로서 나에게서 떨어지며 고아가 되어 간다는 것은 바로 무엇이더냐?
44 부모인 나 여호와의 유업을 너희들이 계승할 수 없는 백성이 되는 것이니라.
45 너희들이 나로부터 유업을 계승할 수 없는 백성이 된다는 것은 곧 무엇이더냐?
46 나의 아들이면서 너희들이 나를 아버지라 부를 수 없는 그와 같은 형국으로 감이니,
47 이를 깊이 깨우쳐 너희들의 마음을 바로잡아,
48 나의 법전의 뚜껑을 열어 이를 읽고 깨우쳐 하늘에 오르는 참진리요, 나 여호와가 너희들을 사랑하는 그 큰사랑의 마음이요, 내가 원하고 바라는 그 이치를 깨우쳐 너희들이 구원을 받도록 그리하라, 사랑하는 나의 아들딸들아!

4,803 번째 하나님 말씀

2003년 2월 1일 21시 52분

1 사랑하는 나의 아들아!
2 "네, 아버님! 말씀하옵소서."
3 선택된 나의 백성 너희들은 사랑하는 마음이요, 살아가는 생활의 지표요, 방법을 어찌 지키고 어찌 살아가야 하는가를 이제는 알 때가 되었음이니라.
4 너희들이 어떠한 마음이요, 어떠한 자세를 가지고 살아가야 하늘에 오르는 길이요, 나의 삶을 다시 대신 살며, 내가 이루고자 하는 그 역사를 대신 하는 자들이 살아가는 자세인지 너희들

은 이제 알아야 할 것이니라.
5 사랑하는 나의 선택된 백성 너희들은
들으라.
6 그리고 나의 아들을 따르는 제자 너희
들 또한 그러하니라.
7 너희들은 모두를 사랑하는 마음을 나
여호와에게 일치시켜야 할 것이며,
8 내가 나의 모든 백성이요, 모두를 사
랑하는 것만큼 너희들이 남을 사랑하
는 마음을 나 여호와가 사랑하는 그와
같은 마음으로 똑같이 일치시켜 똑같
은 사랑을 해야 하며,
9 그 마음으로 너희들이 세상을 보고 다
스려 나가는 자세로 고쳐야 할 것이니
라.
10 내가 만백성을 사랑하는 마음과 너희
들이 만백성을 사랑하는 그 마음이 하
나로 일치될 때, 너희들이 곧 만백성
을 사랑한다 할 수 있음이니라.
11 나 여호와가 겪는 어떠한 고통도, 나
여호와가 너희들이 죽어 가는 그 모습
을 보고 괴로워하며 고통스러워하며
가슴 아파 눈물을 짓는 그와 같은 나
의 아픈 마음도 너의 제자들은 그와
같이 똑같이 느끼며,
12 내가 느끼는 고통이요, 지옥 불의 낭
떠러지로 떨어져 죽어 가는 그 백성을
보며 어버이로서 가슴 아파하는 그
마음처럼 너희들도 똑같이 가슴 아파
하며, 그 고통을 느끼며, 나에게 맞춰
일치시키는 그와 같은 생각과 그와 같
은 자세로 살아가야 하는 것을 너희들
은 잊어서는 아니 될 것이니라.
13 그 길만이 너희들이 구원의 길에 올
수 있는 것이며, 구원의 길에 들어서
는 것이며, 너희들이 천사와 같은 마
음으로 되는 것이니,
14 이를 너희들이 잊어서는 아니 될 것이
니라.
15 너희들이 나의 법전을 읽으며 나의 아
들을 통하여 내리는 강론을 듣고 들을
때,
16 너희들이 변해야 하는 길은 멀며, 행
해야 하는 길은 멀고도 험하나,
17 너희들은 그 험하고 고통스러운 길을
가야만 되느니라.
18 너희들이 하늘에 오르는 길이 사막에
사는 그 낙타가 바늘구멍을 통과하기
보다 더 어렵다 하였으니, 너희들이
지키는 것이 그보다 더 어렵지는 아니
할 것이니라.
19 그러하니 너희들이 웃고 즐기는 그 마
음도, 남을 사랑하는 마음도 그 모든
마음은 너희들 것이 아니요,
20 나 여호와에게 모두를 다 맞춰 내 마
음과 너희들 마음이 하나가 되는 그와
같은 역사를 이루는 순간에 너희들은
모든 것을 다 이룰 수 있음을 알라.
21 그리고 너희들이 천사와 같은 자로서
하늘에 오를 수 있는 자격이 되며, 만
백성을 인도하는 지도자로서 너희들
이 설 수 있음이니,
22 이를 명심하고 또 명심함을 잊지 말라.
23 나의 사랑과 나의 고통이 너희들과 일
치되어, 내가 느끼는 사랑이요, 내가
기뻐하며 내가 고통스러워하는 그 모
두를 너희들이 똑같이 내 마음에 맞추
었을 때,
24 그리하면 너희들이 나의 뜻을 이루어
나를 대신하여 역사하는, 내가 이루고

자 하는 그 임무를 대신하는
25 즉, 나의 삶을 대신 사는 그와 같이 선
택된 나의 아들딸임을 너희들은 알아
야 할 것이니라.
26 그리하면 감히 사탄이요, 사악한 자들
이 너희들을 넘보지 못할 것이며,
27 이 세상 아무리 악한 자라 해도, 아무
리 너희들이 말하는 큰 사탄의 역사라
해도 너희들을 무너트리지 못할 것이
며 너희들을 감히 넘보지도 못하는 그
와 같은 역사가 이루어질 것이니라.
28 그와 같은 마음으로 변하는 너희들을
내가 보호할 것이며 내가 너희들을 감
쌀 것이니라.
29 내가 오늘 나의 아들을 통하여 사랑하
는 나의 아들을 따르는 제자 너희들과
나의 법전을 읽고 깨우친 나의 백성에
게 전함이니,
30 너희들의 슬픔도 고통도 사랑함도 즐
거움도 그 모두는 다 내 마음에 맞추
라.
31 그것이 너희들이 가야 할 길이니라.
32 너희들이 사랑하는 마음도 나 여호와
가 남을 사랑하는 마음으로 맞춰야 할
것이며,
33 내가 어떠한 고통을 겪는다 할 때 너
희들이 그 고통을 같이 느낄 수 있는,
그리고 그 고통에 너희들의 마음을 내
마음에 맞추는 그와 같은 변화의 깨달
음 속에서 살아가는 그것이 너희들이
가야 할 길이며 나에게 선택된 백성임
을 알아야 할 것이니라.
34 너희들은 나의 아들 예수의 보혈로써
구원을 받았으며 하늘에 오른다는 그
간단한 방법으로써 하늘에 오르려 하
지 말며 깨달으려 하지 말라.
35 나의 선택된 백성이요, 나의 아들을
따르는 그 제자들에게 나 여호와가 이
와 같이 무서운 길이요, 고통스러운
길이요, 도저히 인간으로 갈 수 없는
그 험하고 험한 길을 가라 내가 명함
이니,
36 이 백성은 구원을 받는 것이 이렇게
어렵거늘, 지금의 종교 집단에서 너희
들이 가는 구원의 길은 그저 나의 아
들 예수의 이름으로 구원받았다 하여
동전 몇 푼을 던지고 기도함으로써 나
에게 올라온다 하니, 그와 같은 생각
을 하지 말라.
37 지금 나의 아들을 따르는 그 제자들에
게 명하는 나의 명령을 너희들이 받아
들여 지금 거기서 깨어나야 할 것이며,
38 너희들도 그와 같은 길을 가지 아니한
다면 정녕 천사만이 사는 하늘나라에
올 수 없음이니,
39 하늘에 오르지 못하도록 내가 너희들
을 버려 지옥의 고통의 죗값을 치르
는 것보다는 오늘의 고통을 인내하고
견디어 나에게 오르는 길이 너희들에
게 너무나도 크나큰 영광이요, 축복이
기 때문에,
40 내가 너희들에게 하늘의 비밀이요, 하
늘의 뜻을 이리 명확하게 기록하여 전
해 줌이니,
41 이것이 만백성을 구하는 성경이요, 법
전이라는 뜻이 여기에 있음을 알라.

4,804 번째 하나님 말씀

2003년 2월 2일 07시 43분

1 사랑하는 나의 아들아!

2 "네, 아버님! 말씀하옵소서."

3 '소리 없이 내리는 이슬비에 옷이 서서히 젖어드는 것을 모른다'는 말이 있듯이,

4 너희들이 살아가면서 하루하루 짓는 그 작고 큰 죄들을 너희들은 모르느니라.

5 그것을 자기가 스스로 죄를 짓는 것을 알며 제가 살아가는 것이 잘못된 것을 아는 백성이라면, 감히 저희들이 나 여호와의 아들 예수의 보혈로써 죄 사함을 받으며 용서받은 자라 그리 말할 수 없느니라.

6 너희들이 오늘의 깨우침을 위해서, 나 여호와가 전하는 나의 뜻이 무엇인가를 알기 위해서 너희들이 얼마나 힘들고 어려운 고통의 길을 가야만 너희들 스스로 마음에 하나의 변하는 역사를 얻는 것인가를 너희들은 잘 알고 있을 것이니라.

7 너희들이 너희 자신의 악습을 버리며 하나하나 다스려 나가는 것이 그와 같이 어렵고 힘들거늘,

8 너희들이 그저 지나가는 세월 속에 말로써 모든 것을 부르짖으면 너희들의 죄를 사함 받는다는 그와 같은 생각을 완전히 지워 버려야 한다는 것을 알아야 할 것이니라.

9 너희들은 나의 아들 예수의 보혈로써 죄 사함을 받았다 말하기 전에,

10 소리 없이 내리는 비에 옷이 젖듯이, 너희들이 살아가면서 소리없이 너희도 모르면서 그 많은 죄를 짓고 살아가는 모습을 안다 하면 그와 같이 경솔하게 함부로 말할 수 없음을 알 것이니라.

11 이제 너의 제자들과 나의 법전을 읽은 백성 너희들은 알아야 할 것이니라.

12 너희가 살아가는 그 세월 속에서 아름답고 착하고 선을 행하고 산 것보다 알게 모르게 순간순간에 짓는 그 마음의 죄의 씨앗을 돌이켜 보고 자신을 볼 줄 알아야 할 것이니라.

13 너희들이 행동으로 하는 것만이 중요한 죄가 아니요, 너희들이 마음으로 생각하는 것도 죄라 하였음이니,

14 너희들이 살아가면서 남을 미워하고 시기하는 마음, 그리고 자신을 용서하지 못하며 남을 용서하지 못하는 생각,

15 그와 같은 순간순간에 생각하는 그 모두가 너희들이 나에게 와 심판받을 때 죄가 된다 하였음이니,

16 24시간이라는 너희들이 정해 놓은 그 시간 속에서 살며, 너희들이 꿈속에서 헤매는 그 시간을 제외한 나머지 시간에,

17 과연 얼마만큼 너희들도 모르는 작은 실수요, 죄를 짓고 사는 것인가, 얼마나 아름답게 삶을 사는 것인가 너희들이 스스로 한번 생각해 봐야 할 것이니라.

18 이제는 너희들이 하루하루 사는 것을 하나하나 분석하여 어디에 서 있는가를 따져 보는 그와 같은 나의 백성으로 변해야 함을 알라.

19 엄밀히 따져 보고 엄밀히 생각해 보라.

20 그리하여 너희들이 정확히 너희들을 분석하고 따지고 해부해 볼 때, 과연 너희들이 어찌 살아야 하는가를 알게 될 것이니라.
21 하루 사는 것이 나로부터 얼마나 많은 죄를 짓는가를 생각하면,
22 스스로 용서를 받았다 말할 수 없으며, 오만해질 수 없으며, 스스로 너 자신이 고개가 숙여지는 그와 같은 낮은 자의 마음으로 변하게 될 것이니라.
23 너희들 자신을 하나하나 다 분석해서 들여다보도록 그리하라.
24 또한, 소리 없이 내리는 비에 옷이 젖는 것처럼 너희들이 죄를 그리 스스로 서서히 지어 가는 것과 마찬가지로,
25 너희들이 하늘에 오르는 길이요, 깨달음에 오는 길도 그와 같이 서서히 하나씩 하나씩 고쳐 오고자 노력한다면,
26 너희들 자신이 스스로 변한 것이며 경지에 오름을 알게 될 것이니라.
27 서두르지 말며 서서히 하나씩 하나씩 변해 가는 그와 같은 삶을 살도록 해야 할 것이니라.
28 너희들이 원상태의 마음으로 돌아올 수 있는 것이 나의 선택된 백성이니라.
29 너희들이 세상에 나올 때 나로부터 받은 그 마음이 온유하고 평화로운 마음이며 사랑하는 마음이라면, 너희들은 그와 같은 원심의 자세로 돌아갈 수 있음을 알아야 할 것이니라.
30 그리하여 너희들은 해낼 수 있으며 역사할 수 있다 내가 말한 뜻이 여기에 있음을 알라.

4,805 번째 하나님 말씀

2003년 2월 2일 12시 22분

(강론을 마치며)

1 사랑하는 나의 아들아!
2 "네, 아버님! 말씀하옵소서."
3 너희들이 빈 그릇과 빈 그릇을 담을 때, 작은 빈 그릇에 큰 빈 그릇을 담을 수 없지 않더냐?
4 큰 그릇이 작은 그릇을 담을 수 있으며 그가 품을 수 있는 것이니라.
5 이것이 세상사의 이치며, 이 이치 하나를 너희들이 깨우친다 하면, 그 이치를 깨우쳐 그대로 행하고 살아간다 하면 너희들은 이 세상 살아가는 데 남으로부터 존경받지 못하고 인간 이하로 사는 삶을 살지 아니할 것이니라.
6 너희들은 여기서 깊이 깨우쳐 들으라.
7 너희들이 나의 법전을 읽고 깨우쳤으며, 내가 내리는 이 새로운 성경을 연구하며, 내가 나의 아들을 통하여 직접 내리는 기도요, 그 강론의 뜻을 들으면서 다른 백성과 똑같은 생각을 버리지 못하며 다른 백성과 똑같이 그리 살아간다면,
8 너희들을 어찌하여 큰 사람이요, 형이라 그리 말할 수 있겠는가?
9 너희들은 너희 자신의 부끄러움을 알아야 할 것이며, 너희 자신을 돌아다보도록 그리하라.
10 내가 나의 아들을 통하여 너희들에게 말하기를, 나 여호와를 사랑하는 큰 사랑의 마음으로 너희들의 가슴에 안았을 때 이 세상 그 모두를 다 사랑으로 감싸지 못할 것이 없다 말하였거늘,

11 너희들처럼 나의 새로운 성경이요, 나
의 법전을 읽고 공부한 자가 없으며,
나의 아들로부터 주옥같은 강론을 들
은 자가 없으며, 내가 이루고자 한 그
뜻을 아는 자가 없음이니,
12 이 세상에 너희들이 맏형이요, 맏딸이
요, 가장 큰 그릇이니라.
13 어찌하여 너희들은 큰 그릇이 되었어
도 그 작은 그릇을 감싸며 그를 품에
안을 수 있는 그와 같은 행위를 하지
못하는가?
14 그 비어 있는 큰 그릇이 작은 그릇을
안기를 거부하며 저 혼자만이 존재하
고자 하는 그런 생각을 하는 자들과
똑같지 않던가?
15 너희들보다 더 경지에 와 있는 자, 너
희들보다 더 큰 나의 아들딸이 없음이
니,
16 너희들은 세상의 모두를 다 용서하는
그와 같은 마음으로 살아야 할 것이니
라.
17 이제부터 너희들이 살아감에 있어서
어렵고 힘들다 해도 너희들이 가장 큰
맏딸이요, 맏아들이요, 가장 큰 그릇
이니라.
18 큰 그릇은 무엇을 원하는가?
19 작은 그릇을 그 품에 안을 수 있음이
니라.
20 그와 같은 마음의 자세를 가지고 너희
들이 살아가다 보면, 너희 스스로 변
하여 언젠가는 내 앞에 와 있는 영광
을 얻을 것이니라.
21 지금 수천 년 동안 흘러오는 그 믿음
의 종파 속을 너희들이 하나하나 들여
다보고 분석해 보면 그 답을 알 것이
니라.
22 이와 같은 형국으로써는 절대로 너희
들이 구원을 받을 수 없으며, 하늘나
라에 오르는 그 영광을 얻을 수 없음
이니라.
23 내가 너희들을 버려 손을 놓았을 때,
너희들이 육의 삶의 세상에서 모든 삶
이 그것으로 끝난다면, 내가 나의 아
들을 통하여 밤낮으로 나의 새로운 성
경을 이와 같이 만들어 역사하지 아
니할 것이니라.
24 그러나 너희들은 죽어 와 다음에 심판
을 받음이니,
25 그 심판의 무게에 따라서 치르는 대가
는 너희들이 상상할 수 없음을 알아야
할 것이니라.
26 그리하여 그 모두를 알고 있으며 나
여호와가 존재함을 알고 있는 너희들
이 모두를 다 사랑하는 마음으로 감싸
며 모두를 사랑하는 것을 실천하지 아
니하면 그 누구도 이 역사를 이룰 수
없음이니라.
27 여기서 너희들이 가슴에 깊이 새겨 두
도록 하라.
28 나의 법전이 새로운 성경이요, 만백성
을 구하는 심판의 기본이라 하였음이
니라.
29 이를 너희들만큼 공부하며 깨우치며
가까이에서 듣고 보는 자가 있는가?
30 너희들밖에 없음이니라.
31 가장 가까이에서 이를 듣고 보는 너희
들이 바로 서지 못한다면 나의 법전은
세상에 나가 빛을 볼 수 없음이니라.
32 누가 있는가?
33 멀리 있는 자가 보겠는가? 지금의 믿

음의 길이라 해서 가는 자들이 모범을
보이겠는가?
34 산속의 깊은 절에 들어가 도를 닦으
며 길을 따르며 진리를 연구한다는 자
들이 나의 법전이 나의 성령의 뜻이라
는 것을 그들이 만백성에게 보여 주는
행동을 할 수 있는가?
35 그들이 아름다운 행동을 보일 수가
있는가, 아름다운 말을 전할 수가 있
는가?
36 그 누구도 할 수 없음이니라.
37 죽음을 대신할 수 없으며 죄의 대가
를 대신 받을 수 없듯이,
38 그 누구도 나의 법전이요, 내가 원하
는 그 뜻을 대신할 수 있는 백성이 없
음이니라.
39 오로지 너희들뿐이니라.
40 너희들밖에 없으니, 너희들이 바로 가
지 아니한다면 이를 누가 지키며 누가
가겠는가?
41 너희들밖에 없음을 너희들은 가슴 깊
이 새겨야 할 것이니라.
42 천 가지, 만 가지 모두를 다 너희들이
인간으로 생각하지 말며,
43 나 여호와의 입장에서, 나 여호와의
마음에서, 내가 행하고자 하는 마음에
서 생각하며 그리 살아가야 할 것이니
라.
44 아무도 너희들만큼 깨달은 자가 없으
며 너희들만큼 나에게 가까이 와 있는
자가 없음이니 이를 알라.
45 그리하여 소중한 나의 백성이니라.
46 너희들의 어렵고 힘든 그 고비를 아나
니, 머지않아 나의 참진리요, 나 여호
와 뜻이요, 너희들이 오늘의 고통의
길이 영광이라는 것을 알 것이니라.
47 내가 다시 한 번 너희들에게 간곡히
나 여호와의 뜻을 전하노니,
48 너희들보다 내 뜻을 더 알아 행하고
전할 자가 없으며 모범된 삶을 살 사
람이 없으니,
49 너희들이 반드시 모범된 삶을 살라.
50 아무리 고통이 있고 시련이 따른다 해
도
51 부끄러운 짓 하지 말며, 추한 짓 하지
말며, 남에게 너 자신이 고개를 들 수
없는 그와 같은 행위를 하지 말라.
52 너희들의 이름 앞에 이제는 나 '여호
와'의 이름을 붙여 너희 이름을 부르
도록 하라.
53 나 '여호와'를 너희들 이름 앞에 너희
들의 성을 달아 줌이니라.
54 너희들이 부르는 그 모든 이름은 인간
세상에서 지은 이름이요, 인간이 만든
이름이니,
55 너희들의 성씨는 나 '여호와'이니라.
56 나의 성씨를 너희들에게 내리나니,
'여호와 아무개'라 부르라.
57 너희들 자신이 여호와이기에 '여호와'
다음에 너희 이름을 부르도록 오늘부
터 그와 같이 각자가 그리 가지라.
58 내가 나의 성을 너희들에게 내림이니
라.

4,806 번째 하나님 말씀

2003년 2월 3일 06시 33분

1 사랑하는 나의 아들아!
2 "네, 아버님! 말씀하옵소서."
3 내가 너를 따르는 제자들에게 나 여호

와의 이름을 너희들의 이름 앞에 성으
로 붙이라 하였음이니, 너희들에게 그
보다 더 큰 은혜와 영광이 어디에 있
는가?
4 이제 내가 너를 따르는 제자들에게 그
와 같은 큰 상을 주었음이니, 너 자신
이 변하는 데 조금도 주저해서는 아니
됨을 알라.
5 "창조주이시며 전지전능하신 하나님
아버지!
6 저에게 정녕 용기를 주옵소서.
7 잘못 가고 잘못된 이 인간에게 용기를
주옵소서.
8 남들에게 한 점의 부끄러움이 없는 삶
을 살아갈 수 있도록 저에게 정녕 용
기를 한 번만 주옵소서.
9 예수님은 죽음으로써 그 명을 다할 때
마지막 어렵고 힘든 기도를 드렸사옵
나이다.
10 제가 그와 같은 마음이옵나이다.
11 저에게 한 번만 용기를 주옵소서.
12 저를 다스려 주옵소서, 아버님!
13 아버님의 사랑이요, 아버님의 다스림
이 없이는 정녕 서기가 너무나도 어렵
고 부끄럽사옵나이다.
14 이제는 저의 제자들이 그 이름 앞에
'나는 여호와 아무개'라 그리 여호와
하나님의 그 이름을 성으로 받으라 그
리 명하셨으니,
15 그 은혜에 보답하는 그와 같은 저의
자세는 아직도 멀고도 멀었사옵나이
다.
16 아버님이 내려 주신 그 은혜와 영광
앞에 제가 바로 설 수 있도록, 단 한
번의 용기로 저를 다스려 주옵소서.
17 이제는 잘못되었을 때 고통스러워서
갈 수가 없으며,
18 제가 실수를 하며 저 자신을 속였을
때, 저의 제자들을 속였을 때, 만백성
에게 부끄러운 짓을 했을 때, 이제는
저 자신이 고통스러워 견딜 수가 없으
며, 이제 말씀을 들을 용기도 없사옵
나이다.
19 저를 버리지 아니하옵시려거든 저에
게 용기를 주옵소서.
20 한 점의 부끄러움이 없이 살아갈 수
있는 완벽한 인간으로 설 수 있도록
저에게 단 한 번의 용기를 주옵소서.
21 아버님께 죽음으로써 모두를 다하며,
죽음으로써 아버님의 그 뜻을 따르며,
죽음으로써도 하시고자 하며 이루고
자 하는 그 원하는 자식으로서 갈 수
없다는 것을 알았사옵나이다.
22 사랑의 용기를 주옵소서.
23 그리고 저를 다스려 주옵소서.
24 아버님의 말씀을 들을 수 있는 용기와
기도할 수 있는 용기를 제가 잃지 않
도록 저에게 힘과 용기를 주옵소서.
25 저를 다스려 주옵소서.
26 간곡히 간곡히 죽음보다도 더 고통스
러운 마음으로 이 기도를 드리옵나이
다.
27 저를 다스려 주옵소서.
28 그리고 바로 설 수 있도록 용기를 주
옵소서.
29 한 점의 실수도 없으며 한 점의 부끄
럽이 없이 살아갈 수 있는 저를 그리
다스려 주옵소서."

4,807 번째 하나님 말씀

2003년 2월 3일 06시 40분

1 사랑하는 나의 아들아!
2 "네, 아버님! 말씀하옵소서."
3 너의 제자들에게 가는 길을 바로 가라
그리 깨우쳐 주도록 그리하라.
4 네 앞에 와 나의 강론을 들으며 나의
성령을 들으며 나의 법전을 듣는 백성
그들은 그보다 더 큰 영광이 없으며
그보다 더 큰 깨달음이 없음이니라.
5 나의 성령을 직접 들으며, 나의 법전
을 직접 같이 연구하고 공부하며, 내
가 내리는 그 보화보다도 더 소중한
나의 뜻을 많이 듣고 그를 행하는 너
희들은 그보다 더 큰 은혜와 영광이
없음이니,
6 너희들이 나의 성전을 위하여, 나의
아들이 가는 것을 위하여 어떠한 봉사
와 희생을 했다 하여 그 대가를 기다
리지 말라.
7 나는 너희에게 그와 같은 대가를 내리
는 여호와 하나님이 아니니라.
8 내가 나의 아들에게 말하였느니라.
9 그를 따르며 그를 위하여 무엇인가를
물질적으로 경제적으로 돕는 사람들
보다 나의 성전에 자주 나오지 못하는
자, 자주 강론을 못 듣는 자, 그들을
더 사랑하라 하였음이니라.
10 너희들은 나의 법전을 읽고 들으며 나
의 아들을 통하여 내가 내리는 나의
뜻을 들음이니,
11 많이 듣는 자 그만큼 은혜와 영광을
얻음이니 너희들이 변화의 역사를 이
루며 하늘에 오르는 길을 앎이니,
12 너희들은 그것으로써 모든 은혜와 축
복을 받았음이니라.
13 그러니 너희들은 더 받기를 원하지 말
라 내가 나의 아들에게 전하였음이니
라.
14 나의 아들 주변에서 공부하고 열심히
성령의 강론을 들으며 열심히 나오는
자는 그것으로써 모든 은혜와 영광을
받았으니 더 이상 무엇을 기대하지 말
라.
15 그리고 나오지 못하는 그 형제들과 자
식들을 위해서 그들을 더 사랑하라 내
가 나의 아들에게 명하였음이니, 너희
들은 나의 뜻을 알아야 할 것이니라.
16 나의 아들과 더불어 나의 아들 주변에
서 항상 내가 전하는 뜻을 듣는 너희
들은 항상 고달프고 어렵고 힘든 길을
걸으며, 너희들은 두 번째, 세 번째이
니라.
17 강론을 듣고 싶어도 듣지 못하는 백성
을 더 사랑함이니라.
18 그들은 나로부터 너희들만큼 은혜와
영광을 받지 못하였음이니,
19 이와 같은 나의 이치를 아는 너의 제
자들은 나의 아들을 따라가야 할 것이
며,
20 나의 법전을 읽는 백성 또한 알아야
할 것이니라.
21 너희들이 시원한 냉수를 한 컵 갖다
나의 아들에게 주었다 하여 그만큼 너
희를 생각하고 아끼고 너희들의 이름
을 불러 줄 것이라는 그와 같은 추한
생각을 하지 말라.
22 재물로써 나의 성령을 듣는 것과 바꿀
수 없으며 어떠한 영광과도 나를 바꿀

수 없음이니라.
23 나의 법전을 수만 권을 전했다면 너희
들이 나의 법전이요, 나의 강론을 열
심히 듣는 것으로 다 된 것이지, 그 대
가에 대한 것을 바라지 말라.
24 나는 강론을 듣지 못하는 백성을 더
사랑하며 그들을 위하여 영광을 내려
주고자 함이니라.
25 너희들은 나에게서 많이 듣고 많이
배운 자들이니, 그보다 더 소중한 것
을 듣고 배웠음이니, 그 외에 너희들
이 무엇을 더 바라는 생각을 하지 말
라.
26 그것이 너희들이 가야 할 길이며 생각
하고 살아야 할 길임을 알라.
27 너희들은 나의 아들에 대하여 갑론을
박하지 말라.
28 나의 아들이 나에게 기도하지 아니하
며 경배하지 아니하며, 그가 새로운
성경을 쓰는 데 게을리하며 그를 노력
하지 아니할 때, 너희들이 그를 단죄
할 수 있음이니라.
29 그러나 나의 아들은 나의 성령이요,
나의 뜻을 받아 책으로 만드는 그 역
사를 하고 있음이니,
30 오늘보다 내일 그가 기도를 더 많이
하며, 그 다음 날 기도를 더 많이 하고
살아간다면, 그것이 곧 나의 아들이
제 소임을 다하는 것이며, 그가 변해
가는 모습이니라.
31 그러니 나의 아들을 놓고 갑론을박하
며 인간 세상에 살아가는 그 역사를
놓고 변화되는 것을 놓고 너희들이 그
것으로써 나의 아들을 평가하지 말라.
32 그는 내가 내리는 성령이요, 나의 법
전을 만드는 데 최선을 다하고 있다면
그가 변하려고 최선을 다하고 있는
것임을 알아야 할 것이니라.
33 그가 기도하는 것이 게을러지며 나의
성령을 받아 책으로 만들 때 게으르면
그를 너희들이 단죄하며 꾸짖어도 될
것이니라. 그러나 그 임무를 충실히
다하며 열심히 가는 그를 보지 못하고
너희들이 갑론을박하지 말며,
34 나의 아들을 너희들이 책망하며 나의
아들에게 불평하며 언성을 높이는 말
을 하려거든,
35 그가 얼마만큼 기도를 하며 그가 얼마
만큼 나의 성령을 받아 책으로 만드는
데 열심히 하는가 그것부터 평가를
하고,
36 그가 그 길을 열심히 가거든 너희들이
그를 격려해 주며 위로해 주는 그와
같은 마음으로 하라.
37 그것이 그의 임무이기 때문이니, 이와
같은 깨달음을 얻어야 하는 것이 너의
제자들이며 나의 법전을 읽고 깨우친
만백성이 가야 할 길임을 너희들은 알
라.
38 그것이 너희들이 다른 백성과 차별화
된 점이며, 경지에 오른 삶을 사는 자
들이 세상을 보는 눈임을 알라.

4,808 번째 하나님 말씀

2003년 2월 3일 10시 28분

1 사랑하는 나의 아들아!
2 "네, 아버님! 말씀하옵소서."
3 내가 너희들에게 세상에 나가 살 수
있는 그와 같은 은혜와 영광을 준 것

을 너희들이 감사하는 마음으로 살아
가야 한다 하였음이니라.
4 너희들이 지금 세상을 살아오면서 알
면서 지은 죄, 그리고 또한 모르고 지
은 죄, 그 죄의 차이가 무엇이라 말하
는가?
5 너희들은 한 발짝 한 발짝 걸을 때마
다 '여호와 하나님! 저의 죄를 용서하
여 주옵소서.' 그리 빌고 빌어도 너희
들이 육으로 지은 죄, 정신적으로 지
은 죄, 그 죄를 다 털어 버리기에는 어
려울 것이니라.
6 지금 한 발짝 한 발짝 걸을 때마다 '하
나님! 저의 죄를 용서하여 주옵소서.'
네가 나에게 그리 기도하듯이,
7 너의 제자들과 나의 법전을 읽은 백성
이 그와 같은 마음으로 살아갈 때 너
희들이 더 이상 죄를 짓지 아니하며
마음이 흔들리지 아니할 것이니,
8 그들에게 네가 하고 있는 것을 가르쳐
주도록 하라, 나의 아들아!
9 너희들이 한 발짝 한 발짝 걸을 때마
다 '하나님! 저의 죄를 용서하여 주옵
소서.' 그리고 죄와 싸워 이길 수 있는
용기를 주기를 간절히 바라는 마음으
로 나에게 죄를 용서 빌어도
10 너희들이 알며 지은 죄, 생각으로 지
은 죄, 그 모든 죄를 다 털 수가 없을
것이니라.
11 그와 같은 마음과 각오로 생활함으로
써 너희들 자신이 다시 태어나며, 너
희들이 사악한 죄를 짓지 아니하고 갈
수 있는 그와 같은 용기가 너희들에게
생김이니,
12 그와 같이 마음을 다스리는 자세로 살
아가도록 너의 제자들과 만백성에게
그리 깨우쳐 줘야 할 것이니라.
13 정녕 너희들이 살아가는 마음속에 정
말 깨끗한 마음으로 사는가?
14 너희들이 말하기를 '나는 정말 죄를
짓지 아니하고 산다, 그리 살면 되는
것 아니냐?' 그리 말하는 자,
15 그들이 과연 죄를 짓지 아니하고 살아
가며 그리 살아가지 않는가?
16 마음속의 생각은 과연 어디에 있는가?
17 그와 같이 너희들의 마음을 다스리며,
매일 한 발짝 한 발짝 디딜 때마다 너
희들의 죄를 용서 빌며 네 마음을 다
스리고 닦고자 하며,
18 그 마음속에 있는 지은 죄를 너 자신
이 씻어 버리는 그 아픔 속에서 너희
들이 두 번 다시 죄를 짓지 아니하려
는 그와 같은 마음의 자세로써 살아가
도 너희들의 마음을 씻어 내기가 힘들
고 어려운 길이니,
19 너의 제자들과 나의 법전을 읽은 백성
에게 그 뜻을 행하고 살도록 그리 전
하라, 사랑하는 나의 아들아!

4,809 번째 하나님 말씀

2003년 2월 3일 10시 50분

1 사랑하는 나의 아들아!
2 "네, 아버님! 말씀하옵소서."
3 너희들을 깨우쳐 가르치기 위하여 성
경에 이리 기록되어 있는 뜻을 너희들
은 알고 있는가?
4 나의 아들 예수가 부르짖어 말하기를,
'예루살렘아, 예루살렘아! 선지자를
죽이고 너에게 파송된 자들을 돌로 치

는 자요, 암탉이 그 새끼를 날개 안에
모으는 것같이 내가 네 자녀들을 모으
려 한 일이 몇 번이더냐?
5 그러나 너희가 원치 아니하였도다.
6 보라! 너희 집이 황폐하여 버린 바 되
리라.'이리 내용이 기록되어 있음이
니, 지금 나의 법전을 읽고 깨우쳐 만
백성을 구하는 전사요, 나의 아들딸로
서 선택된 너희들은,
7 남들은 이 성경의 구절을 읽고 어찌
깨우치든, 너희들은 가슴속에 깊이 새
겨야 할 내용이 여기에 담겨 있음을
잊어서는 아니 될 것이니라.
8 나의 아들이 직접 세상에 나가 만백성
을 구하는 기적을 이루었음이니라.
9 죽은 자를 살리며, 병든 자를 고치며,
쓰러져 가는 자를 세우며, 앞을 못 보
는 그와 같은 자를 앞을 보게 하며, 병
들어 죽어 가는 자를 살리는 그와 같
은 역사를 했는가 하면,
10 걷지 못하는 자 걷도록 했으며, 그 옷
깃을 만짐으로 구원을 받겠다는 애절
한 그 병자도 구원을 받는 그와 같은
너희들이 상상할 수 없는 그 역사를
이룬 나의 아들이
11 그 당시 잘못 가는 종교 지도자요, 그
백성을 위하여 그들을 모아 놓고 나
여호와의 뜻이요, 참진리를 가르치고
깨우치려 했던 것이 몇 번이던가?
12 여기에 기록되어 있으니, 수백 번이
넘을 것이니라.
13 그러나 그와 같이 수백 번, 수천 번 때
와 장소를 가리지 아니하고 만백성을
깨우치고 다스려 일깨워 주려 했으나
그들이 그를 듣지 아니하였다 하였음
이니라.
14 그러니 나의 아들 예수의 고통이 그와
같이 힘들고 어려웠으며,
15 그가 직접 전하는 것도 그리 듣지 아
니하며 따르지 아니하려 했던 것이 2
천 년 전의 그 백성이었으며,
16 오늘보다도 사악하지 아니하며 오늘
보다도 순박했던 그 백성도 그를 듣지
아니하려 했으니,
17 잘못된 지도자들이요, 종교 집단들이
깔고 앉아 있는 그 기득권이요, 그들
이 얼마나 단단히 굳어져 있는가?
18 오죽하면 내가 나의 법전에 기록하여
전하기를, 지금의 모든 종파가 철옹성
보다도 더 단단하게 굳어져 있으며,
그를 어떤 것으로도 깰 수 없다 그리
하였음이니,
19 2천 년 전에도 그 역사를 이룬 나의
아들 예수의 그 행적을 보면서도 그와
같은 백성들이 변하지 못했으며 듣지
않으려 했으며 깨우치려 아니 했던 그
정황을 너희들은 생각하며,
20 오늘날은 그때보다 더 많은 적그리스
도의 백성이 세상을 덮고 있으며, 나
여호와의 참진리의 뜻이 아니요, 그저
나의 아들 예수의 보혈로써 구원을 받
았다 울부짖는 나와는 관계도 없이 그
저 독버섯처럼 뻗어나가는 이 무서운
상황에서, 이 시대의 형국에서,
21 너희들이 나의 법전을 세상에 전하며
만백성을 깨우치는 그 역사가 얼마나
힘들고 어려운 것인가를 너희들은 생
각해야 할 것이며,
22 나의 법전을 전하기 위하여 너희들이
모두를 다 바쳐도 이를 전할까 말까

한다는 뜻을 알아야 할 것이니라.
23 나의 법전 만 권이 나갔을 때, 그때 한
사람을 구한다 하였음이니,
24 그 한 사람을 구하는 것도 전해 준 나
의 선택된 백성이 천사와 같은 마음을
갖는 그 순간에 나의 법전을 전해 받
은 사람이 뚜껑을 열 때 그를 깨닫는
다 하였음이니라.
25 이제는 내가 너희들에게 말했듯이, 오
죽하면 나의 아들이 낙타가 바늘구멍
을 통과하는 것보다도 더 고통스러운
깨달음과 시련 속에서 그가 지키고 살
아갈 때,
26 그들이 그 법전의 뚜껑을 열었을 때
나의 아들의 사진에서 흐르는 눈물을
보고, 그들이 기적의 역사의 무서움을
알고 나의 법전을 들여다본다 하였겠
는가?
27 그와 같이 법전을 전하고 전함이 어렵
고 힘들다 하는 것을 오늘 내가 나의
선택된 백성 너희들에게 깨우쳐 주고
자 하여 이를 전했음이니,
28 어떠한 종교 집단이요, 어떠한 백성이
이 성경의 구절을 어찌 해석하고 설명
하든 너희들은 바로 법전을 전하기가
힘들고 어려움이니,
29 여기서 주저하지 말며 너희들의 모든
정성과 열을 다하여 한 사람을 구하는
데 너희 자신의 몸을 바치는 그와 같
은 노력과 수고로움이 있지 아니하면
한 사람도 구할 수 없다는 이 무서운
사실을 내가 너희들에게 전함이니, 여
기서 이를 알아야 할 것이니라.
30 나의 아들의 그 무섭고 형용할 수 없
는 기적의 역사 앞에서도, 나의 아들
이 그들을 모아 놓고 강론하고자 수백
번 수천 번 몸부림쳤으나,
31 거기서 따르고 변화된 백성, 그의 뜻
을 따라 이 세상에 천사와 같이 변하
는 그 역사가 이루어지지 아니하였음
이니,
32 너희들은 그와 같은 고통의 어려움을
오늘에 되새겨야 함을 알아야 할 것이
니라.
33 너희들 모든 백성은 그리하여 어찌 살
아가는가?
34 암탉이 적으로부터 그 새끼들을 보호
하기 위하여 품 안에 안듯이,
35 그와 같이 모든 백성을 자식처럼 생각
하며, 갓 태어난 사랑스러운 아이처
럼, 너희들이 아이를 사랑하듯 그와
같이 바라보는 마음이요,
36 너희 마음이 그리 변하지 아니하면 만
백성을 구할 수 없다 하였음이니라.
37 암탉이 병아리를 품을 때 그 새끼를
보호 차원에서만 품에 안는 것이 아니
요,
38 사나운 공격으로부터 저 자신이 먹이
가 되면서 새끼들을 흩트려 놓아 살
리고자 하는 그와 같은 어미 닭의 마
음이라 했으니,
39 그 마음보다 너희들이 열배 백배 더
강한 모성애요, 사랑하는 마음으로 모
든 백성을 바라봐야 함이니,
40 이를 너희들이 명심하여 지키고 살아
가야 함을 잊지 말라.
41 나의 아들 예수가 나의 백성을 모아
놓고 그들을 깨우치고자 목이 터지라
강론하며 전했던 그것을 다 듣지 아니
한 것처럼,

42 지금 나의 새로운 성경이 세상에 나감
이니, 모든 종파요, 지금의 백성이 이
를 듣지 못하며,
43 듣지 않으려 하는 것뿐만이 아니라 나
의 법전이 세상에 내려가는 것이 사탄
이요, 사악한 자니 그를 보지도 말고
듣지도 말라며 그들의 눈을 막고 귀를
막고 앞을 막는 사악한 자들이 지금
세상을 덮고 있음이니,
44 이 길을 가는 것이 얼마나 힘들고 어
려운가를 알아야 할 것이니라.
45 다시 한 번 너희들이 깨우쳐야 할 것
이니라.
46 2천 년 전에도 지금과 같이 모든 종교
집단들이 변화되며 개혁을 하려고 하
는 것이 아니요,
47 나의 아들이 직접 내려가 기적과 영광
을 보였어도 그를 믿지 아니하며,
48 기득권에 도전하는 세력으로 그를 생
각하여, 저희들이 그때까지 쌓았던 모
든 집단의 기득권과 저희들의 부귀와
영화를 위하여 그를 용납하지 아니하
며 그를 받아들이지 아니하고 나의 아
들을 죽게 하는 그와 같은 형국이었으
나,
49 지금이 그 당시보다 열배 백배 더 가
혹하고 사악한 시대로 흘러왔음을 너
희들은 알아야 할 것이니라.
50 예수가 나의 성령을 만백성에게 전하
고자 했던 그보다 너희들이 열배 백배
더 노력하고 고행의 길을 가지 아니하
면 아니 되니,
51 너희가 지고 가는 십자가가 더 무겁고
힘듦을 잊어서는 아니 될 것이니라.
52 내가 그들의 집을 황폐하게 버린다 하
였음이니, 이 뜻이 무엇이던가?
53 내가 나의 법전에 기록하여 전하지 아
니하였더냐?
54 지금 너희들의 성전이요, 너희들이 하
늘에 오르는 길이라 하여 모두가 죄의
온상이 되어 버린 곳,
55 내가 세상에 내려 준 이 지구가 성전
이거늘, 여기서 저희들이 지어 놓은
그 성전에만 구원을 받는다며 나의 사
랑하는 백성을 사리판단을 하지 못하
도록, 그들이 아무것도 생각할 수 없
도록 그저 이끌고 가며 재물과 금화를
거둬들이는 그 사악한 자들의 성전의
문을 닫지 아니하고는 나의 아들 예수
의 죽음의 그 빛을 볼 수 없으며,
56 내가 직접 나의 아들을 통하여 내려보
내는 나의 법전이 또한 빛을 볼 수 없
으며,
57 하늘에서 이루어진 것같이 이 지상의
낙원을 이룰 수가 없음이니,
58 그 모든 종파의 문을 닫으며 거기에
거미줄을 치고자 하는 것이 내가 역사
하는 것이며, 그리 행할 것이니라.
59 그리하지 아니하면 나의 아들 예수의
죽음이요, 나의 법전이요, 내가 만백
성을 사랑하고 구원하는 그 뜻이 영원
히 전해질 수 없으며 지속될 수 없기
때문이니,
60 이를 내가 용납하지 아니하고자 함이
니라.
61 나 여호와가 그들을 용납할 수 없으며
용서할 수 없음이니라.
62 그리하여 내가 모든 종파에 거미줄을
치며 그 문을 닫고자 하며,
63 그들이 얼마나 사악한 짓을 해 왔는가

나의 사랑하는 백성들로부터 너희가
심판을 받는 그 시대를 내가 열어 가
고자 함이니라.
64 이제 나의 아들을 따르는 백성 너희들
은 알아야 할 것이니라.
65 내가 오늘 성서에 기록된 이 뜻을 전
하며 또한 내가 너희들에게 명하나니,
66 나로부터 선택된 백성이요, 만백성을
구하는 대명을 받은 너희들은 어떠한
역경에서도 좌절치 않도록 하라.
67 내가 너희들에게 내 뜻을 전하고자 함
이니라.
68 예수가 그와 같이 좌절했으며 예수가
그 뜻을 이루지 못하여, 아무리 사랑
하는 자식들처럼 모아 놓으며 그들을
깨우치려 했어도 그들이 등을 돌리고
듣지 아니한 그와 같은 그 사악한 시
대의 정황을 너희들이 깊이 마음속에
새겨,
69 오늘의 고통을 고통이라 생각하지 말
며, 용기와 희망을 갖고 너희들이 만
백성을 깨우치며 나의 법전을 전하는
데 게을리하지 말라 그리 전함이니라.
70 이제 내가 그들을 용서할 수 없기에
지금 그들의 성전의 문을 닫도록 할
것이며 내가 심판을 시작하지 아니하
였던가?
71 그리하여 그들이 지금까지 하늘에 오
르는 길이라 하여 신성시했던 그 모든
성전이 황폐하게 문을 닫고 쓰러져 감
을 내가 비유하여 전했음이니, 그와
같이 내가 그들을 단죄할 것이니라.
72 그리 단죄하고 그들을 다스릴 때, 그
들이 죽어 하늘에 올라와 나에게 심판
을 받기 전에, 지옥과 천당이라는 것
을 구분하여서 죄지은 자 지옥 불에
가 그 대가를 치르기 전에,
73 육의 세상에서 그들의 삶이 얼마나 잘
못되어 있는가를 그들에게 내가 다시
한 번 경종을 울려 주며, 그들을 내가
다스려 그들에게 한 번의 기회를 더
주고자 하는 것이 나 여호와 뜻임을
나의 아들 너는 알아야 할 것이며,
74 내가 그들이 지금 이끌어 가는 모든
성전에 거미줄을 치며 문을 닫는 것은
그들이 육이 살아 있을 때 그 무서움
을 알고 그들이 회개하고 반성할 수
있도록 하며, 나의 법전을 가슴에 안
고 정독할 그 기회를 다시 한 번 내가
최종적으로 주고자 함이니,
75 나의 법전을 읽고 깨우친 백성과 나의
아들을 따르는 제자 너희들은 그 뜻을
알아 너희들이 행하도록 그리하라, 나
의 사랑하는 아들과 딸들아!

4,810 번째 하나님 말씀

2003년 2월 3일 10시 58분

1 사랑하는 나의 아들아!
2 "네, 아버님! 말씀하옵소서."
3 내가 성서에 기록하여 전하였느니라.
4 지금의 선택된 나의 백성을 깨우치고
자 하여 내가 2천 년 전에 나의 아들
에게 성서에 기록하게 한 그 내용을
너희들은 보고 알아야 할 것이니라.
5 이 모든 내용은 과거와 현재와 미래를
관장하는 그 모든 것이 거기에 있다
하였음이니,
6 오늘날 너희들이 나의 성서를 읽고 깨
우치는 것은 오늘 현재의 그 내용을

너희들이 알아야 할 것이며, 오늘의
깨달음을 너희들이 살아 있는 한 알아
야 할 것이니라.
7 너희 후손이 또한 과거의 그 모든 것
을 알게 될 것이니,
8 오늘은 너희들이 내가 원하고자 했던
현실의 가르침을 너희 것으로 만들어
깨우쳐야 할 것이니라.
9 내가 너희들에게 일러 '이제부터 너희
는 찬송하리로다.' 나의 아들 예수가
그리 전했느니라.
10 그리고 '주의 이름으로 오시는 이여!
할 때까지 나를 보지 못하리라.' 나의
아들 예수가 그리 말하였느니라.
11 주의 이름을 부르는 자, 주가 다시 오
리라 그리 생각하는 자, 그리고 부르
짖는 자, 너희들이 '예수의 이름으로
써 오시는 이여' 할 때까지 너희들은
보지 못할 것이라 나의 예수가 그리
전하였느니라.
12 너희들은 이 대목을 과연 어찌 알고
깨우치는가?
13 너희들은 이 대목을 읽고 성서를 볼
때, 오늘의 믿음의 길을 가고 있는 현
실이 얼마나 잘못된 것인가를 스스로
알아야 할 것이니라.
14 나의 아들 예수의 이름을 '주여, 주
여!' 부르며, 부활하여 다시 와 너희들
을 구원해 줄 것이라 그리 찬송하며
기도하고 광란의 짓을 하며 그 기대를
하고 생각을 하는 동안에는, 나의 아
들 예수를 '주여! 주로서 모든 이름으
로 영광을 얻을 것이라' 그리고 예수
가 다시 와 너희들을 구원하는 그날까
지 기다리고 기다린다 생각하는 자들,
15 그리고 예수가 와서 구원할 것이라 믿
는 그와 같은 백성,
16 이 대목을 읽으면 너희들이 예수의 이
름을 부르는 동안은 나의 아들 예수가
재림하지 아니하며, 어떠한 것도 나
여호와가 내려보내지 아니한다는 그
와 같은 엄격한 것을 전해 내려보냈으
니,
17 오늘의 백성 너희들은 지금 모든 종파
들이 '예수여! 주여, 주여!' 그와 같이
부르짖을 때는 너희들이 나의 아들 예
수도 볼 수도 없으며 어떠한 새로운
깨달음도 너희들 앞에 임하지 아니한
다는 것이니,
18 너희가 그를 접었을 때, 그를 부르지
아니할 때, 그와 같이 올 것이라는 기
대를 하지 아니할 때 너희가 깨달으며
진정한 길을 볼 것이라 내가 그리 전
해 주었음이니라.
19 지금 너희들이 나의 아들 예수가 재림
하여 구원하러 온다고 그와 같이 부르
짖으니, 그 부르짖음이 끝나지 아니하
면 나의 아들은 절대 다시 내가 내려
보내지 아니한다는 뜻이며,
20 어떠한 것도 역사할 수 없으며 나의
아들이 내려가지 아니한다는 뜻을 너
희들은 여기서 확실히 깨닫고 알아야
할 것이니라.
21 너희가 나의 아들 예수의 이름을 부르
며 그 피로써 구원을 받았다 하며 '예
수, 예수, 구주 주 예수여!' 그리 부르
며 울부짖고 거기에 매달리는 동안에
는 너희들은 어떠한 형태든 나의 아들
을 보는 것이 아니요, 나의 아들을 내
려보내는 것이 아니요,

22 너희들이 나의 아들과 점점 멀어지는 것이며, 내가 새로 내리는 성경도 볼 수 없으며 내가 새로 역사하는 그 모두를 너희들이 볼 수 없음이니,

23 너희들은 이 대목을 다시 한 번 깨우치라.

24 모든 백성이요, 종교 지도자요, 지금 구원을 받았다 울부짖는 그 백성이 어찌 생각하든, 성서를 어찌 이해하든,

25 나의 아들을 따르는 제자들이요, 나의 법전을 읽는 백성 너희들에게 현재 내가 가르치고자 하는 뜻은,

26 절대로 지금과 같은 믿음으로는 예수의 재림이 없으며, 예수를 볼 수 없으며, 어떠한 것도 너희들을 구원할 수 없으니,

27 너희들의 그 형태를 바꾸지 아니하면 안 된다 함이니라.

28 너희들은 천 년, 2천 년이요, 만 년의 세월이 흘러가도 지금의 부르짖는 것을 그치지 않을 것이며 그 방법으로 믿다 지옥으로 가게 됨이니,

29 그리하여 너희들이 나의 피조물 만백성을 지옥으로 끌어가는 것을 막으려고, 내가 이를 다스려 다시 한 번 기회를 주어 지금 나의 새로운 성경을 나의 법전이라 하여 너희들에게 내려보내는 그 뜻을 알아야 할 것이니라.

30 그러니 너희들은 한 자도 고치지도 말며 빼지도 말며 더하지도 말라, 오로지 그대로 살아가야 한다 부르짖는 그 성경에 너희들이 '주의 이름으로 오시는 이여!' 할 때까지, 그를 부르짖고 그리 기도하며 발버둥칠 때, 그 모든 것은 절대 이루어지지 아니하며,

31 그것은 너희들이 나의 뜻을 역행하는 믿음이라는 것을 먼저 알라.

32 너희들이 나의 아들로써 구원을 받으며 예수로써 모든 것을 역사한다는 생각을 하며 그와 같은 마음을 가지고 기도를 할 때, 너희들은 나와 관계가 없는 백성이라는 것이 거기에 기록된 내용이니,

33 그 내용을 알면서 거역하는 자, 순종하지 않는 자, 그들은 나와 관계가 없는 백성임을 너희들은 알라.

34 여기에 엄연히 기록되어 있는 뜻을, 지금 나의 아들을 따르는 제자 너희들은 지금 내가 전하는 뜻을 깨달아, 현재 너희들이 잘못 가고 있음을 알라.

35 지금과 같이 광란의 행위로써 '주'를 부르는 것은 아니 됨을 알라.

36 그리하여 내가 심판을 시작하였으니, 그 모든 것을 다스리고 심판하는 것이 너희들이 그들을 단죄하는 것이 아니요, 나의 법전을 너희들이 전하여 그들을 심판함이니라.

37 너희들은 법전 한 권을 전하여 심판하는 것으로써 역사를 다했음이니라.

38 그를 보고 깨우치고 안 깨우치는 것, 그 벌을 받고 안 받는 것은 나 여호와에게 왔을 때 그들이 다 그 대가를 치를 것이니,

39 너희들은 책을 전하는 것으로써 너희들이 심판을 다 하는 것이며, 내가 지금 진행하는 심판의 시대를 너희들이 다스려 감을 잊지 말라.

40 이 대목을 다시 한 번 읽어 깨우치라.

41 내가 예수를 통하여 너희들에게 전하게 한 내용이니라.

42 '내가 너희에게 이르노니 이제부터 너
희는 찬송하리로다, 주의 이름으로 오
시는 이여 할 때까지 나를 보지 못하
리라.'
43 너희들이 찬송을 부르며 광란의 짓을
할 것을 알고 있었으며, 그와 같은 광
란의 찬송을 부르면서 너희들이 주의
이름을 부르는 한 절대 너희들은 예수
를 볼 수 없다 그리 기록되어 있음이
니, 이 뜻을 깊이 깨우치며,
44 남들은 어찌 생각하든 나의 아들의 제
자 너희들은 이 뜻을 내가 전하는 대
로 받아들이고 깨우쳐 한 치의 오차도
없이 그리 가도록 하라, 사랑하는 나
의 선택된 아들딸들아!

4,811 번째 하나님 말씀

2003년 2월 3일 11시 07분

1 사랑하는 나의 아들아!
2 "네, 아버님! 말씀하옵소서."
3 성경에 기록된 이 구절을 너희들이 읽
고 깊이 깨우치도록 그리 전하라.
4 예수가 너희들에게 전하기를, '너희가
이 모든 것을 보지 못하느냐 내가 진
실로 너희에게 이르노니 돌 하나도 돌
위에 남지 않고 다 무너트리우리라.'
5 이는 예수가 무엇을 보고 말하였는가?
6 그 시대에 그들이 성전을 지어 놓고
그곳에서 하는 사악한 행위를 예수가
더 이상 볼 수 없기에 그리 부르짖었
음이니라.
7 얼마나 그들이 사악하며 얼마나 포악
하며 얼마나 나 여호와의 뜻과는 관계
없는 그와 같은 행위를 하고 있으면,
8 나의 아들이 나의 성전이라 하는 그곳
에 돌 위에 돌 하나 남기지 않고 그들
을 다 근거까지 없도록 쓸어버리고자
한다는 그와 같은 무서운 말을 그가
전했겠는가?
9 너희들은 이 뜻을 어찌 받아들이는가?
10 그들이 얼마나 사악했으며 그 당시 그
들이 얼마나 잘못 갔으면,
11 나의 아들이 나의 성령을 가지고 만백
성을 구하고자 하는 그 뜻과 너무나
먼, 얼마나 포악하고 잔인한 짓을 하
고 있으면 그들이 말하는 그 성전에
돌 하나를 남기지 아니하며 그 흔적까
지도 없애고자 무너트려 날려 보낸다
그리 말했겠는가?
12 여기에서 나의 피조물 만백성 너희들
은 과거에 얼마나 사악한 종교 집단들
이었으며 얼마나 이기주의였으며, 저
희들의 기득권을 위하여 그들이 사악
한 인간들이었는가 그를 뼈저리게 느
껴야 할 것이니라.
13 그 당시 나 여호와의 뜻과는 관계도
없이, 저희들이 만든 율법이요, 저희
들이 만든 관행 속에서 얼마나 폭군으
로서 그 자리를 지키고 있으면, 나의
명을 받아 만백성을 구하는 나의 아들
이 그와 같이 무서운 말을 했겠는가?
14 그 성전이 또한 지금에 연결되니, 그
성전이 얼마나 잘못된 것인가를 알려
줌이니라.
15 너희들은 여기서 들으라, 사랑하는 나
의 아들딸들아!
16 그 시대의 교회의 포악성이 얼마나 잔
악했으면 나의 예수가 복음을 그리 전
하고자 하였겠는가?

17 그리하여 그 복음이 얼마나 무섭기에
그들은 받아들이지 아니하였겠는가?
18 2천 년 전 그 모든 종교 집단이 나의
아들 예수가 복음을 전하고자 했을 때,
19 그 복음을 받아들이며 교회가 개혁이
요, 변화를 이루어 그 뜻에 따라 지금
까지 흘러왔다 하면,
20 너희들이 말하는 지금이 말세요, 사악
한 시대는 이루어지지 아니하였을 것
이니라.
21 그리하여 그 시대의 백성은 예수를 죽
게 하였으며,
22 그리고 예수가 전하고자 했던 생수요,
너희들의 생명의 빛을 다 차단하여 짓
뭉개 없애 버렸음이니라.
23 그리하여 예수가 가르치고자 한 나의
진리를 따라 지금까지 너희들의 교회
라는 것이 전해 내려 온 것이 아니요,
24 그 예수가 가지고 있던 진리는 다 저
버리고 예수를 죽이고자 했으며, 그
가르침을 듣지 아니했으니,
25 오죽하면 나의 아들이 그 성전이라는
근거지까지도 돌 하나도 세상에 남지
못하도록 쓸어버린다며 그리 광분하
고 분개했겠는가?
26 그런 종교 집단의 포악하고 사악한 행
위만을 계속하여 지금까지 너희들이
그대로 계승해 왔으며, 예수의 참진리
를 따르지 아니하였기 때문에, 지금
얼마나 무서운 세상이 되었는가?
27 너희들이 지금 이끌어 가는 종교 집단
이 바로 범죄의 온상이라 내가 그리
말함이니라.
28 그러니 너희들이 예수의 말을 듣지 아
니했듯이, 지금 나의 법전을 찢어 버
리고 태워 버리려 하는 것이니라.
29 너희들이 나의 아들 예수가 전하고자
했던 나 여호와의 뜻을 그대로 계승했
더라면 오늘은 천국이 되었을 것이나,
30 진정한 나의 뜻의 복음을 받아들이는
것이 아니요,
31 그 당시 사악하고 사악했던 종교 집단
의 교회라는 그 전통만을 너희들이 받
아 와 지금 2천 년이라는 세월이 흘렀
으니,
32 썩을 대로 썩어 냄새가 나 하늘을 진
동하는 것이 바로 너희들의 사악함이
니라.
33 지금이라도 너희들이 깨우쳐야 할 것
이니라.
34 너희들이 그 당시 예수가 다 날려 버
리고 싶어 했던 사악한 그 성전의 뜻
을 그대로 계승해 옴이니,
35 그리하여 나의 아들 예수의 피로써 구
원받았다 하지 말라 함이 여기에 있음
이니라.
36 너희들은 예수가 전했던 복음을 따라
서 지금 만백성을 구하고자 가르치는
것이 아니라,
37 예수가 쓸어버리고자 했던 그 종교 집
단의 폐습을 유업으로 받아 지금까지
세상을 지배하고 있으니,
38 그리하여 십자가가 하나 늘어나는 것
이 나 여호와의 가슴이 가장 아픈 것
이라 말한 뜻을 너희들은 알고 있어야
할 것이니라.
39 너희가 '주 예수'를 찾고 찾는 그러한
성전을 다 무너트리며 그를 다 없애고
자 지금 내가 예언하여 너희들에게 전
했으니,

40 너희들은 그 시대의 상황이 얼마나 사
악한 것인가를 알아야 할 것이며,
41 오늘날 너희들이 처해 있는 그 상황을
알아야 할 것이니라.
42 그 집단들이 그 뜻만을 계승하여 지금
까지 왔기에 그들이 얼마나 간악하고
잘못되어 있는가를 너희들은 알아야
할 것이니,
43 사랑하는 나의 백성, 선택된 너희들은
여기서 주저하지 말며 좌절해서는 아
니 됨이니라.
44 너희들이 용기를 잃어서도 아니 됨을
알아야 할 것이니라.
45 나의 아들 예수가 그를 다 쓸어버리고
싶어했듯이, 지금 내가 너희들에게 무
어라 하느냐?
46 내가 직접 이를 통제함이니라.
47 나의 아들 예수가 그 모든 성전을 쓸
어버리며 다 뭉개 버려 그 자리에 돌
하나 남지 못하며 흔적이 없도록 하지
못한 그 역사를 내가 지금 너희들을
통하여 시작함이요, 나의 법전으로써
이를 다스리고자 함이니라.
48 그리하여 모든 성전이 죄의 온상으로
써 끓고 있는 이곳에 내가 철퇴를 내
릴 것이며, 내가 칼로써 그 모두를 다
스리고자 함이니, 너희들은 그리 알라.
49 그렇지 않으면 너희들은 모든 것을 이
룰 수 없으며 또 새로운 백성을 이룰
수 없을 것이니라.
50 그리하여 나의 법전이 빛을 보지 못할
것이며, 나의 법전이 심판의 역사를
하지 못할 것이니,
51 너희들이 당당한 모습으로써 버티는
그 용기가 필요함을 잊지 말라.
52 오죽하면 나의 아들이 그 성전을 다
쓸어버리고 싶어 했던가?
53 나의 뜻을 가르친다는 그 성전이 오죽
이나 잘못됐고 사악하고 간악한 폭력
의 행태로 휘두르고 있으면, 그리고
나의 피조물 만백성을 지옥의 죽음으
로 이끌어 갔으면 나의 아들이 그를
근거도 없이 날려 버린다 그리 말하였
겠는가?
54 지금의 모든 종파들이 그와 같이 날아
가고 부서지지 아니하면 나의 백성을
구원할 수 없음이니라.
55 그리하여 지금의 모든 종교 집단의 그
성전이라 지어 놓은 그곳을 정녕 지금
시대에 내가 근거를 없애고자 하며,
문을 닫고자 하며, 거미줄을 치고자
함이 여기에 있음이니 그 뜻을 잘 알
라.
56 그러면 너희들이 오늘 현재를 사는 나
의 백성으로서 내가 너희들에게 가르
치는 성서의 뜻을 알 것이니라.
57 과거와 현재를 너희들은 알고 있으니
미래 또한 내가 이루고자 하는 그 뜻
을 알 것이며,
58 너희들이 오늘의 터전을 바꿔 나갔을
때 반드시 너희 후손들이 그 미래에
내가 원하는 역사를 이룰 것이니라.
59 사랑하는 나의 아들딸들아, 주저하지
말라.
60 내가 너희들을 사랑함이니라.

4,812 번째 하나님 말씀

2003년 2월 3일 11시 26분

1 사랑하는 나의 아들아!

2 "네, 아버님! 말씀하옵소서."
3 나의 아들을 통하여 내가 성서에 기록
하여 너희들에게 간곡히 깨우치고자
하였음이니, 나의 아들 예수가 그리
전하였느니라.
4 '너희가 사람의 미혹을 받지 않도록
주의하라. 많은 사람이 내 이름으로
와서 이르되 나는 그리스도라 하여 많
은 사람을 미혹게 하리라.' 그리 말하
여 전하였음이니,
5 너희들은 이 대목을 깊이 깨우쳐 오늘
의 현실을 들여다봐야 할 것이니라.
6 이는 지금의 종교 집단의 지도자들을
의미함을 너희들이 알아야 할 것이며
이를 부정해서는 아니 될 것이니라.
7 나의 아들 예수의 이름을 부르며 나의
아들 예수에게 매달리는 자가 지금의
종교 집단 외에 그 누가 있는가?
8 오로지 예수의 이름을 가지고 예수만
을 가지고 부르짖는 지금의 모든 종
교 집단에 매달려 있는 백성이 아니던
가?
9 그리 나의 아들 예수의 이름을 부르며
그를 그리스도라 하며 그를 찾는 자,
그 길만이 구원을 받는 길이라 하는
자가 누가 있으며,
10 나의 아들 이름으로 대신하여 역사한
다 말하는 자들이 과연 누가 있는가?
11 지금의 종교 집단보다, 지금의 종교
집단에서 가르치는 지도자 그들보다
더 나의 아들 이름을 찾는 자 없으며,
나의 아들 이름을 빙자하는 자 없으며,
12 나의 아들 이름으로 대신하여 그 모두
를 역사한다는 저희들의 착각 속에 가
고 있는 종교 지도자요, 집단 외에 그
누가 있는가?
13 그들이 바로 적그리스도임을 너희들
은 알아야 할 것이니라.
14 그들을 표현함이니라.
15 누가 지금 나의 아들 이름을 가지고
세상의 만백성을 미혹하며 그들을 유
혹하는가?
16 지금 너희들 집단들이 나에게 오르는
길이 아니요, 나 여호와의 진정한 뜻
이 아닌 것을 가지고 나의 아들 이름
을 빙자함이니라.
17 너희들이 나를 찾아서 내 이름 앞에
기도하고 경배하려면 십계명을 지켜
야 하며 십계명을 내세워야 함이니,
18 너희들이 그 십계명대로 지키고 살 수
없기에 나를 비켜서서 나의 아들 이름
으로써 나의 아들을 빙자하여 너희들
이 모든 나의 피조물 만백성을 미혹게
함이니,
19 지금 바로 지옥으로 이끌어가는 행위
를 하며 나의 백성을 죽음으로 인도하
는 것이 지금의 종교 집단 너희들이니,
20 너희들보다 나의 아들 예수의 이름을
더 부르는 자 없으며, 그 이름으로 모
두를 다 역사한다 발버둥치는 자가 없
음이니라.
21 나의 아들 예수의 이름으로써 모든 것
을 역사하며 모두가 구원을 받는다 그
를 부르짖고 그를 그리스도라 목메어
찬송 부르며 악을 쓰는 백성이 있는가?
22 너희보다 더 악을 쓰고 몸부림치며 더
사악하게 부르짖는 백성이 없음이니
라.
23 그러니 바로 지금의 종교 지도자 그
집단들이 나의 백성을 나의 아들 예수

의 이름을 빙자하여 미혹게 하며 지옥
으로 이끌어 가는 사악한 행위를 하고
있음이니,
24 오늘날 이와 같은 현실이 이루어질 것
을 내가 너희에게 전했음이니,
25 너희들은 지금의 종교 집단에 끌려가
는 그와 같은 일을 하지 말라.
26 너희들의 손으로 지은 죄의 온상인 그
곳에 들어가 너희들이 나의 이름을 부
르며 나의 아들 예수의 이름을 부르며
재물을 바치면 구원을 받을 수 있다고
생각하는 그 순간부터 너희들은 지옥
으로 가는 자이니, 그들에게 속은 자
이니라.
27 너희들은 여기서 깨우치라.
28 과연 나의 아들 이름을 그리도 부르짖
으며 몸부림치며 만백성에게 나의 아
들 이름을 불러야 구원을 받으며 그
피로써 보혈로써 구원을 받는다 지금
그리 현혹하는 백성이 누가 있는가?
29 바로 너희들밖에 없음이니라.
30 내가 지금 나의 법전을 세상에 내려보
냄이니,
31 내가 나의 아들 예수의 이름을 팔아
너희들에게 나의 법전을 읽어 보라 하
며 너희들이 깨우쳐 하늘에 오르라 하
는가?
32 이는 나 여호와에게 직접 기도하라 함
이니, 바로 무엇이 다르던가?
33 지금의 모든 종교 집단이요, 지도자들
은 '예수, 예수!' 나의 아들의 이름을
부름이니라.
34 나의 아들이 '내 이름으로 와서 이르
되, 나는 그리스도라 하며 많은 백성
을 미혹게 한다.' 하였음이니,
35 너희들이 나의 아들 이름을 부르며 나
의 아들을 대신하여 역사한다 하며,
그리 만백성을 지금 지옥으로 이끌어
가는 것이 너희들의 집단임을 여기서
알아야 할 것이며,
36 만백성 너희들은 여기서 깨우치라.
37 나의 아들 예수의 이름을 누가 가장
많이 팔며 빙자하는가?
38 나의 아들의 이름을 팔아 장사해 먹고
사는 사악한 자들이 누구인가?
39 지금 나의 법전에서 내가 나의 아들
예수의 이름을 팔아 장사하며 나의 아
들 예수의 이름으로 구원을 받으라 하
는가?
40 너희들이 나의 아들 이름으로 부르되
그가 잘못된 자라 하였으며 나의 아들
의 이름을 팔아 미혹게 한다 하였으
나,
41 나의 법전에는 나 여호와를 찾으라 하
였으며, 나 여호와를 향하여 너희들이
믿음의 길을 가라 하였으며,
42 나 여호와가 직접 내리는 새로운 성경
이요, 나의 법전을 읽고 깨우치라 하
였으니,
43 나의 아들을 위주로 믿고 따르는 것이
구원을 받는 길이 아니라 하였음이니
라.
44 나의 법전에 기록되기를, 나의 아들
예수가 나의 명을 받고 세상에 나갔을
때 그는 나를 대신하여 역사함이니,
그때는 너희들이 나의 아들을 찾으며
그를 따라도 괜찮으며 그가 역사하는
것이라 해도 되나,
45 그 임무를 마치고 내 우편에 와 있음
이니 그 임무는 끝났음이니라.

46 그리하여 나를 찾으라 하는 것이니라.
47 성경에 기록되어 있는, 나의 아들 이
름을 빙자하여 그리스도라 하여 나의
피조물 만백성을 미혹게 하며 지옥으
로 이끄는 자들,
48 과연 누가 나의 아들 이름을 팔아먹고
사는가?
49 여기서 너희들이 냉철히 판단하지 아
니하면 너희들이 구원을 받지 못할 것
이니라.
50 오늘 이 대목에서 너희들이 구원의 길
이 무엇이며, 나에게 오르는 광명의
길이 무엇이며, 너희들이 어떠한 길을
가야 할 것이며 어떠한 길을 선택해야
하는가를 이 법전의 내용을 읽고 너희
들이 깨닫지 못하면 영원히 깨닫지 못
하는 가장 중요한 내용의 뜻이 여기에
있음을 알라.
51 누가 나의 아들 예수의 이름을 부르짖
으며 그를 팔아먹고 사는가?
52 누가 그를 추하게 부르짖으며 그를 부
끄럽게 만드는가?
53 나의 법전에 나의 아들 예수의 이름을
팔며 나의 아들 예수의 이름을 부르짖
으라는 것이 있는가?
54 나의 법전에 나의 아들 예수의 이름을
팔아 너희들에게 장사하라는 것이 있
는가?
55 이 대목을 읽고 너희들이 사악한 자를
구분하라.
56 그렇지 못하면 영원히 하늘에 오르는
길을 볼 수 없으며 구원의 역사를 이
룰 수 없는 것이 너희들임을 알라.
57 더 이상 내가 나의 아들의 이름을 팔
아먹는 자를 거론하지 아니할 것이니
그리 알라.

4,813 번째 하나님 말씀

2003년 2월 3일 11시 36분

1 사랑하는 나의 아들아!
2 "네, 아버님! 말씀하옵소서."
3 너의 제자들에게 간곡히 나 여호와의
뜻을 전해 주라.
4 너희들이 오늘의 고통과 괴로움을 갖
고 가는 그 고통의 길을 나 여호와가
모름이 아니라 전하라.
5 너희들이 그와 같은 길을 가지 아니하
면 나 여호와의 뜻이 무엇이며, 내가
이루고자 하는 것이 무엇이며, 내가
원하는 것이 무엇인가를 찾지 아니하
며 연구하지 아니하며 그를 들여다보
지 못하기 때문이니,
6 내가 너희들을 사랑하기에 오늘의 고
통이요, 시련의 길이요, 괴로운 길을
가게 하는 것이니,
7 나 여호와의 그 아픈 마음을 너희들이
라도 알아야 할 것이니라.
8 지금 모든 종교 집단이요, 나의 이름
을 팔며 나의 아들의 이름을 부르짖으
며 파는 그 모든 종교 집단이 왜 그리
썩고 또 썩었는지 알겠는가?
9 그들은 편안함을 추구했으며, 육의 안
락함을 위했으며,
10 금화와 재물을 거둬들여 부를 누리며,
물질의 풍요로움과 모든 백성에게 제
왕적인 대우를 받는 그 속에서 너희들
은 육을 향하여 솟아나는 사악한 마음
을 통제하지 못했으며 다스리지 못하
는 그와 같은 백성으로 전락했기 때문

에 오늘의 이와 같은 사악한 형국이
되었음이니라.
11 부가 더러운 줄 알며, 부가 잘못된 것
을 알며, 남으로부터 쉽게 거둬들이는
재물의 역사함이 잘못됨을 알며, 너희
들이 부와 권력이요, 제왕적인 자세에
서 인간이 무너지는 것을 깨닫는 종교
지도자가 있었다면, 오늘과 같이 험악
한 세상은 이루어지지 아니하였음을
너희들은 알아야 할 것이니라.
12 내가 너희들에게 가르쳐 뭐라 말하였
더냐?
13 하늘에 오르는 길이요, 나를 볼 수 있
는 것은,
14 때리면 때릴수록 오른쪽으로 돌아가
는 그 팽이를 왼쪽으로 돌리는 것이
너희들이 하늘에 오르는 길이요, 나를
볼 수 있는 길이라 하였음이니,
15 이것이 얼마나 어렵고 힘든 길이더냐,
사랑하는 나의 백성들아!
16 팽이는 어찌하여 돌아가는가?
17 수없이 후려치는 그 끈에 의해 팽이는
살아서 움직이며 그는 생명력이 있으
며,
18 너희들에게 생동감을 보여 주며 돌아
감을 보여 주며 그가 살아 있음을 보
여 주지 아니하던가?
19 너희들이 그 팽이같이 맞고 다스리고
고통 속에 찌들고 부닥치는 그 속에서
변해 가게 됨이니,
20 그렇지 않은 것이 너희들의 심성이라
면 내가 어찌하여 오늘에 고통의 길을
가도록 하겠는가?
21 너희 자신이 초라하다 하여 부끄러워
하지 말며, 가진 것이 없다 하여 부끄
러워하지 말며, 권력이 없다 하여 부
끄러워하지 말며, 남 앞에 자랑할 것
이 없다 하여 부끄러워하지 말라.
22 너희들은 때리면 맞으며 돌아가는 팽
이처럼 고통과 시련을 겪으며 나의 강
론을 들으며 나의 법전을 생명처럼 가
슴에 안고 정독하여 너희들이 스스로
깨우쳐 가는 그 속에서 나 여호와의
참뜻을 알며 내가 원하는 그 진리를
알며,
23 너희들이 그 속을 들여다보며 하늘에
오르는 길이 무엇이며 나 여호와가 원
하는 것이 무엇인가를 알고 지금 가고
있으며 나를 향하여 달려오고 있지 않
은가?
24 그것보다 더 위대한 것이며 그보다 더
큰 축복이 너희들에게 없거늘,
25 이제는 너희가 원수를 사랑할 수 있겠
는가?
26 내가 원수를 사랑하라 한 그 마음을
너희들은 과연 알고 있는가?
27 너희들은 맞으면 도는 팽이처럼, 고통
과 시련이요, 그 괴로움 속에서 살아
오면서 지금 참진리요, 나의 품속으로
달려오기 때문에 너희들의 마음에 변
화의 역사가 생김이니라.
28 맞으면 돌아가는 팽이처럼, 잘못되고
부끄러운 그 고통의 세월을 하나하나
겪는 것은 시련 속에서 너희들이 얻고
감이니라.
29 사랑하는 사람이 너희 곁을 떠났을
때, 눈물의 세월의 깨달음과 반성과
그리움 속에서 무엇인가를 얻고 변화
되는 것이 너희들의 인생이 살아가는
것이 아니던가?

30 가장 소중한 아들이 죽었을 때 그 죽
음 앞에서 너희들이 눈물을 흘리며 너
자신이 반성하며 네가 살아온 죄라 생
각하며 깨달으며 반성하는 그와 같은
고통과 시련 속에서 변하는 것이 나의
백성 너희들의 심성이니, 이를 어찌
내가 다스려야 하는가?
31 정녕 너희들만이라도 그러한 마음이
아니라면 내가 지금이라도 너희들에
게 재물을 내리며 영광을 내려 줄 것
이니라.
32 그러하니 너희들이 사랑하는 자식이,
사랑했던 사람이 죽어 갔을 때 그 죽
음 앞에서 통곡하며 깨우침을 얻으며,
33 사랑하는 자식이 부모보다 먼저 갔을
때 그 모두는 저의 죄요, 제 탓이요,
제 잘못이라는 것을 그때야 깨달음이
니,
34 어찌하여 너희들은 그와 같은 고통 속
에서 깨우침을 얻어야 하는가?
35 그렇지 않으면 세상사 그 모두를 제
탓이라 생각할 수 없는가?
36 너희들이 이와 같이 고통과 시련 속에
서 깨닫는 나의 백성이니, 내가 너희
들에게 고통과 시련을 줌이니라.
37 그리하여 내가 너희들에게 '원수를 사
랑하라' 한 그 뜻을 이제야 알 것 같지
아니하던가?
38 내가 너희들에게 원수를 사랑하는 그
고통 속에서 원수를 사랑하는 그 마음
을 가지라 함보다도,
39 너희들이 원수를 사랑할 수 있는 그
인내와 고통과 그 시련과 번뇌 속에
서 너희들이 변화되기 때문이니라, 사
랑하는 나의 아들딸들아!
40 나 여호와의 이 간곡한 뜻을 이제는
알겠는가?
41 이제는 들여다볼 수 있겠는가?
42 많은 종교 지도자들이 수천 년 동안
나의 피조물 만백성을 가르치고 깨우
치면서 원수를 사랑하는 마음을 가지
라, 원수를 사랑하는 마음을 가지라
그리 부르짖었으나,
43 원수를 사랑할 수 있는 마음을 갖기
위하여 깨어나는 고통의 아픔을 모름
이니,
44 너희들은 가시를 발라 생선을 먹일 줄
만 아는 그와 같은 부모로서 성서를
끌고 왔으며,
45 고기를 잡아 제가 자생할 수 있는 그
와 같은 것을 가르치지 못한 것이 너
희들이니, 그 비유의 뜻을 모르느니라.
46 이제 나의 기도를 듣는 백성, 그리고
나의 가르침을 듣는 사랑하는 아들딸,
나의 아들을 따르는 제자, 선택된 너
희들은 내가 원수를 사랑하라 한 그
뜻을 알겠는가?
47 그러니 너희들이 원수를 사랑할 수 있
지 않겠더냐?
48 원수가 너희들을 다시 깨어나게 하는
그 사랑이요, 가르치는 스승이기 때문
이니라.
49 원수를 사랑하라는 것은 그와 같이 넓
은 마음을 가지라 함이 아니요, 너희
들이 원수를 사랑할 수 있도록 다시
태어나는 그 진통의 고통과 다시 태어
나는 그 아픔의 시련과 깨달음을 얻는
그것을 내가 너희들에게 가르치고자
함이니 그 뜻을 알라.
50 원수가 너희들의 스승이라는 뜻을 이

제 알겠는가?
51 너희들이 나를 찾고 나를 보고자 함이
면 원수를 사랑하라는 그 뜻을 알며
이를 실천하는 사랑하는 아들딸로서
바로 서야 함을 잊지 말라, 사랑하는
나의 아들딸들아!
52 너희들이 원수를 사랑할 수 있을 만큼
다시 태어날 때, 그 고통과 번뇌가 얼
마나 아프며 가슴이 저리며 다시 태
어남이 얼마나 아프겠는가?
53 그것보다 사랑하는 너희들을 기다리
는 나 여호와의 마음이 열배 백배 천
배 만배 아프고 저림을 알라, 사랑하
는 나의 아들딸들아!
54 이와 같이 내가 하늘의 뜻이요, 성서
를 깨우쳐 주며 참진리를 가르쳐 주며
길을 안내하거늘,
55 이를 보지 아니하고 찢어 버리며 사악
한 자요, 사탄이요, 내 뜻이 아니라 욕
하는 너희들이 불쌍하며 내가 너희들
을 보는 마음이 얼마나 아픈가를 알라.

4,814 번째 하나님 말씀

2003년 2월 3일 13시 47분

1 사랑하는 나의 아들아!
2 "네, 아버님! 말씀하옵소서."
3 너희들 인간사에 살아가면서 너희들
이 전하는 삶의 형태가 어떠하던가?
4 오늘 하루를 위해서 살아가는 백성이
얼마나 어리석고 불쌍한 백성인가 너
희들은 잘 알고 있을 것이니라.
5 오늘 하루를 살아가기 위해서 모든 것
을 살아가는 그 백성이야말로 얼마나
어리석고 불쌍한 백성인가를 너희들
은 알 것이니,
6 미래를 준비하지 아니하며 미래를 보
지 못하고 사는 백성처럼 처참한 것은
없을 것이니라.
7 너희들 인간사에 말하기를 '개미와 베
짱이'라는 책으로써 전하며 너희들을
가르치는 그와 같은 뜻이 있느니라.
8 노력하지 아니하고 미래를 준비하지
아니하는 삶이 얼마나 처참하고 비참
한 것인가?
9 오늘이 아무리 호화롭고 황홀해도 너
희들이 오늘의 부귀영화를 다 누린다
해도 미래를 준비하지 아니하며 오늘
의 행복으로써 만족하는 삶을 산다 하
면 그는 불행한 인간이니라.
10 내가 나의 아들을 통하여 너희들에게
그리 전하였느니라.
11 짐승은 인간이 살아가는 예의범절이
요, 서로 살아가는 기계 문명의 혜택
속에서 어찌 살아가며 저희들을 다스
리고 살아가는지조차도 모르는 것이
며,
12 저희들 모두를 인간이 관리하며 통제
한다는 것도 모르고 살아가느니라.
13 너희가 그와 같다 하였음이니라.
14 인간인 너희들이 이 세상에 살면서 오
늘의 삶에 급급하여 육의 삶에 치우치
며, 미래에 대한 사후의 세계에 대해
서 생각하지 아니하고 사는 백성이 가
장 어리석고 불쌍한 사람이라 하였음
이니라.
15 그러니 너희들이 보이지 않는 사후 세
계를 위해서 살아가는 마음 자세를 갖
지 아니하고 산다 하면, 너희들은 아
무것도 얻을 수가 없으며 구원할 수

없다는 것을 알아야 할 것이니라.
16 영원히 사는 인생의 삶이 무엇이냐는
것을 너희들은 영원히 영원히 그리 말
하나,
17 영원히 산다는 그것이 얼마나 소중하
고 위대한 것인가를 너희들은 모르고
있을 것이니라.
18 너희들은 인간 세상에 사는 그 백 년
의 세월이 길고도 먼 여행의 삶같이
생각하나,
19 그는 세상에 왔다 너희들이 내 앞에
와 존재하는 그 세월 속에는 잠깐 비
쳤다 꺼지는 반딧불의 그 빛만도 못한
것이며,
20 하나의 불빛이 비쳤다 사그라지는 그
것만도 못한 너희들의 삶이니라.
21 영원이라는 것은 그와 같이 계속되는
것이며, 그와 같이 위대한 것이니라.
22 너희들이 영원히 사는 삶을 위하여 그
를 생각하지 아니하며 오늘에 잠깐 켜
졌다 꺼지는 불빛처럼 그 불빛 위에
살아가는 그와 같은 삶을 사는 것이
얼마나 불행한 삶인가를 깨우쳐야 할
것이니라.
23 내가 너희들에게 사후 세계를 준비하
며, 인간인 오늘의 세상에 사는 삶을
바라보지 말며 미래요, 사후 세계의
삶을 위해서 살아가라 하는 그 뜻은,
영원히 사는 그 위대한 삶이 있기 때
문이니라.
24 그 영원히 사는 삶에서 너희들이 고통
과 시련을 겪고 산다는 것은 너희들이
상상을 초월하는 괴로움임을 알아야
할 것이니라.
25 그리고 인내하기 힘든 길임을 너희들
은 알아야 할 것이니라.
26 너희들이 인간 세상에서 살아가며 아
프고 저린 것은 시간이 지나면 잊히며,
27 고통과 시련은 인간 세계에서 바꿔 놓
을 수도 있으며 돌려놓을 수도 있으
며 너희들이 다른 길을 선택해서 행하
여 갈 수도 있는 것이며, 다른 삶을 선
택해서 갈 수도 있느니라.
28 그러나 너희들이 나에게 심판을 받고
결정된 뒤에는 어떠한 것도 변할 수가
없으며, 너희들 마음대로 어찌 바꿀
수도 없으며, 너희들이 노력을 한다
해서 새로운 삶을 사는 것도 아님을
알라.
29 변화할 수 없는 그 속에서 영원한 삶
을 사는 사후 세계가 너희들을 기다리
고 있음을 알라.
30 그 세상을 위해서 살아가는 삶을 사는
자처럼 현명한 자가 없음이니, 이를
너희들이 들여다보고 깨우쳐야 할 것
이니라.
31 내가 오늘 나의 법전을 통하여 너희들
에게 전함이니,
32 이를 내가 다시 한 번 강조하는 것은,
이 뜻이 얼마나 너희들에게 소중한 것
이며, 얼마나 너희들에게 귀한 것이
며, 너희들이 이를 지키고 사는 것이
너희들에게 얼마나 큰 영광이요, 의미
인가를 너희들이 알 날이 머지않았음
이니,
33 그를 준비하도록 깨우쳐 내가 다시 한
번 나의 법전에 기록하여 전함이니 그
뜻을 알도록 그리하라.

4,815 번째 하나님 말씀

2003년 2월 3일 13시 51분

1 사랑하는 나의 아들아!
2 "네, 아버님! 말씀하옵소서."
3 너희들이 나로부터 생명을 받아 세상
에 인간으로 태어나 삶이니, 그중에서
가장 행복하게 사는 자와 그리고 불행
하게 사는 자, 이를 내가 나의 아들을
통하여 오늘 나의 법전에 기록하여 너
희들에게 전하고자 함이니,
4 이를 너희들이 깊이 깨우쳐 너희들의
삶의 지표를 삼도록 그리함을 잊지 말
라.
5 나의 사랑하는 피조물 만백성 너희들
이 가장 행복한 백성은 나 여호와의
참진리를 따르며 나에게 오르고자 하
며 내가 내린 계명을 지키고 살아가고
자 하는 그 길이 너희들에게 가장 위
대한 길이며 축복의 길임을 알아야 할
것이니라.
6 이 길을 가는 자, 이 길을 선택하여 달
려가는 자, 그와 같은 백성이 가장 축
복받은 자임을 알며, 가장 행복한 백
성임을 너희들은 알아야 할 것이니라.
7 그리고 두 번째 행복한 백성이라는 것
은 무엇이던가?
8 부귀영화와 재물을 누리지는 못할지
라도 내가 세상에 내려 준 그 모든 것
을 감사하며,
9 지상에서 사는 그 과정에서 남들보다
더 열심히 노력하며 더 열심히 살아
자신을 다스리고 살아갈 수 있는 평범
한 그와 같은 백성이 두 번째로 행복
한 백성임을 너희는 알아야 할 것이니
라.
10 그리고 세 번째 행복한 백성은 또한
무엇이던가?
11 어떤 종파에서 믿음을 가지고 가든,
어떤 형태로 가든, 진리를 찾고자 노
력하며 아름다운 삶을 살아가고자 노
력하는 백성이 나로부터 세 번째의 축
복받은 백성이라 함을 너희들은 잊어
서는 아니 될 것이니라.
12 나로부터 가장 뒤떨어지며 가장 사악
한 백성이요, 가장 불행한 백성은 어
떤 백성인지 너희들이 알겠는가?
13 나 여호와에게 오른다며 나의 아들과
나의 이름을 팔아 그 이름을 빙자하여
사악한 행위로 살아가는 자이니라.
14 나의 이름을 수없이 부르며 나에게 기
도한다 하며 무엇을 달라, 이루어 달
라, 저희들의 소원에 그 욕심 덩어리
로 뭉쳐진 그 소리를 지르고 사는 자,
15 그리고 나의 아들과 나의 이름을 팔아
저희들의 부귀영화를 누리는가 하면,
나의 피조물 만백성으로부터 사리사
욕을 챙기면서 진리가 아닌 길을 가르
치며 진리라 말하는 자,
16 그리고 저 자신이 어떠한 것을 가르치
며 어떠한 길에 서 있는지 저 자신도
모르면서 그 엄청난 사악한 짓을 저지
르는 그와 같은 지도자요, 그 밑에서
배운 구원의 길을 달려가는 백성,
17 그들은 너희들이 말하는 무당이요, 이
방인이요, 잡신을 따라서 살아가는 그
와 같은 백성만도 못함이니라.
18 그들은 그 속에서 그저 진실을 얻고자
하며, 저희들이 어렵고 힘들 때 무엇
인가를 얻고자 하여 거기 가서 기도하

고 빌고 있음이니,
19 그와 같이 순수한 마음만도 못한 것이
나의 아들과 내 이름을 빙자하고 팔아
먹고 사는 가장 사악한 자들이니, 너
희들이 바로 무엇인 줄 아는가?
20 너희들이 가장 불행한 자요, 내가 가
장 싫어하는 백성임을 오늘 나의 법전
에 기록한 내용을 읽고 깨우쳐,
21 너희들이 어디에 서 있는가 각자가 깨
달아 하늘에 오르는 참진리의 길에 매
진할 수 있도록 그리하라.

4,816 번째 하나님 말씀

2003년 2월 3일 14시 06분

1 사랑하는 나의 아들아!
2 "네, 아버님! 말씀하옵소서."
3 진정 나의 피조물 만백성을 하늘에 인
도하며 깨우치는 그 지도자라 하는 백
성은 과연 어떠한 마음을 갖고 살아가
야 하는가?
4 그들은 우선 지도자의 그 자질이요,
지도자로서 인도하는 그 자신이 어찌
바로 서야 하는가 그것부터 먼저 깨우
쳐 자기의 깨달음이 있어야 함을 알아
야 할 것이니라.
5 다시 태어나는 고통과 시련 속에서 너
희들이 깨우침을 얻지 아니한 자, 그
와 같은 지도자는 정녕 나 여호와의
뜻을 알 수가 없기에 바로 나의 피조
물 만백성을 인도할 수 없는 자임을
알아야 할 것이니라.
6 그리하여 저희가 진리가 무엇이며, 나
여호와가 이루고자 하는 것이 무엇이
며, 하늘에 오르는 길이 무엇인가를
깨닫는 자, 그들이야말로 지도자가 될
수 있거늘,
7 지금 만백성을 가르치고 지도한다는
그 지도자들이 너무나도 엄청나게 무
서운 오류를 범하고 있으며 죄악시되
고 있음을 너희들은 알아야 할 것이니
라.
8 저 자신이 아무것도 모르며 깨닫지 못
하는 자들이 지금 만백성을 구원의 길
로 인도한다 함이니,
9 하늘의 법도를 알지 못하며 내가 이루
고자 하는 것이 무엇이며 내가 역사하
고자 하는 것이 무엇인지 아무것도 알
지 못하는 자들이 나로부터 모두를 위
임받으며 나를 대신하여 만백성을 깨
우친다는 그와 같은 착각 속에서 지금
행하고 있음이니,
10 그들의 잘못된 엄청난 과오를 범하고
있는 그 삶은,
11 이는 누가 수습할 수도 없으며 누가
다스릴 수도 없는 이와 같은 형국에
지금 처해 있음이니라.
12 만백성을 구하는 자는 참진리를 가르
치는 데만 전념을 다해야 할 것이며,
13 그 진리의 뜻을 깨우치는 데 모두를
다 바치는 그와 같은 삶에서, 인간의
삶에서 다시 거듭나는 그와 같은 시련
속에서 얻어지는 것을,
14 너희들은 그저 인간이 가르치고 인간
이 배우는 그곳에 가 제한된 속에서
깨달음을 배웠다 하여 그것을 가지고
만백성을 가르치고 구한다 함이니,
15 너희들은 정녕 나의 백성을 인도하는
곳이 과연 어디던가?
16 지상의 한 목적지에서 한 목적지까지

나의 피조물 만백성을 이동시키며 움직이는 것이 너희들이 하는 길이 아니니라.
17 이 세상 지상에서 살다 너희들이 죽어와 영원히 하늘에 오르는 길을 가르침이니,
18 인간이 똑같은 진리요, 똑같은 깨우침을 가진 자요, 인간의 똑같은 그 상식 속에서 너희들이 어찌 나의 피조물 만백성을 깨우쳐,
19 보지도 못했으며 듣지도 못했으며 상상도 하지 못하는 그 하늘나라에 오르고자 하는 백성을 인도한다며 너희들이 가르치고, 지도자라 그리 단상에 서서 교리를 가지고 연구하며 설법하고 설교를 한다 그리 지금 하고 있는가?
20 똑같은 수준 속에서 똑같이 가르치는 자에게 너희들이 무엇을 얻겠는가?
21 너희들이 나의 피조물 만백성을 구원하며 하늘에 오르는 길로 인도한다 하면 하늘의 진리를 알아야 하며, 하늘의 뜻을 알아야 하며, 하늘의 돌아가는 형태의 법도를 아는 자만이 가르칠 자격이 있거늘,
22 나 여호와가 존재하는 하늘나라의 아무것도 알지 못하며, 내가 이루고자 하는 것도 모르며, 하늘에 오르는 길을 보지도 못하며, 와 보지도 못하며, 체험도 못 한 자들이,
23 어찌하여 너희들이 무엇을 안다고 나의 피조물 만백성에게 그 세계를 가르치며 그 세상에 올 수 있다 그리 가르치는가?
24 이것이 너희들이 얼마나 엄청난 죄를 짓고 있으며 얼마나 무서운 오류를 범하고 있는 것인가를 너희들은 깨달아야 할 것이니라.
25 하늘의 이치와 하늘의 뜻을 모르는 자, 그리고 내가 역사하는 것을 모르는 자는 지도자가 될 수 없으며,
26 그를 따라 너희들이 하늘에 오르는 길이라 하지 말라.
27 제가 갈 길을 모르며 제가 인도할 길을 모르는 캄캄한 오리무중에서 허덕이는 자가 어찌하여 나의 피조물 만백성을 제대로 길로 인도한다 하여 저를 따르라 외치고 소리 지름이니,
28 제가 지옥으로 가기가 고독하여 나의 백성을 같이 이끌어 가는 그와 같은 우매한 짓을 하고 있음을 너희들은 알라.
29 너희들이 가장 소중한, 영원히 구원을 받고 사는 너희들의 영의 생명을 그곳에 던지는 어리석은 삶을 살지 말라.
30 모두를 진리를 가르치면 되는 것을, 지금 종교 집단이 그리 가르치지 못하여 순박한 나의 백성을 현혹하여 재물을 거둬들이며, 그들은 그저 재물을 바치며,
31 그리하여 재물을 바치지 않는 자, 노략질을 해서 뺏어 가는 그와 같은 형국을 그들이 하고 있음이니라.
32 그리하여 하늘의 나를 알지도 못하며 보지도 못하며 상상도 못 하는 그 지도자들이 나의 피조물 만백성을 그 천국이라는 하늘나라에 보내겠다 하여 저희들의 손아귀에 쥐고 흔들고 있음이니,
33 그것도 불안하고 부족하여 지금은 어

찌하는가?
34 나의 피조물 만백성을 협박하며 일괄
적으로 재물을 거둬들이고자 하는 그
와 같은 행위를 하며,
35 너희들은 날아가다 잘못하여 거미가
쳐 놓은 거미줄에 걸려 버둥거리다 죽
는 그 벌레처럼 너희들을 묶어 놓고
그리 죽어 가게 하고 있음이니,
36 거기에 빠진 자 도저히 헤어날 수 없
으며 헤어나지 못함이니라.
37 그리하여 너희들이 가는 곳은 지옥이
요, 영원히 나올 수 없는 지옥 불로 떨
어져 가고 있음이니,
38 내가 이를 보기가 너무나도 가슴이 아
파 너희들을 구원하고자 나의 법전을
전하여 만백성을 구하고자 하니,
39 여기 나의 아들이 들고 외치는 나의
법전을 너희들이 접하고 깨우쳐 그 속
의 뜻을 따라 행하고 사는, 너희들 자
신이 다시 태어나는 그와 같은 삶의
길을 가지 아니하면 구원을 받을 수
없음을 내가 누차 너희들에게 전하였
으나,
40 너희들은 어찌하여 내가 이리도 간곡
히 전하고 또 전하는 이 귀중한 나의
뜻을 듣지 아니하고 거부하며 외면하
며 지옥 불로 가는가?
41 자신을 돌아다보라.
42 이것이 내가 너희들에게 간곡히 말하
는 것이니, 160권이 세상에 나와 전해
질 때,
43 이를 보지 아니하고 그래도 그때까지
사탄이요, 이단이라 말하는 자, 네가
얼마나 어리석고 불쌍한 백성인가를
알 날이 머지않았음이니,
44 나의 아들이 그 제자들을 이끌어 가르
치는 방법이요, 나의 법전에 기록되어
있는 그 설교요, 해명서와 같은 정답
을 너희들이 들여다볼 수 있도록 기록
해 놓은 나의 법전을 읽고,
45 너희들이 지금 성서를 가지고 너희 손
으로 지은 그 성전에서 기도하는 방법
과 너희들이 공부하며 깨우쳐 하늘에
오르고자 달려가는 그 길과 나의 아들
을 통하여 내가 너희들을 인도하는 법
전에 가르친 그 내용을 놓고 비교해
볼 때, 너희들이 다 알 수 있음이니라.
46 그저 지도자들은 저희들이 모르기에
새로운 참진리요, 나의 뜻이요, 아름
다운 너희들의 생명을 구하는 내 말씀
이라 하여 내려가도 이를 보지 못하며
스스로 듣지 못하는 우매한 자들이니,
그들이 무엇을 알겠는가?
47 우매한 자가 정답을 해석하지 못하며,
정답을 가지고 오답이라 흔들어 댐이
니,
48 그를 너희들이 덩달아서 정답을 오답
이라 그저 춤추고 따라가는 그와 같은
어리석은 삶을 살지 말라.
49 거기에서 정답을 찾을 자가 있거늘,
어찌하여 정답을 찾지 못하고 너희들
이 그리 따라가는가?
50 너희들은 여기서 발길을 멈추고 돌아
다보는 그 깨달음을 얻으라.

4,817 번째 하나님 말씀

2003년 2월 3일 14시 14분

1 사랑하는 나의 아들아!
2 "네, 아버님! 말씀하옵소서."

3 지금의 모든 믿음의 길을 가고 있는
종교 집단이요, 그 백성이 얼마나 우
매하고 어리석은 삶을 살아가고 있는
지 너희들은 알고 있는가?
4 너희들은 인간 세상에 살아가면서 유
업을 이어 가며 안식을 위하여 살아
가는 자가 있는가 하면,
5 의식주를 해결하기 위하여 세상사 서
로 거래하며 그와 같이 살아가는 자가
있느니라.
6 또한 너희들이 세상 속에 살아가면서
물건을 사고파는 데 총괄하며 기득권
이요, 판권을 가지고 움직이는 자가
있음이니라.
7 생산하는 자가 있는가 하면, 판권을
가지고 세상의 만백성에게 그 문화시
설의 혜택을 제공하며 더불어 살아가
는 그와 같은 권한을 가지고 있는 자
들이 있음이니라.
8 지금 너희들 종교 집단이 어찌 가고
있는가?
9 이 세상에 살아가면서 남의 물건을 위
탁받아 총괄하는 그와 같은 사람의 형
태로 지금 가고 있는 것을 너희들은
알고 있는가?
10 너희들은 너희들이 믿는 그 종교 집단
이요, 너희들이 속해 있는 종교 집단
에서만 만백성을 구하는 길이며 하늘
에 오르는 길이라 그리 말함이니,
11 너희들이 나 여호와와 어떤 권한으로
써 독점권을 계약했으며 판권을 계약
했다 그리 착각하는가?
12 너희들은 지금 하늘에 오르는 길이요,
나에게 오르는 길이요, 구원받는 그
모두를 다 나로부터 일괄계약한 자며,
13 판권이요, 판매권을 가지고 있는 것처
럼 지금 그 착각 속에서 헤매는 것이
너희들의 형태임을 알아야 할 것이니
라.
14 내가 하늘에 오르는 길이요, 나에게
오르는 길이요, 구원의 길에 오르는
그 모든 기득권이요, 판권을 내가 너
희들에게 준 사실이 없거늘,
15 너희들은 일방적으로 그 기득권이요,
판권을 가진 것처럼 남이 생산하여 만
든 그 물건을 임의로 가져다 팔아야만
된다는 그와 같은 강도와 같은 행위를
지금 하고 있는 것이니, 너희들은 어
찌하여 그보다 더 사악한 행위를 하는
가?
16 나는 나의 모든 판권이요, 모든 권한
을 누구에게 준 사실이 없으며, 너희
들에게 위임한 적이 없으며, 너희들이
나로부터 계약한 자가 없느니라.
17 너희들의 손으로 지은 성전에 감으로
인하여 나의 아들 예수의 피로써 구원
을 받으며 하늘에 오를 수 있다 하여
그저 재물을 바치라 하여 거둬들이는
그 사악한 행위를 하지 말라.
18 너희들이 나로부터 어떠한 계약을 했
는가?
19 내가 너희들에게 어떻게 총판의 권한
을 주었는가, 판매의 권한을 주었는가?
20 너희들이 우리 부자를 독점하여 그와
같이 살라 하는 권한을 내가 너희들에
게 준 사실이 없거늘,
21 너희들이 내 고유의 권한인 구원의 길
이요, 하늘에 오르는 길이요, 영원히
사는 나라요, 천국에 올려 보낸다는
그와 같은 모든 권한을 위임받은 것처

럽 그 착각 속에 사는 자, 그와 같은
자들을 단죄하여야 함을 너희들이 알
아야 할 것이니라.
22 그와 같은 사악한 자들이 이 세상에
존재하는 한 나의 피조물 만백성 너희
들은 진정으로 하늘에 오르는 길을 볼
수 없으며 구원의 길을 올 수 없음이
니라.
23 그 사악한 자들의 집단의 문을 닫게
해야 할 것이며,
24 그들이 존재하지 못하도록 할 때, 나
의 피조물 만백성 너희들이 구원의 길
을 볼 수 있음이니라.
25 지금 나의 아들의 보혈로 구원을 받았
다 말하는 그 종교 지도자들, 그 집단
들이 얼마나 사악한 자들이냐?
26 그들은 모두를 나로부터 권한을 받았
으며 판권을 받은 것처럼 저희들이 하
다 하다, 그것도 부족하여 지금은 나
의 아들 예수의 보혈로써 구원받았다
그리 말하는 그들의 행위가 무엇이던
가?
27 나의 아들의 목숨마저, 나의 아들이
그 고통스럽게 죽어 가며 만백성을 구
하고자 목숨을 버렸던 그 순간의 아픔
까지도 장사꾼이 판권을 산 것처럼,
28 저희들이 나의 아들의 죽음에 모든 계
약의 특권을 가져 특약을 맺어서 저희
들만이 예수의 보혈로써 구원을 받을
수 있으며, 그 고통 속에 죽어 간 그
귀하고 값진 피 한 방울로 하여금 모
두를 구원할 수 있다 하여 그 피 한 방
울을 던져 주는 것처럼 하여 얼마나
많은 세월 동안에 재물과 시간과 그를
거둬들이는가?
29 너희들은 형용할 수 없는 것을 다 거
둬들임이니라.
30 노동력을 거둬들이며 정신적인 것을
다 착취해 가며 나의 피조물 만백성을
병들게 그리하였음이니라.
31 나의 아들 예수의 죽음을 특허 낸 것
처럼 행동하는 자, 내가 너희들을 더
는 볼 수 없으며 더는 용서할 수 없어
내가 너희들을 심판하기 시작하였음
이니,
32 그 심판의 기준이 나의 법전임을 알아
야 할 것이니라.
33 너희들이 지금도 법전을 보지 아니하
며 이것을 이단이요, 사탄이라 하며,
34 새로 내려온 성경이 구원의 길이 아니
라 그리 부르짖으며, 나의 피조물 만
백성에게 태우고 찢어 버리도록 그리
선동하며,
35 너희들이 나의 아들 예수의 죽음이요,
너희를 구원하고 안 하는 나 여호와의
고유의 권한까지 다 계약하여 특약을
체결한 것처럼 행세하는 자, 너희들이
바로 무엇인 줄 아는가?
36 나 여호와보다 높고자 하며 나 여호
와를 지배하고 통제하는 것같이 그와
같은 착각 속에서 살기에, 너희들이
자신도 모르면서 나 여호와에게 도전
하고 있는 행위임을 알라.
37 너희들이 나에게 칼과 창을 들이대는
사악한 백성임을 알아야 할 것이니 그
리 알라.
38 그러나 너희들이 창끝을 들이댄다 한
다 하여 나 여호와가 여기서 주저함이
아니니라.
39 너희들이 아무리 그와 같이 나에게 도

전을 한다 해도 너희들의 뿌리는 내가 뽑을 것이며 이는 이제 용서하지 아니함을 알라.

4,818 번째 하나님 말씀

2003년 2월 3일 14시 25분

1 사랑하는 나의 아들아!
2 "네, 아버님! 말씀하옵소서."
3 내가 너에게 일러 말하기를 지금의 종교 집단이요, 백성이 가고 있는 그들의 믿음의 형태를 무어라 말하였는가?
4 너희들 인간 세속에서 살아가며 물건을 사고파는 그 기득권을 가진 장사꾼처럼 너희들이 전락하였으며, 지금의 모든 집단이 그리 가고 있다 내가 말하였음이니라.
5 저희들만이 구원의 길이요, 하늘에 오르는 길이요, 또 저희들이 가는 것만이 참진리의 길이라 그와 같은 말을 하지 말며 그 착각 속에서 깨어나는 그 백성이어야만 나에게 올 수 있으며 나를 볼 수 있다 내가 너희들에게 수차 전하였음이니라.
6 너희들은 알아야 할 것이니라.
7 나 여호와의 사랑이 편협하여 한쪽이요, 한 부분만을 사랑하며 누구를 버리고 누구를 얻고 그와 같은 나 여호와의 사랑이 아님을 너희들은 먼저 알아야 할 것이니라.
8 나 여호와가 너희들을 사랑하며 나 여호와의 참진리는 너희들이 잠시도 마시지 않으면 살지 못하는 공기처럼 모두에게 다 은혜를 주듯이,
9 나의 백성 너희들이 생활 속에서 살아가면서 너희들의 주변에서 얻고 잃는 그 모든 것 또한 내가 공기처럼 똑같이 그 기회를 주고 있음을 너희들은 알아야 할 것이니라.
10 나 여호와가 나의 피조물 만백성 누구나 다 똑같은 기회와 은혜를 내려 주는 것이지, 내가 누구만을 내려 준다는 그와 같은 생각을 하지 말라.
11 특권의식에 젖어 있으며 특권의식의 착각에 빠져 있는 백성 너희들이 무너지지 아니하면, 나의 피조물 만백성이 아름다운 천사와 같은 마음으로 변화되기는 너무나 어렵고 힘듦을 알아야 할 것이니라.
12 내가 가장 저주하는 백성이요, 내가 보기 싫어하는 백성은 저희들만이 나 여호와의 하늘에 오르는 길을 계약한 계약자처럼 착각하는 백성이라 내가 그리 말하였음이니라.
13 저희들 종교 지도자만이, 저희들이 가르치는 그 집단에서 배우고 속하는 것만이, 저희들만이 구원을 받는 그 유일한 길이라고 생각하고 그리 행동하는 자들,
14 그리고 그와 같은 집단 속에서 지도자라 가르치는 자, 그 속에서 그와 같은 말을 믿고 따라가는 평신도라 말하는 나의 백성, 너희들이 얼마나 무지의 소치에서 행하고 있는 것인가를 어찌 깨닫지 못하는가?
15 너희들처럼 무식한 행동이요, 우매한 행동이며, 그와 같이 말도 안 되는 행위를 너희들은 그것이 하늘에 오르는 길이라 그리 발버둥치고 가는 그와 같은 생각을 해서는 아니 될 것이니라.

16 지금 저희들만이 구원을 받았다는 그
와 같은 생각을 하고 가는 그 백성이
얼마나 무지에서 오는 것인지 아는가?
17 짐승의 생각에서 눈을 뜬다면 너희들
은 그와 같은 무지한 생각을 감히 하
지 아니할 것이며, 너희들이 지금 가
고 있는 무지한 행동이요, 맹종이요,
맹신의 그와 같은 행동도 하지 아니할
것이며 그리 강행하지 아니할 것이니
라.
18 나 여호와의 사랑은 모든 만백성에게
공기를 전하듯이 내가 그리 전하고 있
건만,
19 어찌하여 너희들이 나로부터 내린 모
든 은혜요, 특혜요, 특권을 다 너희들
자신이 계약한 것처럼, 특약한 것처럼
하는가?
20 너희들이 그와 같은 장사꾼의 기질로
나 여호와의 이름을 팔아 그리하고 있
음이니,
21 너희들이 이러고도 나에게 와 온전히
구원의 길에 올 수 있다 생각하는가?
22 너희들은 이를 깨닫지 아니하면 아니
됨이니라.
23 이제 사랑하는 나의 피조물 만백성 너
희들은 들으라.
24 그리고 종교 집단에 가 구원의 길을
바라는 평신도라 말하는 너희들은 들
으라.
25 과연 너희들의 종교 지도자요, 그 집
단이 나 여호와로부터 어떠한 계약서
를 썼으며 어떠한 계약을 받았는가 물
어보라.
26 나는 그들에게 계약서를 써 준 것이
없으며 특약을 맺어 준 것이 없으니,
27 저희들만이 구원을 받는 지도자요, 저
희들 집단만이 하늘에 오를 수 있다
하여 나의 피조물 만백성을 지옥으로
이끌어 가는 그들에게 나로부터 어떠
한 서약을 받았는가, 그 약정서요, 계
약서를 너희들에게 내보이라 전하라.
28 그를 내보이지 아니하거든 그들이 잘
못된 거짓 증거하는 자이며, 말세에
이 세상을 뒤집는 자이니라.
29 나의 아들 예수의 이름이며 나의 아들
이 다시 올 것이라 하여 그 이름만 팔
아먹고 그것만을 가지고 부르짖는 사
악한 자이니,
30 그와 같이 부르짖는 종교 집단이요,
그와 같은 백성이 있을 때, 나는 나의
아들을 내려보냄이 없으며,
31 나의 아들이 재림하여 너희들 앞에 너
희들을 구원하는 역사를 내가 하지 아
니한다 하였음이니라.
32 오로지 이제 나의 성령이요, 나의 뜻
으로써 내가 너희들을 다스리고자 함
이니, 이 또한 너희들이 깨우쳐 행함
을 얻도록 하라.
33 너희들은 독점의 계약서가 없거든, 내
가 직접 책으로 만들어 세상에 내려보
냄이니, 이것이 바로 독점의 계약서
요, 특약이요, 특허요, 그것만이 관장
할 수 있는 권한을 주는 것이니,
34 나의 법전이 그와 같은 계약서의 역할
을 함이니라.
35 이것이 곧 너희들이 하늘에 오를 수
있는 길이요, 나로부터 구원을 받을
수 있는, 내가 내리는 특약점의 형태
임을 잊지 말라.
36 오로지 그것은 한 곳에만 있음이니라.

37 내가 명하고 나의 뜻을 들을 수 있으
며 내가 역사할 수 있는 것, 나의 아들
을 통하여 내리는 나의 160권의 법전
이 너희들을 구원하며 너희들이 나에
게 올 수 있는 계약서임을 잊지 말라.

4,819 번째 하나님 말씀

2003년 2월 3일 14시 57분

1 사랑하는 나의 아들아!
2 "네, 아버님! 말씀하옵소서."
3 믿음이란 무엇이던가?
4 그 믿음 자체가 소중함이니라.
5 너희들이 무엇이 어렵고 힘들다 하여
마음의 자세가 흔들리는 것은 곧 믿음
이 없음이니, 그 믿음이 흔들리는 자,
믿음이 없는 자, 무슨 역사를 할 수 있
다 생각하는가?
6 너희들이 말하기를 나는 새요, 짐승에
게도 다 잘 곳이 있고 먹을 것을 내가
다 주었다 하였으니,
7 너희들 인간만이 그를 믿지 아니하며,
그를 믿지 못하기에 너희들 앞에 이름
석 자를 붙여 재산을 남기고자 하며
무엇인가를 역사하고자 하는 것이 아
니던가?
8 그와 같은 믿음을 가지고 있는 자 어
떠한 것도 이룰 수 없다 하였음이니라.
9 나의 법전이 이제 60권이 넘게 나의
뜻을 받아 기록한 네가 어떠한 상황이
요, 어려울 때 흔들리는 그와 같은 마
음을 가지고 간다면,
10 과연 네가 바로 설 수 있는 나의 아들
이요, 모든 백성을 구할 수 있는 자라
생각하는가?
11 네가 흔들리는 그 자체는 네가 그 믿
음이 약함이니, 그 믿음이 더 굳어질
때 모든 역사가 이루어진다는 것을 알
아야 할 것이니라.
12 네가 자신 있게 당당하게 나가는 그
모습에서 네가 나의 모든 역사를 이루
는 것은 다 내가 역사한다는 것을 믿
고, 네가 그리 용기를 갖고 버티고 나
가야 할 것이니라.
13 그러지 않으면 네가 쓰러짐이니라.
14 이를 너는 명심해서 행하여야 할 것이
니라.
15 모든 길이 다 있으며 네가 갈 길을 내
가 열고 있음이니, 너는 그것을 바라
보도록 하라.
16 네 마음을 비웠을 때 나아갈 길을 내
가 다 열어 놓았거늘, 네가 그를 보지
못함이니라.
17 지금의 믿음의 길을 가는 모든 백성이
성서를 읽고 공부하면서도 그 내용이
무엇이며 거기에 담겨 있는 뜻을 모르
는 것은 무엇이더냐?
18 눈은 떴으나 눈을 감은 자요, 귀는 열
려 있으나 귀가 막힌 자이니,
19 그러한 백성으로서는 아무것도 구원
할 수가 없음이니라.
20 이것이 바로 내가 너희들에게 원하는
길이며 바라는 길이니,
21 너희들이 이를 지키고 반드시 행하여
야 할 것이니라.
22 그와 같은 믿음이 있는 속에서 너희들
의 길이 열려 있음이니 그 길을 보도
록 하라.
23 그 길을 보지 못하면 네가 나를 믿는
믿음이 약하며 너의 제자들의 믿음이

약한 것이며 믿음이 없는 것이니라.
24 그러기에 너희들이 볼 수 없음이니라.
25 그리 믿음을 가지라.
26 그리고 용기 있고 자신 있는 삶으로
써, 나의 뜻은 모두가 이루어진다는,
그리고 내가 너에게 명한 것은 다 역
사한다는 그 굳건한 믿음만이 너희들
이 모두 바로 설 수 있는 길이 열림을
알라.
27 그것이 내가 너희들에게 전하고자 하
는 나의 뜻임을 알아야 할 것이니라.
28 내가 만백성을 구하기 위하여 모든 법
전을 쉽게 깨우치며 그리하여 뉘우침
을 얻고 즐거운 마음으로써 하늘에 오
르는 길을 역사하기 위하여 지금 너희
들이 나에게 선택된 백성이니라.
29 너희들이 그 길을 바로 가지 못하며
나를 믿지 못한다 하면, 만백성에게
아무리 너희들이 전하고 깨우친다 해
도 그들이 이를 보고 깨우칠 수 없으
며 깨달을 수가 없음이니라.
30 이것이 너희들이 가야 할 길이며 너희
들이 행하여야 할 길임을 잊지 말라.
31 우선 너희들 자신부터 나 여호와가 존
재함을 믿으며,
32 나로부터 명받는 자, 그는 반드시 승
리하며 그것은 시행된다는 굳건한 믿
음을 가지고 너희들이 눈을 뜨고 세상
을 볼 때,
33 모든 길은 내가 너희들에게 비춰 주고
있음이니 그 길을 찾아가라.
34 그리하면 구원의 길에 오를 것이니 그
리 알라.

4,820 번째 하나님 말씀

2003년 2월 3일 15시 10분

1 사랑하는 나의 아들아!
2 "네, 아버님! 말씀하옵소서."
3 너희들이 평생 성서 공부를 하며 기도
하고 경배하며 그리 몸부림치는 것은
무엇을 위하여 그리하는가?
4 너희들이 하늘에 오르고자 함이니라.
5 그리고 나에게 오르고자 하는 것이 너
희들이 기도하고 경배하는 것이 아니
던가?
6 그리고 성경 공부하는 것 또한 무엇이
던가?
7 깨우침을 위하여, 너희들이 하늘에 오
르는 길을 위해서 나 여호와의 품에
오르고자 그와 같은 고생을 하며 그
길을 가지 않는가?
8 그러나 그것이 진정한 참진리의 길이
아니요, 너희들이 바로 나에게 올 수
있는 길이 아니라 하면,
9 어찌하여 너희들은 그 길에서 멈추는
그와 같은 현명함을 얻지 못하며 너희
들이 가고 있는 그 길을 돌아다보지
아니하는가?
10 나의 새로운 성경이요, 나의 법전이라
하여 세상에 책이 나가 너희들을 구원
하지 아니한다 하여도,
11 한 번쯤 가고 있는 그 믿음의 형태를
너희들이 돌이켜 보며 너 자신을 돌이
켜 볼 수는 없는가?
12 내가 너희들에게 나의 법전에 기록하
여 무어라 말하였는가?
13 너희들이 그리 빌며 소원하며 갈급한
것은 나에게 오르고자 하는 것이니,

14 너희들이 평생을 다 바치는 불쌍한 백
성이 있다 하였음이니라.
15 그 길이 천당이 아니요, 지옥으로 가
는 길이기에, 내가 무어라 하였느냐?
16 지금 너희들이 지옥으로 달려가고 있
으니, 가던 길을 멈추고 가던 발길을
멈추고 뒤돌아 한번 돌이켜 볼 수 없
더냐 내가 그리했거늘,
17 어찌하여 너희들은 그리하지 않는가?
18 너희들은 나 여호와를 그리도 바라볼
수 없으며 그리도 나의 뜻을 따를 수
가 없단 말이던가?
19 나 여호와가 확실히 너희들에게 일깨
워 줌이니,
20 지금의 너희들 종교 집단의 그 형태로
써는 너희들이 지옥으로 달려가는 길
이니,
21 그 발길을 멈추고 거기서 뛰쳐나오는
그와 같은 어려운 변혁을 하지 아니하
면 너희들이 구원을 받을 수 없을 것
이니라.
22 내가 무어라 말하였더냐?
23 2천 년 전에 내가 나의 성령의 뜻을
만백성에게 전하고자 했으나,
24 그 당시 백성이 나의 아들 예수가 전
하는 그 아름다운 진리를 배운 것이
아니요, 너희들이 지은 그 성전 앞에
구원의 길이라 하여 거기서 갖은 못된
악행을 다 저지르고 행하며 나의 진리
와는 관계없는 길로 가기에,
25 나의 아들이 그 성전의 벽돌 하나 남
기지 않고 다 쓸어버린다 분노하였으
니,
26 그 백성이 성전을 운영하던 그 방법과
그 계보와 관습이 지금까지 그대로
전해 내려왔음이니, 지금이 더 사악한
형국이라 내가 말하였음이니라.
27 그러니 너희들이 달려가는 그 길은 당
연히 지옥의 길이니 내가 그를 멈추라
그리하였거늘, 어찌하여 이를 멈추지
아니하는가?
28 너희들은 구원의 광명의 세계를 달려
가는 것이 아니요, 암흑의 구렁텅이로
지금 가고 있음이니라.
29 이제는 너희들이 정녕 깨어날 때가 되
었거늘, 어찌하여 그 잠에서 깨어나지
못하는가?
30 너희들이 잠에서 깨어나지 못하며 암
흑에서 허덕이며, 구원의 길이라 그리
손발이 닳도록 빌며 재물을 바치며 정
성을 들이며 가는 그 길이 지옥으로
가는 길이니,
31 내가 나의 법전을 통하여 너희들을 구
원하고자 하거늘,
32 어찌하여 너희들이 나의 새로운 성경
이요, 나의 법전을 정녕 평생 죽을 때
까지 살아가면서 이를 한번 들여다보
지 아니하며, 이를 한번 열지 아니하
며, 어찌하여 이를 볼 수 없다 그리 버
티는가?
33 이를 보는 것이 죽음의 길이요, 지옥
으로 간다는 그와 같은 생각을 함이니
그리 마음먹지 말라.
34 너희들이 책 한 권을 읽는다 해서 지
옥으로 가는 것이며, 책 한 권을 읽는
다 해서 지금까지 온 믿음이 흔들리
며, 책 한 권을 읽는다 하여 지금 거기
에서 지옥이요, 사탄으로 떨어지는 그
와 같은 믿음이요, 그것이 아니니라.
35 너희들이 책을 열 권, 백 권, 천 권을

읽어도 그 믿음이 흔들리지 않는 것이 참진리이지 않은가?
36 너희들이 책 한 권을 읽고 마음이 흔들리며 거기서 깨달음을 보고 무엇인가를 얻어 지금까지 오던 그 믿음이 흔들린다 하면, 그것은 너희들이 잘못 간 것이 아니던가?
37 너희들이 참진리요, 진정한 나의 뜻을 볼 때, 너희들이 마음이 심란하며 가슴이 두근거리면 너희들이 무엇인가를 깨닫고 얻음이니, 그것이 바로 참진리요, 나 여호와의 뜻이니라.
38 그러하거늘 어찌하여 그와 같은 것을 너희들은 버리려 하는가?
39 그리고 너희들은 책을 보며 내가 내린 법전을 보며 그리고 만백성을 가르치는 그 아름다운 설교를 듣는 것이 너희들이 지옥으로 가는 것이요,
40 오로지 아무것도 모르는 사악한 종교지도자들이 재탕 재탕해서 가르치는 그 성경의 가르침만이 위대한 것이며 구원을 받는다 그리 생각함이니,
41 어찌하여 너희들은 믿음이 그거밖에 안 되는가?
42 너희들이 10년이요, 20년 믿었던 그 믿음이 책 한 권을 읽는다 해서, 다른 장서를 본다고 해서 흔들리고 잘못 간다 하면, 그것은 너희들이 당연히 잘못 간 믿음이 아니던가?
43 지금의 가는 것이 잘못 갔기에 한 권의 책을 읽고 너희들이 변할 수 있음이니, 그것이 깨달음이니라.
44 그 깨달음을 너희들은 저버리지 말라.
45 너희들이 진정한 믿음이요, 참진리를 본다면 나의 법전을 읽을 필요가 없을 것이니라.
46 너희들이 깨달음이 없으며 변화가 없을 것이니,
47 너희들의 마음이 변하여 깨달으며 역사함이 있으면 이는 나의 뜻이요, 나의 진리요, 하늘에 오르는 길임을 너희들은 알아야 할 것이니라.
48 이제 내가 너희들에게 전함이니 너희들은 네 것이 소중한 줄은 알면서 어찌하여 남의 것은 소중함을 그리도 모르는가?
49 너희들 것이 소중한 줄을 알거든 남의 것도 소중함을 알라.
50 지금 바로 너희들이 남의 것의 소중함의 이치를 깨닫고 그를 들여다보고 읽어야 하는 그와 같은 때임을 알라.
51 너희들이 진정한 보석은 영원히 변하지 않듯이, 너희들이 진정한 보석을 가졌으면 남에게 보이며 장사하기에 두려워할 것이 없다 하였거늘,
52 너희들은 진정한 믿음이요, 진정한 깨달음이요, 참진리요, 하늘에 오르는 길을 확신하고 간다면,
53 너희들이 다른 것을 읽어 볼 수도 있으며, 들여다볼 수 있으며,
54 다른 종파도 볼 수 있으며, 그들이 추구하는 것이 무엇인가, 그들이 갈구하는 것이 무엇인가를 너희들이 같이 연구하고 볼 수 있으며,
55 그리하여 잘못된 것은 인도하고 깨우치는 것이 너희들이 해야 할 일이고 가야 할 길이거늘,
56 어찌하여 너희들은 그와 같이 어리석고 우매한 자인가?
57 제 것만이 소중하며 제 것만이 진짜

보석이고 남이 가진 진짜 보석은 가짜
로 앎이니,
58 네 가슴에 있는 것이 가짜이니라.
59 그것을 구분하지 못하는 것은 지금의
종교 지도자들이 나의 백성을 그리 우
매하고 미련하게 만들어 놓았으며 바
보로 만들어 놓았기 때문이니,
60 너희들은 너 자신을 찾으라 그리 전하
도록 하라, 사랑하는 나의 아들아!

4,821 번째 하나님 말씀

2003년 2월 3일 15시 31분

1 사랑하는 나의 아들아!
2 "네, 아버님! 말씀하옵소서."
3 모든 백성이 구원의 길을 갈구하며 그
길을 달리는 백성이 과연 나에게 드리
는 기도의 내용을 너희들이 한번 점검
해 보고 생각해 보았는가?
4 너희들은 나에게 기도하기를, 너희들
이 가지고 있는 생각이요, 부족한 것
이요, 더 이루고자 하는 것, 그리고 힘
든 고비의 그 모두를 다 나에게 소원
하여 기도를 드림이니라.
5 그리하여 너희들은 무엇을 이루어 주
기를 바라며 무엇을 얻고자 하는 그와
같은 기도를 나에게 바치는 것이니,
6 너희들은 그와 같이 나에게 드리는 기
도가 창조주인 너희들의 아버지요, 나
여호와에게 그리 달라 강요하는 것임
을 어찌하여 모르는가?
7 너희들이 칼만 들지 아니하였지, 강도
와 같은 마음임을 그리도 깨닫지도 못
하며 그 이치 하나도 알지 못하는가?
8 가진 자에게 달라 대드는 것은, 그와
같이 대가도 없이 뺏고자 하는 것은
어떠한 마음이냐?
9 도둑의 마음이 아니던가?
10 너희들은 나로부터 생명을 받아 세상
에 나가 내가 내려 준 그 은혜 속에 사
는 것도 나에게 다 갚지 못하거늘,
11 너희 스스로 지은 죄요, 너희들이 잘
못 살고 이루지 못한 그와 같은 모든
것을 마음 내키는 대로 생각나는 대로
달라, 이루어 달라 하며 그와 같이 나
의 이름을 부르고 기도하는 것은 너희
들에게 내려 달라는 강요이니라.
12 그리고 그것을 뺏고자 하는 그 사악한
마음의 뜻에 의해 하는 기도가 그와
같은 내용이며, 그와 같은 맥락에서
흘러가고 있는 것을 어찌하여 너희들
은 그것 하나도 깨우치지 못하는가?
13 너희들이 지금 이단이요, 사탄이요,
마지막 시대의 거짓 선지자로서 세상
에 내려와 만백성을 미혹게 하며 그들
을 지옥으로 이끌어 가는 나의 아들이
라 그리 말하며,
14 나의 법전이 그와 같은 책으로써 세상
에 나온 것이니 이를 보지도 말고 듣
지도 말라 하니,
15 그와 같은 나의 아들의 기도하는 내용
을 너희들은 과연 들어 봤는가?
16 나의 아들이 기도로 내가 내리는 것을
받아쓴 나의 법전 어디에 정녕 사탄이
요, 너희들이 말하는 사악한 자요, 마
지막 시대에 마지막 선지자로 와서 만
백성을 미혹하여 지옥으로 끌어가는
그와 같은 내용이 거기에 들어 있는가?
17 너희들은 한번 그를 뒤져 보고 너희들
이 한번 파헤쳐 보라.

18 나에게 너희들이 무엇을 달라, 이루어
달라 하는 그 기도는 나를 강압하는
것이며, 내 권한을 너희들이 침범하며
나에게 강요하는 것이니, 강도와 다르
지 않다 내가 그리 말하였음이니라.
19 그러나 나의 아들이 너희들에게 깨우
쳐 기도하라 전하는 내용은 어찌 전하
는가?
20 그는 그리 너희들에게 가르치느니라.
21 '여호와 하나님! 저의 죄를 용서하여
주옵시고, 제가 지은 죄를 용서하여
주옵소서.
22 그리고 모든 것은 다 여호와 하나님의
은혜와 영광이옵나이다.'
23 그리 간단히 기도를 드리면 내가 들어
준다 하였음이니라.
24 안식일이라 하여 너희들이 정해 놓은
그 장소에 와서 많은 사람이 집단으로
울고불고 기도하며,
25 하나의 끼니를 때울 때도 모든 자들
이 다 모여서 집단으로 기도하며, 그
리 한 사람이 대표 기도를 함이니,
26 너희들은 과연 그 사람이 기도할 자격
이 있는지 없는지 알고 있는가?
27 너희들이 20명이라는 인원이 앉아 식
사할 때, 그 대표기도 하는 자가 20명
을 대표해서 기도할 자격이 있는지 없
는지는 알고 있는가?
28 그가 너희들보다 더 사악한 짓을 하며
너희들보다 잘못 사는 악마와 같은 자
가 기도를 한다면, 그 기도를 내가 듣
겠는가?
29 너희들은 잘못된 자의 지껄이는 소리
를 듣고 거기서 '아멘!'이라 함이니,
30 그 사악한 자와 똑같다 너희들이 그리
부르짖음이니라.
31 남을 위해서 기도하고 남을 위해서 축
복을 빌어 주는 자는 하나의 부끄러움
이 없으며, 하나의 죄지음이 없는 자
만이 할 수 있느니라.
32 그가 사악한 마음을 가지고 있으며 사
악한 생각에서 살아가는, 너희들보다
죄를 많이 짓는 자가 기도를 한다면
그 기도 소리를 내가 듣지 아니한다
하였음이니,
33 너희들이 '아멘!' 하고 소리 지르는 것
은 무엇이던가?
34 그가 기도하는 소리를 내가 듣지 아니
함이니, 그 사악한 자가 살아가는 방
법과 같이 그 방법에 너희들이 동의하
며
35 그와 같이 살아가는 자며, 그와 같이
살아가고자 맹세를 하는 것과 똑같음
을 너희들은 잊지 말라.
36 내가 나의 아들을 통하여 정해진 장소
가 아니요, 가정이나 시간과 때를 가
리지 말고 필요할 때 나에게
37 '하나님! 저의 죄를 용서하여 주옵소
서.
38 그리고 하나님의 뜻대로 살 수 있는
용기를 주옵소서.
39 이 모두는 여호와 하나님의 은혜와 은
총입니다.'
40 그저 그리 기도하면 된다 하여 나의
아들이 너희들에게 가르치는 그 기도
내용이 정녕 잘못되었던가?
41 그 마음속의 어디에 가식이 있으며,
거기 어디에 무엇을 달라 나에게 강요
하는 내용이 있는가?
42 그와 같은 기도를 너희들이 나에게 드

리되, 가족 단위로, 개인으로, 그리고 너희들이 진실한 마음이요, 기뻐하는 마음으로써 나 여호와를 찾으며 나에게 기도드리면 내가 너희들의 그 사랑의 기도를 다 들어준다 하였음이니, 과연 이것이 무엇이 잘못되었는가?

43 너희들은 재물을 바치는 자에게 기도를 해 주며 경배를 해 주는 것만이 하늘에 상달되는 것처럼 착각하지 말라.

44 나는 나의 아들에게 너희들이 하나의 음식을 먹을 때도 기도하는 방법을 가르쳐 주느니라.

45 각자 기도하라 하였음이니라.

46 각자 저 자신이 제 죄를 빌며 용서를 비는 기도를 하라 하였음이니라.

47 그러니 제가 죄지은 만큼 그는 용서를 빌 것이며, 제가 잘못한 것만큼 용서를 빌 것이니라.

48 그리고 잘한 자 또 기쁨을 나눌 것이니라.

49 그러나 너희들이 음식을 나누든 무엇을 하든, 모여서 집단적으로 기도하는 것은 잘못되었음을 알라.

50 그자가 너희들을 대신해서 대표로 기도할 수 있는 자격이 있는지 그것도 모르면서, 너희들은 청산유수처럼 그저 불러 대는 그 말소리에 그저 현혹되어 듣고 있음이니라.

51 거미가 거미줄을 치려고 실을 뽑아내듯이 그저 줄줄 나오는 그 말만 듣고 너희들은 그가 어떠한 자이며 어떠한 생각으로써 기도하는지 그 자체도 모르면서 '아멘!' 하니, 나도 저자와 똑같이 살며 똑같은 생각이라 그리 말하는 것이니,

52 내가 들어주지 아니하는 것을 너희들이 똑같이 간들 무엇하겠는가?

53 너희들은 이 이치를 깨우치라.

54 그리하여 자기 자신이 진정으로 진실한 마음으로 가장 기뻐하는 마음이요, 경배하는 마음으로, 음식을 취할 때도 각자 기도하라 내가 나의 아들에게 가르쳤음이니, 그것이 무엇이 잘못되었는가?

55 너희들은 구함이 우선이 아니니라.

56 너희들이 사랑으로써 모두를 이루는 것이며,

57 나에게 달라는 기도가 아니라 너희들의 죄의 용서를 비는 마음, 그리고 사랑하는 마음으로 살겠다는 그와 같은 마음의 다짐을 가지고 나에게 그 약속을 지키고 행하고자 노력하는 것이 가장 아름답고 소중한 기도이니라.

58 그 기도만이 너희들이 변할 수 있으며, 내일을 위하여 밝고 아름답게 살아 하늘에 오르는 그 찬란한 빛을 볼 수 있는 기회를 얻는 것이며, 거기에 발을 들여놓을 수 있음을 알라.

59 내가 나의 아들에게 가르쳤으니, 죄부터 용서를 빌며,

60 은혜와 그 모든 것은 나 여호와의 뜻이니, 나 여호와의 고유의 권한이기에 나의 권한을 침범하지 아니하며, 나에게 무례한 짓을 하지 아니하며,

61 내가 내려 주는 대로 그를 받아 그것을 소화시키며 자기 것으로 만들고자 하는 그와 같은 백성의 기도 소리가 나의 아들을 따르는 제자들이 기도하는 그 기도 소리이거늘,

62 너희들이 나의 뜻을 침범하며 나의 고

유의 권한을 짓밟으며, 감히 그 무례한 행위를 하면서 나에게 무엇을 내려 달라 강요하는 그와 같은 부끄러운 기도를 드리는 것이 얼마나 너희들이 죄스럽고 잘못 가는 것인가를 안다면, 오늘 이후부터 너희들은 그와 같은 기도를 삼가라.

4,822 번째 하나님 말씀

2003년 2월 3일 16시 47분

1 사랑하는 나의 아들아!
2 "네, 아버님! 말씀하옵소서."
3 내가 나의 법전에 기록하여 너희들에
게 깨우쳐 주기를, 자기 자신이 가장
소중한 자임을 먼저 깨달으라 하였음
이니라.
4 그리하여 자기 자신이 소중한 자라 하
여 처신을 바르게 하며 자기가 소중한
자라 깨닫는 자,
5 그가 처신을 함부로 할 수 없으며 행
동을 바르게 하지 아니할 수 없다 하
였음이니라.
6 그리하여 하늘에 오르고자 하는 백성
너희들은 나로부터 선택된 하나하나
의 개체인 백성이요, 생명체를 가진
자이기에 독립된 자이니라.
7 그리하여 너희들이 자신의 소중함을
잘 관리하고 잘 다스리는 그와 같은
근본부터 배우라 내가 그리하였으며
그리 행하도록 하라 하였음이니라.
8 그리하여 너희들이 나아가 가정을 이
루며 가정의 생활을 시작할 때,
9 너희들이 가정생활에서 자기의 자리
를 철저히 지키는 자,
10 그리고 의식주를 해결하여 그 가족이
불편함이 없이 살아갈 수 있도록 하는
마음의 자세요, 행동을 그리하는 자,
11 그와 같은 자가 바로 설 수 있는 자라
내가 그리 말하였음이니라.
12 자기 자신을 소중한 줄 모르고 자기
몸을 함부로 놀리는 자, 그리고 말을
함부로 하는 자, 행동을 함부로 하는
자는 나에게 기도할 자격이 없으며 기
초가 되지 않은 자라 말하였으며,
13 의식주를 해결하지 못하며 저 자신만
을 위하여 방탕한 생활이요, 저와 더
불어 한 식구에게 고통을 같이하게 하
는 자, 고통을 겪게 하는 자, 책임을
지지 못하는 자,
14 그와 같은 자는 믿음의 길을 갈 수 없
는 백성이라 내가 그리 말하였음이니,
15 최소한 서로 의식주를 해결할 수 있는
그와 같은 자세를 갖추고 살아가는 자
가 나에게 기도할 수 있는 백성이라
내가 너희들에게 가르쳤음이니,
16 여기에 과연 무엇이 나 여호와의 뜻이
아니며 사탄의 행위라 너희들이 그리
말할 수 있는가?
17 그와 같은 사람만이, 그와 같은 자격
을 갖춘 자만이 어떠한 종파에 속해서
든 믿음의 생활을 할 수 있으며,
18 하나님 나 여호와에게 기도를 드릴 수
있다 내가 그리 기록하여 나의 아들이
너희들에게 그리 전하지 아니하였던
가?
19 그와 같이 하지 않는 자, 나 여호와 하
나님에게 기도할 자격도 없다 내가 그
리 말하였음이니 이는 나의 뜻이니라.
20 자신의 자리에서 충실치 못한 자는 어

떠한 믿음을 갖고 있든 기본 자격이
없으며,
21 그는 나 여호와에게 기도드릴 자격이
없으며 하나님이라 나를 찾을 자격이
없음이니,
22 그와 같은 자의 기도는 내가 듣지도
아니하며 그를 알려고도 하지 아니한
다 내가 그리하였음이니, 파도 소리만
큼도 나와 관계가 없다 하였음이니라.
23 그리고 내가 뭐라 하였던가?
24 나의 아들 선지자에게 전하였느니라.
25 인간 본성의 생각을 버리지 못하고 제
생각대로 제 머리의 판단이 먼저 앞서
며 행동이 앞서는 자는 모두가 다 물
거품과 같이 이루어질 수가 없음이니,
26 믿음의 길을 가는 자는 기도하고 경배
하는 속에서 깨달음을 얻어 행하는 그
와 같은 삶을 생각하라 하였음이니라.
27 내가 너희들에게 전하기를 사랑하는
마음도 나 여호와에게 맞추며, 슬픈
마음도 나 여호와의 마음에 맞춰 살아
가도록 하며,
28 그것이 하늘에 오르는 길이요, 너희들
의 기본이며, 나를 향하여 기도하는
백성이요, 나의 아들딸들이 갈 길이라
내가 먼저 너희들에게 그리 전하여 주
지 아니하였던가?
29 믿음을 수행하는 자는 자신의 생각을
먼저 해서는 아니 되며, 자기 자신을
버리는 자만이 구원의 길에 오를 수
있는 자라 하였음이니라.
30 죽은 자라 말하였음이니라.
31 그와 같은 마음을 가지고 사는 너희들
이 바로 기본이 된 자이며, 믿음의 자
세가 그것이라 내가 너희들에게 그리
깨우쳐 주지 아니하였던가?
32 여기에 또한 이것이 사탄이요, 이단이
요, 사악한 자가 하는 말이며, 너희들
의 믿음의 근본이요, 지금 가고 있는
종파의 믿음의 그 기본에서 흔들림이
있으며, 너희들을 무너트리고자, 쓰러
트리고자 하는 내용이 거기 어디에 있
는가?
33 너희들은 거기서 그와 같은 내용이 있
으면 한번 찾아보도록 그리하라.
34 그리하여 나의 아들에게 전하기를 믿
음을 시행하는 자는 어떤 종파의 소속
된 사람이든 모든 사람을 가슴에 안고
살아감이 제일 우선이요, 근본이라 내
가 너희들에게 가르쳤음이니, 너희들
은 그 뜻을 잘 알고 있을 것이니라.
35 형제로서 너희들이 생명을 받아 가지
고 세상에 나온 것이 소중한 것이요,
36 너희들이 지금 어느 종파에서 잠깐 허
덕이며 그 속에 가 몸을 담고 있다 하
여 나의 자식이 아니요, 형제가 아니
요, 버려진 자식이라는 생각을 하지
말라 하였음이니라.
37 그들을 다 가슴에 안고 사랑하는 마음
을 가지며, 그들을 달래어 참진리의
길로 인도하며 같이 갈 수 있도록 하
는 것이 너희들이지,
38 그들을 경원시하며 인간 이하의 대접
을 하며 저희들과 차별화하며 저희들
은 특수한 인간이라는 착각 속에서 믿
음의 길을 가는 자, 그들로 하여금 파
벌이 생기며 등급이 생기며 편이 생기
는 그와 같은 죄를 짓는 것이 지금의
종교 집단이라 하였음이니,
39 거기에 또한 너희들이 내가 가르치고

자 한 뜻이 무엇이 틀리다 생각하며
나의 뜻이 아니라 말하는가?
40 창조주 나 여호와 외에 누가 그리 말
할 수 있으며 그리 명할 수 있는가를
너희들은 생각해 보라.
41 이 지구상의 모든 생명체는, 동식물은
물론이요, 모든 생명을 가진 것이요,
그리고 생명이 없어 숨을 쉬지 못하는
그 물 한 방울, 돌 조각 하나까지도 나
여호와가 그들이 필요하여 세상에 내
보냈으니,
42 그들은 다 생명을 가지고 있는 것이라
말하였느니라.
43 너희들이 그를 모르는 것이며
44 다만, 그들도 생명체가 있으니 나 여
호와의 피조물이며,
45 모든 동물이나 식물이나 돌 하나, 떨
어지는 물방울 하나까지도 그 모두가
다 소중함을 알아야 하며,
46 너희들이 너와 나라는 그와 같은 생각
을 두지 말며,
47 너희들은 너와 내가 아니라 하나라는,
형제와 같은 마음으로 그를 돌아다보
며 사랑할 수 있는 마음을 갖고 살아
가라 하여 너희들에게 높은 지혜를 준
것이며,
48 생각할 수 있는 높은 판단력을 준 것
은 그와 같이 너희들이 다스리며 살아
가라 하여 주었거늘,
49 이를 깨닫지 못하고 그리 살아가는 것
이 지금 너희들이 가고 있는 형국이
아니던가?
50 내가 지금 나의 법전에 기록하여 너희
들에게 전하고자 했던 이 모든 내용
이 과연 무엇이 잘못되었으며,
51 여기에 마지막 시대에 오는 거짓 선지
자요, 사탄이 세상의 백성을 미혹게
하여 너희들을 혼란케 하여 쓰러트리
고자 하는 내용이 어디에 있는가?
52 과연 믿음의 길을 가는 백성이 이와
같은 기초를 다져 놓은 상태에서 너희
들이 나를 찾으며 나의 아들 예수의
보혈로써 구원을 받았다 하며 울부짖
고 있지 않은가?
53 너희들은 참진리요, 나 여호와의 성경
이요, 내가 가르치고자 하는 모두는
다 접어 두고, 그저 너희 손으로 지은
성전에 가서 재물만 바치고 울고불고
너희들을 가르치는 종교 지도자를 제
왕처럼 받들며,
54 너희들은 그를 단죄할 수 없는 것이
며, 그는 어떠한 사악한 짓을 해도 나
여호와가 심판하니 너희들이 다스릴
수도 없다 하며,
55 아무리 사악한 지도자라 해도, 그의
말을 듣고자 가는 것이 아니요, 그 사
람을 보는 것이 아니요, 성경의 말씀
만을 듣고 배우러 가니 그와 관계없다
그와 같이 말하는 너희들이 얼마나 어
리석고 우매한 행동인가?
56 바로 선 자, 그리고 거짓이 없는 자,
유리처럼 비춰 봐서 한 점의 부끄럼이
없는 종교 지도자가 너희들을 가르치
는 것이 아름다운 것이 아니던가?
57 사악한 자, 간음하는 자, 강간하는 자,
뒤에서 도둑질하는 자, 그와 같은 자
가 지도자라 하여 서 있을 때,
58 너희들은 그가 하는 말은 관계없다,
그의 행동은 관계없다, 그가 전하는
성경의 말씀만 들으면 되는 것이다 그

리 말하고 있음이니,
59 너희들이 악한 자를 악한 자요, 악마
를 악마라 부르지 아니하고,
60 사탄이요, 악마를 천사라 부르는 그와
같은 형국으로 너희들이 꼭두각시처
럼 춤을 추고 있는 것임을 알라.
61 지금 내가 기록한 이 내용 중에 과연
너희들이 가고 있는 믿음의 길에서 얼
마나 실천하고 행하는가,
62 그리고 너희들이 가는 방법과 이 방법
이 무엇이 다르며 무엇이 그리 차이가
나기에 이를 사탄의 장난이라 그리
말할 수 있는가,
63 이를 깨우쳐 들여다보도록 그리하라.

4,823 번째 하나님 말씀

2003년 2월 3일 16시 56분

1 사랑하는 나의 아들아!
2 "네, 아버님! 말씀하옵소서."
3 내가 너희들에게 깨우쳐 전하기를 하
얀 종이 위에 너희들이 바로 섰을 때
종이와 같이 너희들의 마음이 그렇게
하나가 되어 하얗게 변하는 것이 나에
게 오르는 길이며,
4 그와 같이 아름다운 순결한 마음으로
살아가는 것이 너희들이 나에게 오를
수 있다 내가 너희들에게 그리 가르쳤
음이니라.
5 나 여호와가 왜 너희들에게 그리되라
하였는가?
6 나 여호와가 나의 백성 너희들을 세상
에 내보낼 때, 너희들이 천사와 같은
마음이요, 인간의 본성을 가지고 나갔
음이니라.
7 그리하여 너희들은 하얀 종이보다도
더 곱고 하얗고 아름다운 마음으로써
세상에 나갔으나,
8 너희들이 살아가면서 생활 속에서 그
형태가 점점 변하여 검은색으로 변하
고 또 변했음이니,
9 이는 씻고 씻어도 씻을 수 없는 그와
같은 형국에 있는 것이 지금 살아가는
백성 너희들이니라.
10 너희들은 어찌하여 정신적인 그 죄를
생각지 아니하며, 어찌하여 육의 행동
에만 너희들이 죄라 적용하여 그리 살
아가는가?
11 그렇기에 너희들의 마음을 씻을 수가
없는 것이니라.
12 이제 너희들은 알아야 할 것이니라.
13 너희들이 행동하는 것도 죄이나, 그보
다 더 무서운 죄가 생각하고 마음속에
가지며 계획하는 그 모두가 다 크나큰
죄임을 알아야 할 것이니라.
14 그 이치를 깨우치라.
15 지금 모든 종파에서 믿음의 길을 가고
있는 백성, 나에게 오르고자 하는 백
성, 그들은 무어라 말하는가?
16 저희들이 지은 죄만이 죄라 그리 생각
하는 것이니라.
17 그러나 너희들은 그리 생각해서는 아
니 되느니라.
18 나의 법전을 읽고 깨우친 너희들은 너
희들이 직접 행하고 저지른 그것만이
죄가 아니요, 마음으로 생각한 것까지
도 죄며,
19 그 죄의 대가를 받는 것이 너희들이라
는 것을 잊지 말아야 할 것이니라.
20 이 무섭고 엄연한 사실이 일반 백성과

나로부터 선택된 백성 너희들과의 차
이점임을 알라.
21 그들은 행하는 것, 행동으로 이루는
것만이 죄라 생각하며, 저희들이 행동
으로 하지 아니하면 죄를 짓지 아니하
고 산다 그리하니,
22 남들이 하늘에 오르는 길은 아름답게
사는 것이 죄를 짓지 않고 사는 것이
라 말하니, 자기는 죄를 짓지 않고 산
다 그리 말하느니라.
23 과연 그들이 행동에서 죄를 짓지 않고
산다 하더라도, 그들의 마음속에 더러
는 검은 마음이요, 아픈 마음이요, 상
처 되는 마음이요, 남에게 보여서는
안 될 그와 같은 마음의 생각을 하고
사는 자는 과연 없는가?
24 그것이 죄가 됨을 알아야 할 것이니라.
25 모든 백성은 생각하는 것이 죄라는 것
을 모르고 살기에, 저희들은 깨끗하다
하며 저희들은 구원받았다 하며 하늘
에 올라갈 수 있다 말하는 자가 더러
있으나,
26 그들에게도 이를 깨우쳐 주라.
27 너희들이 행동을 바르게 하는 것만이
구원의 길이 아니요,
28 마음이요, 생각하는 그 자체가 바르고
고와야 너희들이 죄를 짓지 않고 사는
것이며,
29 나에게 와 심판을 받을 때 너희들의
죄의 무게가 가볍다는 것을 알라.
30 지금 너희들이 살아가는 모습이 너무
나 검어졌으며 또 변화되어,
31 그리하여 내가 너희들에게 처음에 일
깨워 깨우치기를, 하얀 종이를 깔고
너희들이 그 위에 올라서 보라 하였음
이니라.
32 그리하여 너희들의 마음이 종이처럼
깨끗해졌을 때, 너희들이 나에게 올
수 있으며 나에게 선택된 백성이라 하
였음이니,
33 이는 너희들이 변질되고 변질된 것을
닦아 내고 또 씻어 내야 하는 것이 너
희들에게 앞으로 남은 과제임을 내가
일깨워 준 의미가 거기에 있음을 알라.
34 닦아도 닦아지지 않는 너희들의 지은
죄를 어찌 닦아 내느냐 그것은 너희들
이 남은 인생에서 지금까지 지은 죄보
다도 열배 백배 더 아름다운 모습으로
변하여 아름답게 살아가는 길밖에 없
으니,
35 그와 같이 사는 자가 하얀 종이 위에
섰을 때 너희들의 본연의 색인 하얀색
으로 되는 것이니라.
36 너희들이 죽어 와 나에게 심판을 받을
때, 너희들을 심판하는 것이 내가 아
니며 나를 볼 수 없다 하였음이니,
37 너희들에게 하얀 종이를 깔아 놓고 그
위에 올라서라 했을 때, 그 색깔의 강
도에 따라서 너희들이 지옥에 가고 천
당에 가며 불바다 속으로 가는 그와
같은 죄를 그리 정한다 하면 어찌하겠
는가?
38 너희들 스스로 예행연습을 하며 심판
을 해 보며, 나에게 와 심판을 받기 전
에 지상에서 한번 너 자신을 심판하는
그 훈련과 예행연습을 해 보라.
39 백지를 깔아 놓고 너희들이 올라서서
네 마음을 거기에 비춰 보라.
40 그래서 하얗게 네 마음이 비칠 때 너
는 나에게 구원을 받을 것이며,

41 네가 거기에 밟고 섰을 때 그 종이의
색깔이 변하면 그 변하는 색깔에 따라
서 너희들의 죄의 강도의 점수가 거기
에 있다는 무서운 사실을 알라.

4,824 번째 하나님 말씀

2003년 2월 3일 17시 58분

1 사랑하는 나의 아들아!
2 "네, 아버님! 말씀하옵소서."
3 너를 따르는 너의 제자들이요, 나의
법전을 읽고 깨우치는 만백성 너희들
은 들어야 할 것이니라.
4 너희들은 죄를 짓지 않고 산다는 그
자체가 손해 보는 인생의 삶을 사는
것이라 그리 생각해서는 아니 될 것이
니라.
5 너희들이 죄를 짓지 않고 사는 것은
정녕 밑지는 인생을 사는 것이 아님을
알아야 할 것이니라.
6 너희들이 죽어 나에게 와 심판을 받을
때 정녕 죄를 짓지 않고 산 자와 죄를
짓고 산 자를 분별하여 받는 그 죄의
대가의 고통은 너희들이 상상할 수도
없으며 생각할 수도 없을 만큼 힘들고
그 어려운 길을 가야 함이니,
7 반드시 나 여호와가 너희들을 심판하
는 그와 같은 역사가 이루어진다 해도
믿지 아니하는 자가 있으며 믿으려 하
지 아니하는 자가 있으나,
8 너희들이 육의 세상에서 사는 그 삶
자체도 죄를 짓지 않고 사는 것이 손
해 감이 아니요, 억울함이 없음을 알
아야 할 것이니라.
9 너희들이 죄를 짓지 않고 아름답게 살
고자 하는 마음, 아름답게 살아가는
그 마음이야말로 너희들 자신의 육신
의 편안함이요, 생활의 편안함이요,
너희들 인간 삶의 행복함을 얻음을 너
희들은 알아야 할 것이니라.
10 죄를 짓고 숨어 사는 자, 그리고 죄를
짓고 남으로부터 쫓김을 받는 사람이
아무리 호의호식하는 생활을 하며 살
아도 그가 편안하지 아니하며, 행복하
다 할 수 없지 아니하던가?
11 너희들이 나로부터 죄를 짓고 그와 같
이 사는 삶은 결코 당당하지 못하며
행복한 삶이 아니지 아니하던가?
12 너희들이 나의 법전을 읽고 깨우쳐 죽
어 와 나에게 심판을 받는 일이 없다
하여도,
13 아름답고 깨끗하게 살아가는 그와 같
은 육의 삶으로 인하여 너희들은 오늘
의 육의 삶에 행복함을 알며 당당함을
알며,
14 인간의 삶의 가치요, 그 도리를 깨닫
고 살아가는 그 한 가지만으로도 죄를
짓지 아니하고 아름답게 사는 것이 너
희들이 손해 보는 것이 없으며 억울함
이 없음을 알아야 할 것이니라.
15 이 뜻을 너희들이 알지 못한다면, 정
녕 내가 지금 가르치는 이 법전을 읽
고 또 읽어 이와 같은 나의 뜻을 너희
들이 알아야 할 것이니라.
16 이를 깨닫지 못하는 자, 너희들은 영
영 바르게 사는 삶을 얻을 수 없기 때
문이니라.
17 너희들이 나로부터 심판을 받는 것이
없다 생각하는 자, 그리하여 너희들이
되는 대로 인생을 살며 험악하게 살아

가는 자, 그러한 백성이 선하게 사는
것을 믿지는 것이요, 손해 보는 장삿
속이라 그리 따지고 살아간다면, 너희
들은 결코 구원을 받을 길이 없음을
알라.
18 너희들은 첫째는 반드시 나에게 와 그
심판을 받는 무서움이 기다리고 있다
는 것을 인식하고 살며 바로 다스리고
자 노력하여야 할 것이며,
19 너희들이 착하고 아름답게 사는 것은
너희들이 육의 삶에서 당당하며 행복
하며 부끄럽지 않은 삶을 살 수 있는
그 자체가 얼마나 행복이고 즐거운 것
인가를 알고 얻고 사는 그와 같은 백
성이 됨이니,
20 너희들이 죄를 짓지 아니하고 사는 것
은 이와 같은 것을 깨닫고 사는 그와
같은 백성으로 마음을 다스리고 너희
들이 바로잡아가야 함을 잊어서는 아
니 될 것이니라.
21 그와 같은 생각을 버리고 산다면 너희
들은 정녕 나에게 구원을 받을 수 있
는 그와 같은 기회를 얻지 못하게 됨
이니, 이를 너희들이 알아야 할 것이
니라.
22 내가 너희들에게 가르쳐 무어라 말하
였는가?
23 육의 삶의 이 세상만을 바라보고 사는
것은 너희들이 짐승으로 살면서 인간
세상의 그 아름다우며 변화무쌍한 것
을 모르는 삶이라 하였거늘,
24 너희들은 그와 같은 삶을 살아서는 아
니 됨이니라.
25 너희들은 사후의 세계요, 다음 세계가
있음을 알고 그를 맞추어 살아가는 그
와 같은 삶으로 바꾸어야 함을 잊어서
는 아니 되는 것을 잊지 말라.
26 내가 너희들에게 무어라 말하였느냐?
27 너희들이 나 여호와가 존재함을 믿고
죄를 짓지 아니하고 살려는 그 마음보
다, 나를 잊으며 부정하며 죄를 짓고
인생의 향락을 위하여 마지막인 것처
럼 살아가는 그와 같은 자들, 그 삶의
차이가 어디에 있는지 아는가?
28 너희들이 인간의 도리로써 착하고 아
름답게 살겠다 살아가는 자는 그 몸에
서 악취가 나지 아니하며 썩은 냄새가
나지 아니함이니라.
29 그러나 그와 같이 생각하지 아니하는
자, 죄를 두려워하지 아니하며 죄가
무서운지 모르고 사는 백성, 너희들은
바로 너희들의 몸에서 너희들은 모르
나 그 악취가 나고 있음을 알아야 할
것이니라.
30 지금 가장 악취가 나고 가장 썩어 있
는 자가 누군지 알겠는가?
31 우리 부자의 이름을 팔며 만백성을 구
한다는 그 구원의 길을 가고 있는 그
들이 바로 그와 같이 썩어 가고 있는
자이니라.
32 인간이 제 몸에서 썩어서 나는 악취는
잘 맡지 못함이니라.
33 그를 맡고 또 맡으면 그는 면역되어,
제 몸에서 나는 냄새에 남들이 고개를
들 수 없는 그 악취도 그를 알지 못하
고 사는 것이 너희들이 살아가는 형편
이 아니던가?
34 지금의 종교 집단이 잘못 가는 그것이
2천 년 동안 잘못 흘러오고 잘못 흘러
와, 믿음의 길을 바른길이 아니요, 잘

못 가는 길로 감이니,
35 그 많은 세월 속에 너희들은 그 악취
속에 젖어들고 거기에 만성이 되어
지금 그 냄새를 맡지 못하고 있는 것
이 종교 집단 너희들이 가고 있는 형
국이니, 이를 너희들은 이제는 알아야
할 것이니라.
36 너희들로 하여금 나는 악취로 인하여
남들에게 많은 피해를 주며 남들이 고
개를 들지 못하고 사는 그와 같은 형
국의 악취가 나는 것을 너희들은 알아
야 할 것이니라.
37 지금의 종교 집단 너희들이 스스로 죄
를 짓고 살며, 사악한 행위를 하며,
38 나의 뜻에 순종하지 아니하고 사는 그
와 같은 백성이요, 내 뜻을 거역하고
살면서, 너희들이 나에게 도전하는 행
위를 하면서,
39 나의 고유의 권한인 구원을 받는 길이
라 하여 너희들이 그를 파는 것처럼
장사해 가면서 살아가는 그와 같은 너
희들의 그 죄가 얼마나 무서운 것인가
를 모르고 사는 백성이니,
40 그와 같은 자들로 인하여 지금 나의
피조물 만백성이 죄를 짓지 아니하고
사는 것이 손해 보는 것이며, 너희들
이 말하는 대로 죄를 짓지 않고 사는
것이 손해 보는 장사라 그와 같이 생
각하는 것이니,
41 이들을 바로잡을 길이 없음이니라.
42 그리하여 내가 나의 아들을 통하여 지
금 법전을 세상에 내려보내며 이를 다
스리고자 함을 너희들은 알아야 할 것
이니라.
43 이제 너희들은 짐승과 같은 삶이 아니
요, 인간다운 삶을 살아 다음의 세상
이 있음을 깨달아야 하며 그를 알아야
할 것이니,
44 다음 세상의 흐름을 알고자 한다면 너
희들의 마음을 비우고 깨끗한 마음으
로써 진리를 탐구하고 살아가는 길이
요,
45 나의 계명을 지키며 나의 법전을 지키
며 살아가는 자, 사후의 세계가 있는
그 세상을 보게 됨이니라.
46 살아서 너희들이 볼 수 있는 것은 계
명을 지키고 나의 법전대로 사는 그
길밖에 없음을 알라.

4,825 번째 하나님 말씀

2003년 2월 3일 18시 05분

1 사랑하는 나의 아들아!
2 "네, 아버님! 말씀하옵소서."
3 나의 사랑하는 모든 백성이 하늘에 오
르고자 살아가는 모습을 볼 때 나 여
호와의 눈에서 눈물이 흐름이니,
4 너희들의 그 정경이 너무나도 딱하고
불쌍한 마음을 내가 달랠 수가 없음이
니라.
5 너희들이 지금 그와 같이 정경 어린
마음으로써 하늘에 오르고자 연연하
며 몸부림치는 모습이 너무나도 가련
하고 딱하여,
6 내가 너희들의 손을 놓지 않으며, 마
지막 시대에 내가 너희들을 재앙으로
다스리지 아니하며, 재앙은 없다 그리
말하였음이니라.
7 그리하여 내가 나의 아들을 통하여 지
금 160권의 법전을 세상에 내려보내

너희들을 깨우치고 바로 인도하고자
하는 것이 내가 마지막 역사하는 길이
여기에 있음을 너희들은 알아야 할 것
이니라.
8 지금 너희들을 가르치고 깨우쳐 간다
는 그와 같은 백성이 과연 어떠한 형
태에서 무엇에 기준을 두어 어찌 그들
이 너희들을 인도한다 그리하는가?
9 너희들이 잘못 가르치는 종교 지도자
들의 그 감언이설에 속아,
10 내가 너희들에게 쓰고 먹고살도록 내
린 그 재물을 사악한 자들 앞에 바쳐,
그 사악한 사탄들이 뿌리를 내리는 그
와 같은 형국이 되어 있으며,
11 너희들의 모든 시간과 모두를 다 소모
시키며 살아가는 너희들이 오로지 구
원을 받고자 몸부림침이니,
12 평신도라 하여 울부짖는 백성 너희들
이 구원받고자 나에게 오르고자 하는
그 마음의 정경에 너무나도 내 마음이
아파 내가 눈물을 흘리고 있음이니,
13 그리하여 너희들에게 내가 지금 마지
막 기회요, 나의 법전으로써 너희들이
가장 쉽게 깨달아 하늘에 오르는 길을
열어 주고자 함이니,
14 너희들은 종교 지도자들이요, 너희들
을 이끄는 자들에게 물어보라.
15 하늘에 오르는 길을 인도하는 자들이
어떠한 형태인지,
16 그들이 하늘에서 이루는 역사가 어떻
게 이루어지며, 하늘의 형태는 어찌
구성되었으며, 하늘에 오르는 길은 어
떠한 길이며,
17 하늘에 오르는 백성은 어떠한 백성이
며, 어떻게 하늘에 와서 존재하며 나
여호와와 같이 사는지 그들에게 물어
보도록 하라.
18 하늘에 존재하는 백성이 누구며, 하늘
에 오르는 백성이 누구며, 하늘에 와
나 여호와가 존재하는 하늘나라의 형
태가 어찌 되었으며,
19 거기에 와서 나로부터 축복과 은혜와
영광을 받는 백성은 어찌 되는지 그것
도 모르면서 너희들에게 구원을 받는
다, 구원을 해 준다 하여 너희들을 끌
고 가며 그와 같이 주장하는 백성, 그
종교 지도자,
20 그를 따라가는 나의 백성 너희들이 몰
라도 너무나도 모르며, 너무나도 멀고
도 먼 착각 속에서 너무나도 엄청난
그 현실 속에서 그를 직시하지 못하며
암흑 속에서 지금 헤매고 있음을 알아
야 할 것이니라.
21 하늘의 이치와 하늘에 오르는 백성의
그 모두는 내가 너희들에게 설명할 수
도 없으며 설명해도 그를 알아듣지 못
함이니,
22 너희들이 하늘의 이치요, 하늘의 뜻을
알고자 한다면, 하늘에 올라와 사는
백성이 어떤 백성이 존재하며 나에게
올 수 있는가 그것을 너희들이 스스로
깨우쳐야 할 것이니,
23 그리하여 내가 나의 법전에 그 모두를
기록하여 내려보냈음이니라.
24 지금 종교 지도자들이 하늘에 오르는
자가 어떠한 자격이요, 어떤 기준에
의해서 올라오는지 그들이 올라와서
사는 세상을 모르고 있음이니,
25 너무나도 엄청난 착각 속에서 나의 피
조물 만백성을 지옥 불로 인도하고 있

음이니,
26 이를 보기가 내가 너무나 아파 너희들
을 구하고자 하는 것을 알아야 할 것
이니라.
27 저희들이 하늘에서 이루는 역사도, 하
늘에서 추구하는 것이며 내가 지금 다
스리고 있는 그 자체의 아무것도 모르
면서 만백성을 구한다 하는 자를 지나
가는 자가 보고 얼마나 한탄하는지 알
고 있는가?
28 그러면서 저 자신이 무엇인지도 모르
며 구원한다 부르짖는 너희들의 집단
을 보는 나의 백성의 마음이 어떠한지
아는가?
29 너희들은 천국에 구원을 받은 자요,
선택된 자라 하여 너희들이 믿지 않는
자들을 이방인이라 하여 불쌍한 백성
이라 하나, 그들이 너희들을 불쌍하게
보고 있는 것을 알아야 할 것이니라.
30 그러한 자들을, 너희들이 지나가는 자
를 보고 구원한다 설교하며,
31 바쁜 남의 집을 방문하여 너희들의 종
교 집단에 와 기도하고 경배하라며 그
곳에 이끌어 가고 그와 같은 행동을
하고 있음이니,
32 그것이 얼마나 엄청난 착각 속에서 헤
매는 것인가?
33 저 자신도 모르면서 어찌하여 남을 인
도한다 하여 너희들이 그와 같은 행위
를 하며 살아가는가?
34 너희들은 하늘의 뜻이 무엇이며, 내가
하늘에서 역사하는 것이 무엇이며, 어
떠한 백성이 하늘에 오르는 것인지,
그 심판의 기준이 무엇인지도 모르기
에 너희들은 남에게 복음을 전하며 인
도한다 하여 남의 집을 방문하여 그
집 가정에 전도한다면서,
35 그때 묻고 질문하여 대답하지 못할 때
는 그때그때 맞춰서 변명하며 거짓을
섞어서 그들을 인도한다는 행위가, 그
것이 너희들이 지금 하고 있는 작태이
니,
36 그것이 얼마나 큰 죄악인가를 너희들
은 모를 것이니라.
37 너희들이 모르기 때문에 착각하고 있
으며, 그 착각 속에 살면서 너희들이
지금 나의 피조물 만백성을 그리 인도
한다 하는 그 행위는,
38 이 지구가 멸망할 때까지 그 악습의
순환은 계속 될 것이며 이는 중단되지
아니할 것이니,
39 나의 피조물, 사랑하는 백성이 구원의
길에 들어서는 것이 아니요, 악의 구
렁에 빠져 사탄의 자식으로 변하는 그
와 같은 악순환이 계속 되는 것을 내
가 더 이상 볼 수 없어,
40 하늘에 오르고자 눈물 흘리는 평신도
들의 그 아픈 마음을 내가 알기에,
41 이제 그들을 구원하고자 내가 마지막
심판의 시대를 열어, 종말의 시대라
너희들이 말하는, 내가 구할 자와 버
릴 자를 구분하는 그 역사를 이루는
이 시대를 열어 감이니,
42 그 기준이 바로 법전이라는 것을 잊지
말라.
43 이 속에 모두가 다 기록되어 있음을
알라.
44 너희들이 그리도 하늘에 오르고자 몸
부림치는 것,
45 그리고 하늘에 오르는 길이 무엇이며,

어찌하여야 오르는 것이며, 하늘에 역
사하는 백성이 어찌 역사하며, 하늘에
구원받아 존재하는 자는 어찌 나에게
오는 것인지 그 모두가 160권의 나의
법전 안에 있음이니,
46 이를 보고 깨우쳐 너희들이 바로 서도
록 하라.
47 지금의 종교 집단이요, 그 아무것도
모르는 자, 그 이치도 모르는 자 밑에
서 너희들이 아무리 배워 봐야 정답을
알 수 없음이니라.
48 가르치는 자가 정답을 모름이니,
49 내가 정답을 내려보냄이니, 너희들이
답을 읽고 옮겨 쓰면 되는 그와 같은
쉬운 방법을 내가 너희들에게 지금 깨
우쳐 주고 가르쳐 줌이니,
50 이를 명심하여 너희 것으로 만들어 정
답을 기재하는 그와 같은 영광을 얻도
록 하라, 사랑하는 나의 백성들아!

4,826 번째 하나님 말씀

2003년 2월 3일 18시 14분

1 사랑하는 나의 아들아!
2 "네, 아버님! 말씀하옵소서."
3 정녕 너희들이 남의 생명을 구원할 수
있으며 하늘에 오르는 길을 인도할 수
있는 자는 남의 생명을 구원한다 하지
아니하며, 구원했다 감히 그리 말하지
아니함이니,
4 두려워 감히 그 말을 할 수 없음을 너
희들은 알아야 할 것이니라.
5 하늘에 오르고 못 오르는 것은 창조주
나 여호와요, 절대적인 나 여호와 외
에는 그 누구도 고유의 권한을 행사할
수 없으며 역사할 수 없는 것을,
6 어찌하여 한 치 앞을 보지 못하는 백
성 너희들이 그와 같은 말을 감히 할
수 있는가?
7 내일의 변화를 모르며, 한 시간 후에
너희들이 넘어지고 자빠지는 그 자체
도 모르는 그와 같은 백성이 어찌하여
나의 피조물 만백성의 그 귀하고도 귀
한 생명의 구원을 저희들이 했다 하
며, 구원을 받았다 하며, 감히 그리 말
할 수 있느냐?
8 정녕 그와 같은 역사를 이룰 수 있는
종교 지도자는 그 말을 할 수 없음이
니라.
9 저 자신도 모르면서 제가 어찌 구원을
받았다 그리 말하느냐?
10 이 무섭고 어리석음에서 헤어나도록
그들을 깨우쳐야 하는 것이 나의 법전
을 읽고 깨우치는 백성이요, 나의 아
들을 따르는 제자 너희들이 해야 할
일임을 잊어서는 아니 될 것이니라.
11 그 어리석고 불쌍한 백성에게 나의 법
전을 전해 주며, 그를 들려 보내 그들
이 깨우치도록 그리하는 것이 너희들
이 아무리 어렵고 힘든 길이라 하여도
너희들이 가야 할 길임을 알아야 할
것이니라.
12 가짜 보석을 파는 장사꾼을 잡으려는
그 법관 앞에 가 가짜 보석 장사가 보
석을 가지고 그를 팔려고 떠드는 그러
한 형국과 같은 어리석은 자가 지금의
나의 만백성을 구원하였다 하며, 구원
의 길로 인도하였다 하며,
13 저희들이 하늘에 오르는 길을 인도한
다 말하는 그와 같은 자임을 그들은

모르고 있음이니,
14 그들을 깨우쳐야 하지 아니하겠는가?
15 불만 보면 불 속에 날아드는 부나비와 같이, 불 속에 날아드는 그 부나비는 과연 어찌 되었는가?
16 그보다도 더 엄청나고 무서운 짓을 하고 있는 것이 지금의 믿음의 길을 가고 있는 자요,
17 나의 뜻을 모르며 하늘의 흐름을 모르며 내가 역사하고자 하는 것을 모르는 자들이니라.
18 하늘에 어떠한 백성이 올라오며, 어떠한 사람이 기준의 자격을 갖춰 나의 품에 오며 천국에 올 수 있는지 그것도 모르는 사람들이 그와 같이 구원해 줬다며 그리 현혹함이니,
19 저 자신이 지금 어디로 가는지도 모르며 제가 지옥 불로 떨어지는 자, 제가 구원을 받을 수도 없으며 구원받기도 바쁘거늘,
20 어찌하여 제가 남의 생명을 구원해 줄 수 있는 인도자라 말하며 구원할 수 있다 그리 말하는가?
21 내가 구약과 신약의 성서는 너희들이 하늘의 이치요, 죄가 무엇인 가를 깨우쳐 준다 하였으며,
22 내가 마지막 너희들을 구원하고 구원하지 않는 것은, 나 여호와가 직접 지금 관장하며 모두를 통제하는 160권의 법전의 내용 그대로 살아가는 자만이 구원을 받고 못 받는 그 심판의 기준의 시대가 역사함이라 하였음이니라.
23 그리하거늘 어찌하여 너희들이 그와 같은 무섭고 엄청난 우를 범하고 사는 것인가 너희들은 그를 깨달아야 할 것이니라.
24 지금 나의 사랑하는 백성, 평신도라 하는 그들에게 너희들이 어찌 말하는가?
25 구원을 받으며 하늘에 오르는 길을 인도하는 것이 어떤 특허를 낸 것처럼, 너희들이 나 여호와에게 계약을 받아, 나의 피조물 만백성을 하늘에 올리는 것을 너희들만이 할 수 있는 권한이 있는 것처럼,
26 너희들의 특권이요, 너희들이 계약을 맺은 것처럼 그와 같이 어리석은 짓을 하고 있으며, 실제로 너희들은 그와 같은 행위를 하고 있지 않은가?
27 나는 너희들과 계약 맺은 사실이 없으며, 내가 너희들에게 특허를 내준 것도 없으며,
28 내가 너희들에게 하늘에 오르는 길을 인도하라는 어떠한 특별한 명도 내리지 아니하였거늘,
29 너희들은 나의 뜻을 전한다 하며 나의 사랑하는 백성에게 재물을 거둬들이며 금화와 은화를 거둬들임이니, 너희들이 거짓 하며 거둬들인 그 죄를 어찌 다 감당하려 하는가?
30 나로부터 하늘에 오르는 길의 인도자로서 책임을 받지 않았으며 나로부터 명을 받지 않았으며, 내가 너희들에게 물건을 사고파는 그와 같은 총판의 권한을 주지도 아니하였거늘,
31 너희들이 하늘에 오르는 길이라 하여 그것을 나의 사랑하는 백성에게 팔아먹고 앉아 있는 그 죄가 얼마나 무서운 것인가를 알라.

32 너희들은 영원히 끓는 그 기름 가마의
불 속에서 나오지 못하게 될 것이니,
33 이 무서운 죄를 너희들이 면하고자 한
다면, 지금부터 너희들이 가던 발길을
멈춰 나의 법전을 읽고 깨우쳐 그 내
용에 따라 살아가는 그 역사를 하라.
34 내가 너희들에게 어떠한 것을 계약해
주었던가?
35 바로 나의 아들을 통하여 내가 160권
의 법전을 내리는 것이 바로 계약서이
며, 그에게만 모든 것을 내가 내렸음
을 너희들은 알아야 할 것이니,
36 너희들이 이 말을 믿지 아니하나, 머
지않아 이를 알게 될 것이니, 그때 가
서 후회하지 말라.

4,827 번째 하나님 말씀

2003년 2월 3일 18시 19분

1 사랑하는 나의 아들아!
2 "네, 아버님! 말씀하옵소서."
3 지금의 모든 잘못 가는 종교 지도자
요, 그 종파들이 내가 내려 준 이 자연
의 아름다운 그 생태계까지 파괴한 것
이며, 너희들이 죽음의 길이요, 황폐
한 길로 인도한다 하면,
4 너희들은 그렇지 않다 말할 것이니라.
5 너희들이 자연 속의 나무 하나를 베었
으며 바다를 오염시켰다 하면,
6 너희들 종교 집단은 그와 같은 행위를
했다 하지 아니할 것이며, 그와 같은
것은 억울한 누명이라 그리 말할 것이
니라.
7 그러나 너희들은 여기서 들어야 할 것
이니라.
8 나의 피조물 만백성이 아름다운 인성
이요, 이웃을 사랑하는 마음을 가지고
세상에 나가 그들이 그 안에서 살아갈
수 있는 모두를 다 주었으나,
9 잘못 가르치는 종교 지도자 너희들의
가르침으로 인하여 나의 사랑하는 백
성의 그 인성이 파괴되었으며, 사랑하
는 마음이요, 천사와 같은 그 마음을
무너트리도록 하였으니,
10 그 마음이 무너트려진 그 백성이 지
금 살생을 하며 필요 없는 것까지 저
희들의 욕심을 위하여 무너트리며 자
연을 파손하니, 그와 같은 원흉이 바
로 누구던가?
11 너희들임을 알아야 할 것이니라.
12 너희들이 직접 그와 같은 행위를 하지
아니하였기 때문에, 너희들이 이 아름
다운 자연의 생태계를 파괴하며 모두
를 멸망시키고자 하며 그와 같은 사악
한 자들이라 내가 너희들에게 말하면,
13 너희들은 억울하며 그는 잘못된 것이
라 항변할 것이라 내가 말하였으나,
14 너희들은 나의 피조물 만백성의 마음
을 사악하게 만들었으며, 그들이 사랑
이 없게 만들었으며,
15 하얀 마음이었던 그들의 마음이 검고
검어져, 그 마음을 씻어 내고 닦아 내
려 해도 닦을 수 없으며 씻을 수 없이
사악하게 만들었음이니,
16 그들이 모든 생명을 함부로 보며 자연
의 아름다움을 함부로 보며, 그리하여
이기주의요, 저 자신을 위하여 자연을
파괴하며, 생명을 소중히 알지 않으
며, 동물의 살아가는 모습을 귀하게
생각하지 아니하며 소중히 생각하지

않는 그와 같은 마음을 길러 준 것이
너희들이기에,
17 자연을 파괴하며 이 세상을 오염시키
며 나의 피조물 만백성이 영원히 살아
갈 그 생태계를 파멸시키고 파괴하는
그 주범이 너희들이라는 것을,
18 여기서 더 이상 나 여호와에게 할 말
이 있으면 나에게 한번 말을 해 보라.
19 나의 아들 예수를 죽였던 그 종교 집
단의 피를 계승한 너희들이 이 세상을
지배하고 통제하지 아니하였더라면
지금처럼 사악하지 않았을 것을,
20 그 후손들이 그 습관이요, 그 사악한
것을 그대로 받아 2천 년이란 역사가
흘러 너희들이 더 사악한 시대가 되었
음이니라.
21 나의 아들 예수를 통하여 가르치고자
했던 그 나의 성령이요, 아름다운 마
음이요, 사랑하는 마음을 계승받아 전
한 것이 아니라,
22 너희들 종교 집단의 그 사악한 행위
요, 나에게 부끄러운 행위요, 내가 용
서할 수 없는 그 행위요,
23 오죽하면 나의 아들이 너희들이 지은
그 성전을 돌 하나 그 자리에 남기지
않고 다 쓸어버리겠다 그 과격한 말을
나의 아들이 했던가?
24 그것만을 너희들이 그대로 받아들였
음이니,
25 내가 지금 그 모든 종파의 문을 닫고
쓰러트리고자 하는 내 뜻을 너희들이
안다면,
26 이 세상의 자연의 생태계요, 아름다운
것을 파괴하고 이 세상을 오염시킨
것이 너희들이 주범이라는 것을 잊지
말라.
27 내가 만백성과 동식물을 위하여 내려
준 이 아름다운 자연까지 파괴한 것이
너희들의 그 이기주의의 발상에서 이
리했음이니,
28 너희들은 그 죄까지 받아야 함을, 그
죄를 면치 못함을 알라.

4,828 번째 하나님 말씀

2003년 2월 3일 18시 34분

1 사랑하는 나의 아들아!
2 "네, 아버님! 말씀하옵소서."
3 지금의 모든 종파의 집단이요, 그 지
도자들이 정녕 목자로서의 그 일을 다
했는가, 목동으로서 그 일을 다 했는
가 그들에게 물어보도록 하라.
4 목동이라는 그 길은 무엇이더냐?
5 순진한 양들을 잘 인도하며 안내하는
것이 목동이 해야 하는 길이니라.
6 아름다운 마음이요, 순박한 마음으로
써 과연 그들은 그 순한 양을 잘 인도
하며 이끌었는가,
7 그리고 그들은 사자요, 맹수로부터 그
양들을 보호하는 역할을 다했는가 그
들에게 한번 물어봐야 할 것이니라.
8 그들이 정녕 그와 같은 바른길로 인도
했다 하면 지금과 같이 험악한 시대는
열리지 아니하였을 것이니라.
9 그들은 맹수로부터 양들을 보호하는
거기에 저희들의 모두를 다 바쳐 그와
같이 간 것이 아니니라.
10 그들은 맹수가 그들을 공격할 때, 양
들의 일부를 떼어 주어 그들에게 먹이
를 제공해 주면서, 사자로부터 맹수로

부터 저 자신을 보호하며 그리고 양들
을 보호한다 그리해 왔음이니,
11 그 양들이 점점 어떠한 형국에 이르겠
는가?
12 지금 그 순하고 착한 양들을 보호하며
끌고 온다고 한 자들이 그와 같은 작
태요, 형태로써 지금까지 왔다 하면,
너희들은 그를 어찌하겠는가?
13 나 여호와가 바라보는 그 목자요, 나
의 피조물 만백성을 하늘에 구원하며
인도한다는 지금의 종교 집단 너희들
이 끌어온 형국이요, 지금까지 온 것
은 그와 같은 형국으로 너희들이 왔음
을 알아야 할 것이니라.
14 순한 양을 보호하는 그 목동이 저 자
신을 던져 목숨을 다 바쳐서라도 맹수
로부터 그들을 구하고 보호하는 것이
아니라,
15 그 맹수로부터 너희들을 보호하기 위
하여, 그리고 일부의 양들을 보호하기
위하여 일부씩 떼어 주어 그들에게 먹
이를 제공하면서 그리 왔으니, 결국에
무엇이 남겠는가?
16 결국은 다 죽음이니라.
17 그와 같이 너희들이 나의 피조물 만백
성을 하늘에 오르는 길이요, 영원한
구원의 길이라 그리 나의 백성을 끌고
왔으나,
18 이제는 너희들이 열 발 짝도 안 되는
그 간격에 내가 가장 싫어하는 그 십
자가를 세워 놓고 나의 피조물 만백성
을 그리 우롱하나,
19 이제 그곳에 가 맹종하고 맹신하는 그
와 같은 나의 백성이 줄어듦이니,
20 너희들이 서서히 문을 닫아 가는 그와
같은 역사가 이루어질 것이니라.
21 아름다운 마음이요, 순한 마음으로 그
순한 양을 다스리는 것이 목동이 해야
할 일이니라.
22 그러나 너희들은 나의 순하고 착한 그
백성을 잘못 끌어왔으며 잘못 인도하
였음이니,
23 그리하여 지금 내가 너희들을 서서히
줄여 감이며 단죄하고자 하는 것이니,
24 너희들이 직분을 다하지 못하였기에
나로부터 너희들이 심판을 받음은, 이
는 너희들이 만든 결과요, 너희들이
역사한 것임을 잊지 말라.
25 너희들이 목동으로서 그 직분을 다하
지 못하였으며 나의 백성을 인도하는
목자로서 자세를 제대로 하지 못하였
기에, 오늘과 같은 형국의 역사의 변
화요, 소용돌이 속에서 내가 나의 법
전을 내려보내 바로 세우고자 하며 심
판하고자 하는 것이니,
26 직접 내가 통제함이니, 너희들이 여기
서 거부해도 그와 같은 역사는 이루어
질 것이며, 너희들의 문이 닫힘을 알
아야 할 것이니라.
27 너희들이 목동으로서 목자로서 그 직
분을 다 못했기에 오늘에 이와 같은
심판의 역사를 내가 직접 옮을 깊이
깨달아 행함을 얻어야 할 것이며,
28 지금이라도 선한 목동으로서 그 자리
로 돌아갈 때, 너희들이 나에게 구원
을 받을 수 있으나,
29 계속 나의 순한 양들을 사탄에게 넘겨
주는 그와 같은 행위를 하며 나의 양
들을 몰아간다면 내가 너희들을 용서
치 아니함을 알라.

30 지금 너희들이 나의 백성을 하늘에 오
르는 길이 아니요, 나의 품에 오르는
것이 아니요,
31 나의 백성을 계속 사악한 악마요, 사
탄 앞에 팔아먹으며 그들에게 내주는
그 일만을 한 것이 너희들이니,
32 바로 너희들이 나의 목자가 아니요,
사탄의 앞잡이로서 지금까지 존재하
였으며 일을 했음이니,
33 내가 더 이상 그와 같은 너희들을 볼
수 없다 함은 당연한 것이니 그리 알
라.

4,829 번째 하나님 말씀

2003년 2월 3일 20시 36분

1 사랑하는 나의 아들아!
2 "네, 아버님! 말씀하옵소서."
3 인간인 나의 피조물 만백성의 살아가
는 형태가 천태만상이며, 생각하고 또
생각하는 것 또한 그와 같이 다름이니
라.
4 너희들이 아무리 나의 법전이 하늘에
오르는 길이요, 참진리라 그리 말하고
부르짖어도,
5 그를 들으려 하는 백성이 없으며 그를
깨우치려 하는 자가 없음이니라.
6 오죽하면 나의 아들이 나의 백성을 그
리 인도하고 가르치고자 하여 예수가
그와 같이 그들에게 목숨을 던져 그
역사를 이루려 하였겠는가?
7 그보다 더한 고통과 그보다 더한 시련
이 없을 것이며 그보다 더한 열과 성
의를 다하는 것이 없을 것이니라.
8 그러나 너희들은 여기서 깨우쳐야 할
것이니라.
9 예수가 만백성을 깨우치고자 세상에
나가 그 뜻을 이루지 못하였으나,
10 그는 마지막 시대에 지금 제3의 시대
의 역사가 이루어지는 그와 같은 것이
있었기에 그가 그와 같이 끝나는 것으
로써도 견딜 수 있었으며 역사할 수
있었음이니라.
11 예수를 팔아먹는 유다와 그 등 돌리는
제자들, 그리고 예수가 나의 백성을
깨우치고자 그리 강론을 전했으나 그
들이 듣지 아니하며 깨닫지 못하는 그
와 같은 역사의 흐름이 있다 하더라도,
12 그는 그것으로 종말이요, 마지막이 아
니요,
13 제3의 시대에 내가 직접 관장하는 시
대요, 내가 통제하는 시대가 있었기에
그는 그와 같이 여유로움이 있었으며,
14 그와 같이 이루지 못하였다 해도 그는
그렇게 문제가 되지 아니하였음이니
라.
15 그러나 이제 나의 법전을 세상에 내려
보내 이게 마지막이며,
16 마지막으로 나의 백성을 구하고 구하
지 않는, 그리고 저희들이 구원을 받
고 못 받는 그와 같은 심판의 마지막
시대라 하였음이니,
17 여기에서 나의 피조물 만백성 선택된
너희들이요, 나의 아들을 따르는 제자
너희들이 실패하고 무너질 때, 이는
다시 그와 같은 역사함이 없기에 이것
이 소중하며,
18 이는 실패가 있을 수 없으며 무너짐이
없다 함이니라.
19 그리하여 너희들이 그와 같은 중대한

임무요, 마지막 주자로서 너희들의 모
두를 다 바쳐야 함을 알아야 할 것이
니라.
20 너희들이 계주에서 마지막 주자가 어
찌 달리느냐에 따라서 우승의 영광을
차지하느냐 그렇지 않으면 패자의 길
을 가느냐 하는 것보다도 천배 만배
더 소중한 그 결과를 맺는 것이 너희
들이 마지막 주자로서 오늘에 서 있는
것임을 알아야 할 것이니라.
21 또한, 모세의 시대에 한 시대의 획을
그었으나, 그 시대 다음에는 신약의
시대가 있었으며, 신약의 시대 다음에
는 지금의 내가 관장하는 제3의 시대
요, 새로운 성경으로써 만백성을 구하
는 그 시대가 남아 있기에,
22 너희들이 더러는 여유로움이 있으며,
너희들이 더러는 그와 같은 사악한 행
위를 했다 하여도 내가 그를 덮어 두
고 있었으며 또 기다릴 수 있었음이니
라.
23 그러나 이제 내가 직접 관장하는 마지
막 시대에 있어서는 한 치의 오차가
있어도 아니 되며,
24 내가 이루고자 하는 그 역사가 이루어
지지 못할 때 이는 다시 영원히 하늘
에서 이루어진 것같이 지상의 낙원을
이룰 수 없는 그와 같은 것이기에,
25 천태만상의 마음을 가지고 있는 그 백
성을 하나로 묶는 것은 오로지 너희들
이 곧고 바른 자세요,
26 너희들의 삶이 한 점의 부끄럼이 없는
그와 같은 삶의 생활이요,
27 나의 법전대로 너희들이 쓰고 고통스
럽고 괴로운 길을 마다하지 않고 묵묵
히 지키고 가는 그것밖에 없음이니라.
28 그리하여 너희들이 소중한 자라 했으
며,
29 내가 너희들로 하여금 모두를 다 매듭
을 짓고자 함이니,
30 어렵고 힘든 길이라 해도 너희들은 나
의 십계명을 지키며 나의 법전대로 절
대적으로 살아가는 그와 같은 삶을 살
아가는 백성으로 변하여야 함을 알라.
31 나의 아들도 그리 변해야 하며 그리
변하게 될 것이니라.
32 너희들이 나의 아들을 능가하는 그와
같은 깨달음의 자세로 가야 빛을 볼
것이니 그리 알아야 할 것이니라.
33 이를 잊지 말고 명심하여 행하는 너희
들이 되도록 하여, 나로부터 버림받는
백성이 되지 말라.
34 영원히 나의 나라에 나의 품에 와 너
희들이 살 수 있는 그와 같은 영광된
길을 버리지 말며 잊지 말도록 그리하
라.
35 어쨌든 너희들은 가야 할 길이며 이
역사를 이루어야 할 것이니, 너희들이
바로 서지 못할 때, 나는 다른 백성으
로 하여금 선택된 나의 아들딸로서 또
다시 다른 역사를 이루어야 할 것이니,
36 그리해서 이 역사를 이루는 고통의 짐
을 나에게 지워 주고 너희들이 나에게
왔을 때,
37 과연 너희들의 설 자리가 어디에 있으
며, 너희들이 나 여호와 앞에서 어찌
고개를 들겠는가?
38 인간 세상에서 부모가 집 나갔던 자식
이 돌아왔을 때 그 기쁨이 있듯이, 내
가 그보다 열배 백배 더한 기쁜 마음

으로써 너희들을 맞이할 수 있도록 너
희들은 그와 같은 영광을 잊지 말며,
버리지 말며,
39 나의 마음을 상하게 하는 일이 없도록
그리하라.
40 너희들로 하여금 모두를 매듭을 지을
수 있도록, 다시 또 이를 반복하는 그
와 같은 일이 없으며 너희들이 나로부
터 버림받는 백성이 되지 않도록 너희
들이 그 길을 선택하여 가도록 그리하
라, 사랑하는 나의 아들딸들아!

4,830 번째 하나님 말씀

2003년 2월 4일 07시 11분

1 사랑하는 나의 아들아!
2 "네, 아버님! 말씀하옵소서."
3 작게 흐르는 산골의 물줄기는 흐르고
흘러서 내를 이루며, 그 내는 강을 이
루며, 또 그 강물은 바다로 흘러들어
간다 내가 그리 말하였음이니,
4 여기서 너희들은 알아야 할 것이며,
너희들은 그 흐르는 물과 같이 수용하
는 마음을 갖고 살아야 함을 잊어서는
아니 됨이니라.
5 산골의 작은 물이 내를 이룰 때, 그 냇
물이 그 계곡 물에 시시비비를 하던가?
6 냇물을 받아들인 강물이 또한 시시비
비를 하더냐?
7 강물을 받아들이는 그 바다가 또 강물
에 대해서 그를 시시비비하며, 검다
희다 또는 뭐라 말을 하던가?
8 그는 아무런 말이 없이 그저 받아들임
이니라.
9 세상사 나의 성령이요, 나의 뜻이요,
하늘에 오르는 백성을 인도하는 선택
된 너희들은,
10 어떠한 것도 바다가 강물을 받아들이
듯이 너희들이 세상사 삶에서 다 가슴
에 안고 받아들이는 그와 같은 마음으
로 살아가는 것이 근본이라 내가 하였
느니라.
11 그와 같이 어떠한 이유든, 어떠한 형
태든, 너희들이 얼굴을 붉히며 화내며
마음을 다스리지 못하는 그와 같은 형
태를 보여서도 안 되며, 그와 같은 말
을 써서도 안 되며 행동을 해서도 아
니 됨이니라.
12 어떠한 것이든 다 받아들일 수 있으며
어떠한 것도 다 용서할 수 있는 것, 그
와 같은 길이요, 그와 같은 마음으로
변하지 아니한다면 만백성은 너희들
의 눈에서 빛나는 그 빛을 볼 수 없음
이니라.
13 이를 명심해서 행하도록 하라.
14 모든 데서 흘러들어 오는 그 강물이
요, 바다는 시시비비하지 아니하며,
이유가 없이 그저 받아들임이니라.
15 그리고 가슴에 다 안느니라.
16 그와 같은 마음의 자세로 너희들이 살
아가야 함이니라.
17 그것이 큰 그릇이요, 큰 그릇이 할 수
있는 길이니라.
18 그를 받아들이지 못하는 것이 소인배
요, 그를 받아들이지 못하는 것이 작
은 사람이니라.
19 큰 사람이요, 큰 역사를 이루는 자는
그 모두를 다 받아들이며 용서하며 그
를 다 수용하는 것이니,
20 이제 천 가지 만 가지 부닥치는 모든

일을 다 너희들은 수용하는 그와 같은 마음으로 살아가도록 하라.

21 그것이 너희들이 가야 할 길이며, 너희들의 운명이며, 너희들이 행하여야 할 일임을 잊어서는 아니 됨이니라.

22 그를 만백성에게 행하여 보여 주도록 그리하라.

4,831 번째 하나님 말씀

2003년 2월 4일 09시 20분

1 사랑하는 나의 아들아!

2 "네, 아버님! 말씀하옵소서."

3 사람이 진실한 대화를 하며 거짓이 없는 대화를 하는 그 모두도, 너희 자신의 추하고 부족한 그 치부를 감추려고 서슴없이 거짓말을 하며 남을 속이며 그를 모면하고자 하는 그와 같은 마음을 갖고 살아간다는 것은,

4 너희들이 모든 면에서는 깨우쳤으나 그 일부분만을 깨우치지 못한다 그리 생각하나,

5 그 자체로 인하여 너희들은 하나도 깨우친 것이 없는 백성이 됨을 알아야 할 것이니라.

6 자기 자신이 남에게 말하여서는 아니 될 부끄러운 부분을 말할 때, 그를 돌려서 말하며 그를 숨겨서 은폐하는 행동을 한다는 것은,

7 그것이 아무리 말로 거짓말을 하지 아니하고 깨끗하게 살아간다 해도, 너희들은 또 백 가지 중에서 아흔아홉 가지를 그리 살아가도,

8 그 하나를 지키지 못하면 그는 곧 너희들이 깨달음이 하나도 없으며, 변화된 것이 없으며, 경지에 오른 것이 없음이니라.

9 그는 너희들이 낮아지고자 하는 마음, 남을 존경하는 마음, 그와 같은 마음의 생각조차도 갖지 않고 사는 백성이기 때문이니라.

10 나 자신이 낮아짐을 부끄럽게 생각하지 아니하며, 내가 낮은 것을 남에게 보이는 것이 부끄럽지 않다는 생각을 하고 살지 못하는 그와 같은 마음에서 너희들 자신의 추하고 남에게 보이기 싫어하는 그러한 모습을 보이지 않으려 하는 것이며,

11 그를 거짓으로 덮으며 거짓된 행동으로써 위장하여 덮으려는 그러한 마음이 조금이라도 있다 하면, 너희들은 변한 것이 하나도 없음을 알아야 할 것이니라.

12 너희들의 치부를 말할 때 당당하며, 너희들의 부족함을 말할 때 당당하며, 그와 같은 자세로 갈 수 있는 것이 정녕 변한 백성이며,

13 아름다운 눈빛을 볼 수 있는 그와 같은 백성이 되는 것이니라.

14 그를 속이고 그를 은폐해서는 아니 됨이니라.

15 그와 같이 너희들은 당당한 모습으로 변하는 백성이 되어야 할 것이며,

16 아무런 이해관계도 없는 것을 거짓말하며 그를 속이고 은폐하고자 너희들이 상대방과 대화한다면,

17 내가 거짓말하는 것은 상대방을 죽이는 것과 마찬가지라 하였음이니,

18 그는 그를 믿고 그리 생각하기 때문이니라.

19 이제 너희들의 아픔과 쓰림을 나는 아
느니라.
20 너희들이 치부를 드러내어 당당히 말
할 수 있는 그것이 얼마나 어렵고 힘
들며, 너희 자신의 부끄러움을 들추어
내는 것이 얼마나 용기가 있는 것인가
를 아느니라.
21 그러나 너희들은 그와 같은 마음 자세
의 문을 열어야 할 것이며,
22 자기 자신의 치부를 드러내는 데 주저
하지 아니하며, 용기 있는 백성으로
변화되어야 함을 잊지 말라.
23 그것이 정녕 너희들이 변화되는 것이
니라.
24 아무리 너희들이 변화된 삶이요, 아무
리 아름다운 삶이요, 나의 계명을 지
키고 산다 하여도,
25 너희들이 남에게 감추고 싶은 것을 감
추고자 하는 그와 같은 마음이 있다
하면 아니 됨이니라.
26 차라리 그러한 것을 너희들이 말을 하
지 아니하면 될 것을,
27 말은 번지르르하게 하며 남이 듣기에
호감이 가도록 말하나 실질적인 행동
은 그리하지 못한다면,
28 그것은 하나도 깨달음이 없으며 경지
에 오름이 없음이니, 모두가 다 무너
짐이니 그 부끄러움을 알라.
29 그와 같이 저희들의 치부를 내놓고 이
야기할 수 있는 그와 같은 사람이 되
어야 할 것이며,
30 차라리 그리 말을 할 수 없거든 아예
너희들이 말을 하지 말라.
31 거짓된 말을 해서는 아니 되며, 거짓
된 모습으로써 너희 자신을 유지하고
포장하는 그와 같은 행위를 단 한 번
이라도 한다면, 너희들은 그 모두가
사탄의 자식으로 전락되며,
32 지금까지 쌓았던 그 경지가 하루아침
에 무너짐이니, 또다시 시작해야 한다
는 것을 잊지 말라.
33 내가 너희들을 사랑하기에 그 길을 가
라 함이니라.
34 모두를 털어 버리는 그와 같은 백성이
되라.

4,832 번째 하나님 말씀

2003년 2월 4일 09시 27분

1 사랑하는 나의 아들아!
2 "네, 아버님! 말씀하옵소서."
3 내가 너희들에게 나의 뜻을 거역하지
말며 살라 그리 강요하며, 그리고 순
종하는 백성이 되어 살라 그리 말함이
니,
4 너희들이 정도의 길이요, 나의 뜻을
거역하지 아니하며, 계명을 지키며,
나의 법전, 새로운 성경대로 살아가는
것,
5 너희들이 그리 순종하며 따르는 것이
얼마나 고통스럽고 힘든 길인가를 나
여호와가 모르지 아니함이니라.
6 그러나 너희들은 내가 그 고통만을 강
요함이 아님을 알라.
7 그 고통 뒤에는 너희들이 스스로 받는
축복이 있으며 행복이 있으며,
8 내가 너희들에게 은혜를 내려 줌을 알
아야 할 것이니라.
9 너희들이 깨끗하고 아름답게 살고자
하는 그 마음을 갖고 살 때, 너희들이

세상사 많은 사람들 앞에 당당히 설
수 있으며, 당당히 살 수 있으며,
10 깨끗하게 양심을 속이지 아니하고 사
는 너희 자신이 얼마나 행복한 것인
가를 느끼지 아니하는가?
11 그것이 바로 내가 너희들에게 주는 축
복이요, 은혜요, 영광임을 어찌 모르
는가?
12 너희들은 고통 뒤에 얻음이 있음이니
라.
13 그리고 구함이 있음이니라.
14 그것이 너희들에게 얼마나 영광이요,
축복인가를 너희들은 모를 것이니라.
15 그리고 너희들이 나에게 오는 그 길이
단축되고 있다 함을 또한 더불어 알아
야 할 것이니라.
16 다만, 너희들이 나에게 축복을 받을
때까지 너희들이 순종하고 인내하지
못하기 때문이니라.
17 그와 같이 너희들이 나로부터 축복을
받을 때까지 순종하며 인내하지 못하
는 것은 너희들의 믿음이 약하기 때문
이니라.
18 나 여호와가 존재함을 믿으며, 나 여
호와가 너희들을 심판하며, 너희들이
죽어 나 여호와에게 올 수 있다는 것
을 믿는 자,
19 그리고 내가 마지막 시대의 문을 열고
자 지금 너희들에게 마지막으로 내리
는 나의 새로운 성경이 나의 뜻이요,
내가 가르치고자 하며 내가 이루고자
하는 것이라는 것을 믿고 너희들이 따
를 때, 너희들은 거기서 스스로 행복
함을 얻을 것이니라.
20 지금 모든 종교 지도자들이 많은 백성
앞에 설교하며 나 여호와가 존재함을
믿으며 창조주가 있다 그리 말하나,
21 그들이 막상 어렵고 힘든 어떠한 일에
부닥쳤을 때, 나를 선택하는 그와 같
은 용기 있는 행동을 하지 못함이니라.
22 시련과 고통을 너희들이 이기지 못하
는 것이니, 그리고 유혹을 뿌리치지
못하며 그 유혹에 휩쓸려 넘어짐이니,
23 그게 바로 너희들이 내가 존재함을 믿
지 못하기 때문이며, 나를 믿지 못하
여 이와 같은 일이 생기는 것을 알아
야 할 것이니라.
24 나를 믿는다면 너희들은 정녕 어떠한
역경과 시련도 견디고 나갈 수 있으며,
25 나로부터 축복과 은혜를 받을 수 있을
때까지 나의 뜻을 거역하지 아니하며
묵묵히 순종하는 그와 같은 너희들의
마음의 싹이 자리를 잡을 것이니라.
26 모두는 너희들의 마음이 정립되어 있
지 아니하며 나를 믿지 못하는 그와
같은 마음속에서 모두가 무너지고 흐
트러지며 끝까지 인내하고 가지 못하
는 것이 너희들이니라.
27 나 여호와가 존재함을 믿는 마음부터
다스려야 함을 너희들은 알아야 할 것
이니라.
28 내가 너희들에게 무어라 말하였느냐?
29 나 여호와의 역사는 다스리고 거두어
들이고,
30 또한 그와 같은 역사의 변화 속에서
그 모든 시련을 겪고 그를 인내하는
백성만이 구원의 길을 받을 수 있었음
이니라.
31 모세의 시대는 내가 모세를 통하여 너
희들을 다스렸으며,

32 또한 모세를 통하여 거둬들이고 또 내가 버리고 하는 그와 같은 세월이 반복되는 속에서 내가 새로운 역사에 새로운 너희들의 깨달음이요, 변화에 따라 너희들을 바로 설 수 있는 나의 백성으로 만들고자 그리 다스렸음이니라.

33 반복되는 역사 속에서 너희들의 변화를 추구하였음이니라.

34 또한, 내가 예수의 시대에 나의 아들 예수를 세상에 내려보내 너희들을 구원하고자 하여 또 다스렸음이니, 그것은 무엇이던가?

35 내가 나의 성령이요, 나의 뜻을 세상에 내려보내 그것을 깨우치는 자 거두어들이는 그와 같은 반복되는 훈련과 반복되는 그 역사 속에서 너희들을 바로잡고자 하였음이니라.

36 인간 세상 속에서 임무를 맡았다가 임무를 마치고 돌아오면 또 다른 사람이 가서 그 임무를 수행하듯이, 교대하여 근무하며 너희들의 삶을 엮어 가듯이,

37 그와 같이 내가 큰 틀의 그 변화의 역사를 위하여 근무할 자와 교대할 자와 또 그와 같은 변화되는 속에서 너희들을 내가 다스려 왔으며 이끌어 왔음을 너희들은 알아야 할 것이니라.

38 그리하여 그와 같이 내가 세상에 너희들을 구원할 자를 내려보냈으며, 또 그를 거둬들임으로써 또 다음 사람을 내려보내 새로운 방법으로써 새 시대를 열어 가며 변화의 역사를 이루고자 하는 것이 나의 뜻이었음이니라.

39 그리하여 모세의 시대를 열었고 거둬들였으며, 또 예수의 시대를 열었다가 거둬들이는 그와 같은 변화 속에서 지금에 왔으니,

40 이제는 내가 내려보냄이 없으며 거둬들임이 없음이니라.

41 이제는 너희들이 마지막임을 알아야 할 것이니라.

42 내가 지금 내려보내는 새로운 성경의 이 뜻에 의하여 너희들이 살아야 함이니라.

43 이것이 새로운 보혜사요, 또다시 세상에 내려보냄이 없다 하였음이니,

44 이리하여 내가 마지막이라 하였음이니라.

45 마지막이기에 지금이 소중하며, 너희들의 귀중함을 알라 하였음이니라.

46 나 여호와가 직접 나의 성령을 나의 아들의 가슴을 통하여 책으로 만들어 너희들에게 전하는 이것이 마지막이니라.

47 이제는 교대할 자를 내려보내는 것도 아니요, 또 거둬들이는 것도 아니니라.

48 나의 법전이 세상에 나가 너희들을 다스리고 깨우쳐 그가 또 실패했을 때, 그를 거둬들이고 다음의 지도자를 또 내려보내는 것이 아니며, 나의 아들을 내려보내는 역사를 이루는 것이 아니라,

49 이것이 마지막임을 너희들은 알라.

50 마지막임을 너희들이 모른다면 너희들은 영영 나를 볼 수 없음을 알아야 할 것이니라.

4,833 번째 하나님 말씀

2003년 2월 4일 23시 19분

1 사랑하는 나의 아들아!
2 "네, 아버님! 말씀하옵소서."
3 나의 아들 예수가 세상에 나와 나의
뜻을 받아 만백성을 구하고자 했던 그
것 또한 너희들이 생각하기를,
4 그 너희들 백성 누구든 너희 마음을
천사처럼 창조주 나 여호와가 만들며
예수가 그리 만들어 너희들이 하늘나
라에 다 구원을 받도록 그리하면 될
것이 아닌가 하는 그와 같은 생각을
할 것이며,
5 어찌하여 너희들이 시련과 고통과 깨
우침의 길을 가야만 구원을 받는가 그
리 의혹할 것이니라.
6 예수의 시대에도 모든 백성이 다 너희
들이 생각하는 만큼 그와 같이 구원의
길에 바치지 아니하였으며, 구원의 길
로 그들을 인도하지 못하였으며 아니
하였음이니라.
7 나의 아들 예수 또한 그가 전하는 강
론이요, 뜻을 듣고 그들이 깨우쳐 하
늘에 오르는 길의 백성으로서 거듭나
도록 하였음이니,
8 또한 지금 나의 아들이 나의 법전을
받아 너희에게 전하여 너희들이 스스
로 깨우쳐 하늘에 오르는 길을 올 수
있도록 그리 인도하고 안내하는 것은
그 이유가 있음이니라.
9 스스로 너희들이 다스리고 변하여 오
르는 그 노력의 길만이, 그와 같은 고
통의 길을 인내하며 오는 자만이 구원
을 받을 수 있는 것이요,
10 누구나 다, 아무나 다 구원의 길로 인
도할 수 없는 것은 나의 아들 예수가
왔던 2천 년 전의 그 시대도 그랬으
며, 지금도 역시 그리할 수는 없음을
너희들은 알아야 할 것이니라.
11 나의 아들 예수가 나로부터 성령을 받
아 세상에 나가 그 많은 역사와 기적
을 이루었으며, 너희들에게 주옥같은
나의 성령을 전하였으나, 그 결과는
과연 어떠했던가?
12 너희들은 그를 받아들여 변하는 백성
으로 오는 것이 아니요.
13 나의 아들 예수를 그와 같이 처참하고
고통스러운 속에서 죽음으로 몰아넣
지 아니하였던가?
14 너희들은 여기서 알아야 할 것이며 너
희 제자들이 깨우쳐야 할 것이니라.
15 잘못되고 사악한 마음을 가지고 있는
백성이 얼마나 무섭고 사악한가를,
16 그 사악한 마음은 누구도 인위적으로
다스릴 수가 없음이니라.
17 스스로 저희들이 깨우쳐 바로 서는 그
길밖에 없음이니,
18 나의 아들 예수가 그만큼 역사적인 기
적을 보이며 그 누구도 할 수 없는 그
와 같은 그 모든 것을 너희들에게 보
여 주었음이니라.
19 죽은 자를 살리며 병든 자를 고치며
그 누구도 할 수 없는 그 역사를 보인
나의 아들의 가르침을 듣지 아니하며,
20 나의 아들이라 말하지 아니하며, 사탄
이요, 잘못된 자라 하여 나의 아들 예
수를 그리 죽였음이니,
21 지금 그 백성의 뿌리가 그때보다도 더
사악해진 이 시국에, 너희들이 나의

법전의 책을 그저 전한다 하여 그들이
그를 읽고 변화되고 너희들을 따를 것
이라 생각하지 말라.
22 절대로 그와 같이 편안한 길로 너희들
이 갈 수 없음이니라.
23 그리 편안한 길로 갈 수 있으며 그리
깨우치는 백성이라면,
24 예수의 죽음으로써 그를 슬퍼하며 그
를 아파하며 그를 고통스럽게 생각할
수 있는 백성이었다 하면, 그들이 지
금같이 잘못된 길을 가지는 아니하였
을 것이니라.
25 그 후손들이 지금에 지탱함이니, 그들
이 또한 얼마나 굳어져 있으며 그들이
얼마나 강해져 있는지 너희들은 모를
것이니라.
26 돌로 쳐도 깨지지 않는 것처럼 그리
굳어져 있음이니,
27 그들이 내가 전하는 나의 법전을 읽고
그를 받아들여 깨우쳐 하늘에 오르는
길을 올 수 있는 백성이 만 명에 하나
도 없다 내가 그리 말하지 아니하였던
가?
28 지금 나의 아들이 나의 성령이요, 새
로운 성경을 받아 법전으로 만들며,
29 이것이 구원하는 길이요, 이 길만이
너희들이 구원받는다 외치며, 너희들
이 나의 법전을 들고 만백성을 깨우치
고자 하는 그것과,
30 나의 아들 예수가 기적을 이루어 눈으
로 보이면서 너희들을 인도하고 깨우
치던 것과,
31 어느 시대가 더 강한 효과요, 강한 방
법으로써 너희들을 깨우치는가?
32 지금 나의 아들이 나의 성령을 받아
법전의 책으로 만들어 너희들에게 유
하게 전하는 그와 같은 것보다는 나의
아들 예수가 기적을 이루었던 그 시대
가 더 충격적이며, 더 강한 깨우침이
요, 더 강한 깨달음을 얻는 길이며, 얻
고자 하였음이니라.
33 그때도 나의 아들 예수를 그리 죽게
하였거늘,
34 지금의 나의 유한 방법으로써 법전을
세상에 전하는 것을 보고 충격을 받아
돌아서는 백성은 결코 없음이니라.
35 그러니 너희들이 지금 나의 법전을 만
백성에게 전하여 그들을 구원하며,
36 그들이 정녕 하늘에 오르는 길이요,
이 법전이 만백성을 구하는 나 여호와
의 진리요, 뜻이라, 그리고 나의 성령
이요, 나의 말씀이라 믿어 이 법전을
생명처럼 저희들이 간직할 수 있는 그
역사를 이루는 것은,
37 예수가 죽어 간 그 시대의 백성보다
지금의 백성이 더 사악해져 있음이니,
38 너희들이 더 어렵고 힘든 그 고통과
역경을 견디지 아니하고는 나의 피조
물 만백성을 구할 수 없음을 너희들은
알아야 할 것이니라.
39 그러기에 내가 너희들이 완벽하게 변
해야 하며, 너희들이 좌절하지 말며
포기하지 말라 함이니라.
40 나의 아들 네가 힘들고 어려운 오늘의
이 삶에 너 스스로 무너지며 너 스스
로 물러나고자 하는 그 마음이 있으면,
41 너의 제자들은 네 마음보다 열 배가
더 힘들고 어려우며 그들은 나약해져
가느니라.
42 그와 같은 마음자리를 가져서는 아니

됨을 알라.
43 나의 아들 예수가 그 무서운 역사의
기적을 이루었을 때,
44 그도 나의 아들이 아니며 나의 뜻을
받아 세상에 온 자가 아니며 너희들을
구원할 자가 아니라 하여 그를 사탄으
로 몰며 사악한 자로 몰아 그리 처참
하고 고통스럽게 죽게 했음이니,
45 그때 그 백성보다도 더 거칠고 험악한
심성으로 변해 있는 지금의 나의 백성
이 그보다 더한 방법으로써 깨우친다
할 때 그들이 들을지 모르나,
46 그보다 못한 유한 방법으로써 깨우친
다는 것은 그들이 그를 인내하고 법전
을 보게 할 수 없음이니라.
47 그러니 너희들이 오늘의 고통과 시련
에 여기서 좌절하지 말라 함이 거기에
있음이니라.
48 너희들이 더 어렵고 힘든 길이라 하여
도 반드시 지키고 나갈 때, 너희들은
나의 뜻을 이룰 수 있을 것이니라.
49 나의 피조물 만백성의 마음이 얼마나
굳어져 있으며 얼마나 다져져 있으며,
지금의 저희들이 믿는 그 종교의 집단
이 아니면 무엇도 받아들이지 아니하
려는 그와 같은 그들의 굳어진 마음을
바로잡는 것은 오로지 너희들이 변하
는 그 역사밖에 없다 함을 알라.
50 저희들의 눈으로 봐서 차별화된 백성
이요,
51 저희들이 직접 체험하고 상대해 봤을
때, 너희들이 저희들보다 차원 높은
곳의 깨달음으로 가며,
52 진정한 믿음의 길을 가는 백성이요,
천사와 같은 너희들의 삶의 모습을 봤
을 때,
53 그들의 문이 열리는 길은 그것밖에
없음을 알라.

4,834 번째 하나님 말씀

2003년 2월 4일 23시 24분

1 사랑하는 나의 아들아!
2 **"네, 아버님! 말씀하옵소서."**
3 내가 너희들에게 일깨워 전하기를 뭐
라 하였던가?
4 너희들이 다시 태어나는 진통이요, 그
고통이 없이는 정녕 변화될 수 없다
내가 그리 말하였음이니라.
5 너희들은 어떠한 역경과 고통 속에서
변화를 얻을 수 있으며, 그 속에서 깨
달음의 길을 볼 수 있다 내가 하였느
니라.
6 내가 너희들에게 일깨워 가르치기를,
너희들이 얼마만큼 무섭게 변하는 생
활 속에서 너희들이 변화하는 그 속에
서 이루어지며 새로운 생명으로 태어
나는 것인가?
7 내가 너희들에게 그 여러 가지의 뜻을
깨우쳐 전하여 주었음이니라.
8 그리하여 너희들은 스스로 변화되는
것이 얼마나 무서운 것인가를 알며 너
희들이 역사하는 것을 알 것이니라.
9 바늘구멍을 통과하는 낙타의 고통보
다 더 너희들이 악을 제거하고 악을
끊기가 힘들고 어려우면 그 악은 끊지
말라 하였음이니,
10 너희들이 너희 몸을 바늘구멍으로 통
과할 수 있도록 작은 몸으로 만드는
그와 같은 것보다도 너희들이 더 고통

스럽지 않은 악은 행하지 말라.
11 그 모든 악은 버려야 한다 내가 그리 너희들에게 말하였느니라.
12 그리고 내가 너희들에게 뭐라 전했던 가?
13 원수를 사랑하는 마음을 갖고 살라 하였음이니,
14 그는 너희들이 무조건 만백성을 사랑하는 것이 아니요,
15 너희들이 지울 수 없는 그 원수에 대해 그 적개심이요, 증오심이요, 분노하는 마음에서,
16 그와 같은 마음을 너희들이 사랑하는 마음으로 돌릴 수 있는 깨달음이요, 인내하는 고통이요, 변화되는 그 고통을 깨닫는 것에,
17 정녕 너희들이 원수를 사랑하는 가르침이 거기에 있다 말하지 아니하였던 가?
18 너희들은 이와 같이 내가 너희들에게 전하는 그 뜻을 깊이 알아야 할 것이니라.
19 사랑하는 나의 백성 너희들은 들어야 할 것이니라.
20 하늘에 오르는 길이 사랑이요,
21 사랑을 실천함이 하늘에 오르는 길이라 하였음이니라.
22 과연 사랑이라는 것은 무엇이라 말하는가?
23 사랑이라는 것은 상대성이 있기 때문에 사랑이 소중한 것이며,
24 그리하여 사랑이 위대함이라 내가 너희들에게 가르쳐 줌이니라.
25 사랑은 상대성이 있기에 의사가 소통되며,
26 너희들의 뜻이 다르며 생각이 다르며 서로 언쟁하는 그와 같은 불화가 생길 수 있는 그 모두를 이해하고 다스리며 용서하며 갈 수 있는 그 마음이 거기서 이루어지는 것이 바로 사랑이기에, 사랑이라는 것은 소중한 것이라 내가 너희들에게 전함이니라.
27 너희들 스스로 혼자 살아가며 상대성이 없이 사랑하는 것, 그것은 진정한 사랑이 아니니라.
28 서로 상대성이 있어 서로 흘러가면서 이해하고 용서하며, 용서할 수 없는 것을 다스려 나가는, 그와 같이 서로 상대를 이해하고 상대를 용서하는 그와 같은 마음으로써 나가는 것이 바로 사랑함이요,
29 그 속에서 모두를 지키고 가는 것이 사랑이니라.
30 그리고 사랑이란 너희들은 무엇이라 말할 수 있는가?
31 상대성이 있는 것을 이기고 다스려 나가는 것이 곧 사랑이라 함을 너희들은 알아야 할 것이니라.
32 그것이 참사랑의 빛이니라.
33 그리하여 너희들이 상대를 이해하고 용서하는 속에서 상대성이 있는 그 상태에서 서로 사랑하는 마음을 가질 수 있는 그것이 진정한 사랑의 빛이요,
34 사랑의 빛이 찬란하게 비치게 됨이요,
35 찬란한 빛을 거기서 발하게 됨을 너희들은 알아야 할 것이니라.
36 그리하여 너희들은 그 모두를 용서해야 할 것이니라.
37 상대성이 있는 것이 아니면 사랑이 없음이니라.

38 상대성이 있고 상대가 있으며 그리하
여 사랑이 있음이니,
39 바로 너희들은 상대의 모든 것을 용서
하며 이해하며 그와 더불어 너희들이
다스려 나가는 그와 같은 마음을 갖도
록 그리 살라 하는 것이 내가 사랑을
실천함이라 함임을 잊어서는 아니 될
것이니라.
40 서로 부닥치는 것을 용서하며, 용서할
수 없는 것을 용서하는 마음,
41 그것이 곧 사랑이라 함을 너는 너의
제자들에게 깨우쳐 사랑의 뜻을 전하
도록 그리하라.

4,835 번째 하나님 말씀

2003년 2월 4일 23시 31분

1 사랑하는 나의 아들아!
2 "네, 아버님! 말씀하옵소서."
3 나 여호와가 만백성을 깨우치고자 전
하는 그 모두는, 말로써 전하는 것은
나의 뜻이 아님을 알라.
4 나 여호와의 뜻이요, 참진리요, 내가
전하는 것은, 너희들에게 나의 뜻을
받아 기록하도록 하여 내가 전하며,
5 기록하는 것이 없이는 내가 나의 뜻을
전하지 아니함을 너희들은 알아야 할
것이며,
6 나의 뜻을 기록하여 놓지 아니하면 너
희는 나의 뜻이 아니라는 것을 알라
그리 가르쳤음이니,
7 나 여호와는 나의 뜻을 전함에 글로
써 문자로써 너희들에게 전한다는 것
을 잊지 말라.
8 나 여호와는 말로써 너희들에게 나의
뜻을 전하지 아니하니,
9 말로써 나로부터 은혜를 받았으며 나
의 메시지를 받았다는 자들을 믿어서
는 아니 됨이니라.
10 나의 뜻과는 전혀 관계없는 것을 나의
진리라 가르침이요, 그렇기 때문에 그
들은 나의 뜻을 역행하는 것이니라.
11 글로써 나는 모두를 전하며, 증거로써
전함이니,
12 말로써 전하는 것은 나의 뜻이 아니며
나와 관계없는 것임을 너희들은 확실
히 알고 넘어가야 함을 알라.
13 너희는 나로부터 세상에 태어난 백성
이며 나의 은혜 속에서 살아감이니라.
14 그리하여 내가 너희들에게 전하는 것
은 글로써, 문자로써 정확히 전해야만
너희들이 나 여호와의 뜻을 알며 내가
원하는 것을 알 수 있기에,
15 나 여호와는 글로써 전한다는 것을 잊
지 말라.
16 내가 너희들에게 글로써 전하며 깨우
치지 아니한다면 나의 뜻을 제대로 전
할 수가 없으며 내가 역사하는 것을
알 수 없으니,
17 너희들은 이를 믿어서도 아니 됨을 알
아야 할 것이니라.
18 내 뜻이 제대로 전해지지 아니하기 때
문에 내가 이루고자 하는 역사가 이루
어질 수 없음이니라.
19 그리하여 말로 전하는 것은 나의 뜻이
변질되며, 그 뜻을 전하는 자의 제 생
각과 제 뜻에 따라 변질되어 전함이니,
20 그것은 진리가 아니요, 나의 뜻이 아
님이니라.
21 내가 반드시 너희들에게 다시 한 번

전함이니,
22 나 여호와의 참진리요, 나의 뜻은 어
떠한 형태든 내가 글로써 전함이니,
23 이를 받아쓰는 자가 있어야 하며, 듣
는 자가 있어야 하며, 나로부터 모든
지시를 받는 자가 있어야 함이니라.
24 그로 하여금 써서 전하며 그로 하여금
표현하기 때문이니라.
25 그러니 지금 나의 아들을 통하여 나의
법전이요, 새로운 성경을 기록하는 것
은 당연함을 알아야 할 것이니라.
26 그 누구든 나의 뜻을 받아 기록하는
자가 있어야 하며, 그를 문자로 만들
어 전하는 자가 있으니,
27 그가 바로 나로부터 선택된 자요, 나
로부터 명받은 자임을 너희들은 알라.
28 아무리 너희들이 말로써 전하고 말로
써 행해도 그것은 나의 뜻이 아님을
알라.
29 내가 그리 말로써 전하지 아니하는 것
은, 내가 말로써 너희들에게 전하고자
했을 때
30 그 말이 변질되고 변화되어 나의 뜻과
는 전혀 관계없는 사악한 쪽으로 너희
들의 생각이 들어가므로 그리 흘러감
이니,
31 그 무서운 형상은 볼 수가 없음이니라.
32 그러니 너희들은 나의 뜻은 오로지 글
로써 나의 문자로써 전해진다는 것을
잊지 말라.
33 말로써 나의 뜻을 전하지 못한다는 것
은, 내가 전하지 못하는 것은,
34 나의 뜻을 말로써 전하는 것은 내 뜻
을 전하지 아니함만 못하기 때문이니
라.
35 내가 말로써 전하는 것은, 그것을 전
하지 아니하며 너희들에게 가르치고
깨우치지 아니함만 못하기에, 나 여호
와는 글로써만 전함이니라.
36 그리하여 나의 선택된 백성이 있으며,
나의 아들이 있으며, 지도자로서 명한
자들이 바로 그를 받아 기록함이니,
37 지금 나의 아들이 너희들을 위하여 전
하는 나의 법전이 그리하여 글과 문자
로써 전해진다는 것을 깨우치도록 그
리하라.

4,836 번째 하나님 말씀

2003년 2월 4일 23시 38분

1 사랑하는 나의 아들아!
2 "네, 아버님! 말씀하옵소서."
3 나 여호와의 진정한 뜻을 따라 만백성
을 구하는, 진정 나로부터 선택된 종
교 지도자는 모든 재물을 하나도 제
앞으로 해서는 안 되며, 제 앞으로 모
두를 다스려 놓으면 아니 된다 하였음
이니라.
4 재산을 모으고자 하며, 금화와 은화를
거느리고자 하며, 제 앞으로 해 놓고
쌓아 놓는 자는 나 여호와가 존재함을
믿지 못하는 종교 지도자이기 때문이
라 그리하였음이니라.
5 나로부터 선택된 종교 지도자요, 나
여호와를 알며 구원의 길을 아는 백성
이란,
6 너희들이 그리도 탐하며 욕심의 근본
인 재물을 제 앞으로 쌓아 놓으며 제
이름으로 해서는 아니 된다 내가 그리
강하게 가르쳤음이니,

7 그와 같은 행위를 하는 자는 진정한
종교 지도자가 아님을 너희들은 알아
야 할 것이니라.
8 그들은 구원에 대해 자신이 없으며,
나 여호와의 뜻이 무엇인가 모르며,
9 나로부터 선택된 자들이 아니므로 저
자신이 구원의 길에 올 수 없기 때문
이니,
10 그리하여 저희들의 인생의 삶이 불안
하며 육의 세상의 삶이 불안하여 제
앞으로 재물을 모으며, 제 후손까지도
저희들의 재물을 모아 살아가도록 하
고자 하는 것이,
11 인간 너희들이 유산을 남기고자 하는
부모의 마음과 종교 지도자가 무엇이
다르단 말이던가?
12 부모가 자식에게 유산을 남기며, 대대
손손 제 성을 따르는 자가 편히 살게
하고자 하는 인간의 그 심리와 똑같은
것이 종교 지도자 너희들이면서,
13 너희들이 구원을 받고 하늘에 오르는
것에는 너희들이 특별한 인간이라 그
리 말하니,
14 힘들고 어려운 것은 남들과 차별화를
두며, 좋고 뜻있는 것은 너희들 것으
로 만드는 것이 종교 지도자 너희들이
지금 가고 있는 형국임을 알아야 할
것이니라.
15 내가 종교 지도자는 금화와 은화를 모
아서는 안 된다 한 그 뜻을 너희들은
알겠는가?
16 종교 지도자가 하나의 죄를 지으면 신
도는 열 개를 지으며, 그보다 믿음이
없는 백성은 백 개를 지을 수 있는 것
이 너희들의 그와 같은 형국이니라.
17 그리하여 종교 지도자의 자세가 중요
하다 하였음이니라.
18 종교 지도자가 백 개의 금화를 모으고
자 한다면, 너희들의 신도요, 너희들
에게 배우는 자들은 천 개, 만 개를 모
으고자 하며,
19 그리 모아야만 직성이 풀리는 것이 너
희들 백성의 형국이니라.
20 그리하여 재물을 모으는 데 연연하다
보면 너희들은 재물의 노예가 되는 것
이요,
21 너희들은 그 재물을 모으는 데만 모든
역량을 다 집중하며 너희들의 머리를
동원하니,
22 믿음과는 전혀 관계없는 그와 같은 형
국으로 너희들이 가게 됨이라 내가 그
리 말하였음이니라.
23 그러니 지금 나의 뜻이 무엇이며 하늘
에 오르는 길이 무엇이며 참진리의 가
르침이 무엇이며 참진리가 무엇인가
를 모르고 가르치는 종교 지도자 너희
들이 지금 세월이 흐르면 흐를수록 나
의 피조물 만백성을 사악한 쪽으로 이
끌어 감이니,
24 너희들 종교 지도자 앞에서 10년이
요, 20년 공부한 자,
25 10년 이상을 공부하고 배운 것만큼
천사요, 아름답게 변해 있는 것이 당
연하거늘,
26 그리하여 세상이 정화되며 세상에 아
름답게 너희들이 존재하며 살아갈 수
있거늘,
27 잘못 가르치는 종교 지도자요, 참진리
를 모르는 자들이기 때문에 재물을 모
으는 데만 연연하며 명예를 얻는 데만

연연하며 그 모두를 추구하는 그와 같
은 기도만 드리기에,
28 너희들의 종교 집단에서 많은 세월을
공부한 자, 10년을 공부한 자보다 20
년을 공부한 자가 더 간악하며 사악해
졌으며,
29 20년보다 30년을 공부한 자가 더 사
악하며 더 간악한 그런 방법으로 지금
변질되고 변화된 것이 너희들이 가고
있는 믿음이니,
30 이를 너희들은 부인할 수 없음을 알아
야 할 것이니라.
31 그러니 너희들의 깨우침도 역행하고
있는 것이니라.
32 1년을 배운 자보다 2년을 배운 자가
더 나아야 하며, 10년을 배운 자는 그
보다 더 높이 가 있어야 하거늘,
33 종교 지도자가 참진리를 모르고 나의
뜻을 역행하여 잘못 가르치기에, 너희
들은 오래되면 오래될수록 사악한 자
로 변질되는 것이 지금 너희들을 따르
는 백성이요, 신도들이 가는 길이니,
34 이것이 얼마나 잘못되어 있는가를 알
라.
35 이를 내려다보는 나 여호와의 마음이
얼마나 고통스러우면 내가 지금 새로
운 성경을 내려보내 너희들을 다스리
고자 하겠는가?
36 그리고 심판의 역사를 열어 가고 있는
가 하는 그 모두를 너희들은 다시 한
번 생각해 볼 때가 되었음을 알라.

4,837 번째 하나님 말씀

2003년 2월 4일 23시 45분

1 사랑하는 나의 아들아!
2 "네, 아버님! 말씀하옵소서."
3 너희들은 변화되는 그 속에서 변화를
거듭하면서 깨달음을 얻으며 역사하
며 나 여호와가 존재함을 알게 되어
있음이니라.
4 그리하여 너희들은 고통과 시련 속에
깨달음이 있으며, 그 속에서 너희들이
변하는 것이 있으며, 역사함이 있음을
알아야 할 것이니라.
5 너희들이 고통과 시련 속에서 삶을 살
지 아니한다면, 너희들은 변화되고자
노력하지 아니하며 개혁하고자 노력
하지 아니함이니라.
6 편안한 자 그저 그곳에 안주하고자 함
이니,
7 진정한 참진리요, 나 여호와의 뜻을
너희들이 알고 깨달을 수가 없기에,
8 너희들은 고통과 시련 속에서 다시 태
어나는 삶을 살며,
9 다시 태어난 그 삶 속에서 나의 뜻이
며 나의 진리를 바라보게 되어 있으
며, 깨닫게 되어 있음을 알아야 할 것
이며,
10 너희들이 살아가면서 평생 남으로부
터 평가를 받으며 남으로부터 시시비
비를 받는 속에서 자신을 돌아다보며
자신을 깨우치게 됨이니,
11 그것이 바로 너희들이 변화 속에서 이
루어지는 삶임을 알아야 할 것이니라.
12 지금의 종교 집단이요, 믿음의 길을
가고 있는 이들은 정녕 변하는 것이

없으며 변화의 역사를 이루지 못하고
있느니라.
13 수천 년 동안 흘러온 믿음의 형태의
그 길로 지금도 계속 흘러가며 변화와
개혁을 이루지 못함이니,
14 나 여호와의 참뜻이요, 내가 너희들에
게 다시 내리고자 하는, 내가 이루고
자 하는 그 역사를 모름이니,
15 그저 고여 있어 죽은 믿음으로 가고
있는 것이 너희들이니라.
16 그리하니 내가 새로운 성경을, 새로운
뜻으로써 새로이 변화를 이루고자 하
는 그와 같은 참진리의 뜻을 내려보내
는 것을 너희들이 알 수 없으며, 내가
원하는 길을 볼 수도 없는 것이 지금
너희들의 믿음이니라.
17 너희들이 그 믿음의 변화 없이 지금
수천 년 동안 그대로 그 형국대로 내
려오니,
18 거기에서 너희들이 아름답게 변해 가
는 것이 위대한 것이거늘 아름답게 변
하지 못함이니,
19 너희들이 계속 잘못된 믿음 속에서 사
악한 쪽에 빠져 가며 그것의 유혹에
견디지 못하고 넘어지는 그와 같은 종
교 집단이요, 지도자가 되어 있음이니,
20 지금 그리하여 사는 믿음이 아니요,
죽음의 믿음으로 가고 있음을 너희들
은 알아야 할 것이니라.
21 너희들이 죽음의 믿음은 무엇과 같더
냐?
22 고인 물은 썩어짐이니라.
23 그리하여 고인 물이 썩듯이, 지금의
모든 종파가 몇천 년 동안 흘러오면서
변화요, 개혁을 이루지 아니하며,
24 내가 내리는 나의 뜻이요, 내가 이루
고자 하는 그 역사를 알지 못하기 때
문에, 고여 있어서 썩고 또 썩은 그 물
처럼 썩어,
25 너희들의 모든 종교 집단에서 그 썩은
냄새가 진동함을 너희들은 지금 모르
고 있느니라.
26 만백성은 그를 아나, 모든 종교 집단
에 가고 있는 너희들은 그 내부가 썩
어 있는 그 냄새에 익숙해져 썩은 것
을 모르며, 그 썩어 있음을 알지 못하
는 것이니라.
27 그래서 너희들이 나 여호와의 뜻을 알
수 없으며 내가 새로 개혁하고 변화를
이루고자 하는 그것을 받아들일 수가
없으며, 너희들이 그를 너희 것으로
만들려 하지 아니함이니라.
28 그러나 너희들은 알아야 할 것이니라.
29 나 여호와는 변화를 요구하며, 그 변
하는 속에서 나의 피조물 만백성이 변
화되며 너희들이 깨달음을 알며,
30 너희들이 짓고 살아온 그 죄의 씻는
방법을 알며, 그를 용서받는 방법을
알며,
31 하늘에 오르는 길을 알며, 참진리를
알게 됨이니,
32 이 모두를 깨닫는 것은 너희들이 내가
원하는 것이 무엇인가를 알며,
33 내가 이끌고자 하는 것이 무엇이며,
내가 이루고자 하는 것이 무엇인가 그
것을 들여다볼 줄 알며,
34 그 뜻을 아는 백성만이 변할 수 있는
백성임을 알라.
35 지금 너희들의 믿음으로써는 변화될
수도 없으며, 나의 뜻을 알 수도 없으

며, 내가 새로운 역사를 이루고자 하
는 것이며 하늘에서 이루어진 것같이
이 지상에 아름다운 낙원을 건설하고
이루고자 하는 것을 너희들은 볼 수도
없고 상상할 수도 없는 것이니라.
36 그래서 지금의 너희들의 믿음이 죽은
믿음이니,
37 이제 내가 새로운 성경이라 하여 나의
법전을 너희들에게 내려보내니,
38 이 속에 너희들이 하늘에 오르는 길이
요, 인간으로서 삶의 도리요, 나 여호
와가 너희들이 살아가는 방법이 무엇
이며 길이 무엇인지 그 모든 지표를
알기 쉽게 상세히 기록하여 전함이니,
39 이를 꼭 읽어 깨우치는 길을 얻으라,
사랑하는 나의 백성들아!
40 너희들이 나의 아들을 따르는 성전에
와 강론을 들으라는 것도 아니요, 너
희들이 지금 구원을 받으려고 평생
종교 집단에 가 몸을 바치는 것처럼
그리하라는 것도 아니니라.
41 다만, 나의 법전 몇 권을 읽으면 그 속
에 내가 원하는 뜻을 너희들이 알게
될 것이니, 그를 찾아 너희 것으로 만
들어 구원의 길을 편안히 오르도록 하
라 함이니, 이를 잊지 말라.

4,838 번째 하나님 말씀

2003년 2월 4일 23시 51분

1 사랑하는 나의 아들아!
2 "네, 아버님! 말씀하옵소서."
3 내가 성경에 기록하여 너희들에게 가
르치기를, 내가 나의 아들을 통하여
그리 일렀느니라.
4 '사람의 모든 죄와 너희들의 어떠한
훼방도 나 여호와로부터 사함을 받을
수 있고 용서를 받을 기회가 있으나,
성령을 훼방하는 것은 사함을 받지 못
한다' 내가 그리 전하도록 하였으며,
5 '누구든지 인자를 거역하면 사함을 얻
을 수 있되, 나의 뜻인 성령이요, 내가
내리는 나의 말의 뜻을 거역하면 이
세상에서도 사함을 받을 수 없으며 다
음에 이루어지는 세상에서도 사함을
받을 수 없다' 내가 그리 말하였느니
라.
6 이를 과연 너희들은 어찌 깨우치고 만
백성에게 전하는가?
7 너희들은 사람으로서 지은 죄는 선으
로써 면죄 받을 수 있으며, 너희들이
죄를 짓고 사는 것보다 선을 더 많이
행함으로써 면죄 받을 기회가 있다는
그와 같은 뜻임을 알아야 할 것이니라.
8 그러나 나 여호와가 직접 내리는 나의
성령이요, 나의 말씀이라는 내가 내리
는 그 뜻을 거역했을 때는 절대 용서
받을 수 없다 함을 너희들은 알아야
할 것이니라.
9 내가 나의 뜻을 전하고자 내려보내는
인자요, 내가 보낸 자의 가르침이요,
그가 너희들에게 전함이요, 명하는 것
을 너희들이 거역해도 구원을 받을 수
있으며 반성하고 회개해서 나에게 오
를 수 있는 그 영광의 기회가 있으나,
10 너희들이 나의 성령을 거역하는 자는
나 여호와로부터 구원을 받지 못한다
하였음이니,
11 이는 바로 제3의 시대요, 지금 내려보
내는 새로운 성경이요, 나 여호와가

너희들을 심판하는 법전이라 하여 내
려보내는 이 책은 나의 성령이요, 나
의 뜻을 기록하여 내림이니,
12 이를 거역하고 이를 따르지 아니하는
백성 너희들은 정녕 구원을 받을 수
없다는 것을 내가 미리 기록하여 너희
들에게 전하였음을 알아야 할 것이니
라.
13 지금 이 법전을 읽고 깨우치지 아니하
는 자 절대로 구원을 받지 못하며,
14 내가 새로이 건설하는 역사의 뜻을 너
희들이 알 수 없기 때문이니라.
15 그리하여 나의 새로운 성경을 읽고 정
독하여 깨우쳐 그와 같이 사는 백성만
이 나에게 구원을 받으며 새로 역사하
는 세상에서 살아 너희들이 하늘에 오
르는 구원을 받을 수 있다는 것을 내
가 여기에 기록하여 깨우쳐 주고자 전
한 내용임을 너희들은 알아야 할 것이
니라.

4,839 번째 하나님 말씀

2003년 2월 5일 09시 07분

1 사랑하는 나의 아들아!
2 "네, 아버님, 말씀하옵소서."
3 모세가 그 기적을 이루었으며, 그를
본 백성도 그에게서 등을 돌려 우상을
만들어 광란의 짓을 하였던 것이 너희
들 백성이며,
4 그리하여 그가 한 시대의 획을 긋고
다시 너희들을 구원하고자 하여 나의
아들을 보냈음이니라.
5 나를 대신하여 나의 아들 예수를 보내
만백성을 구하고자 그리하였으나, 그
들 또한 그를 배신하였으며 등을 돌렸
다 하지 아니하였던가?
6 너는 6천 년 동안에 흐른 그 역사의
세월 속에서 과연 어떠한 변화가 이루
어졌는가 너 스스로 돌이켜 보는 그와
같은 깨달음을 얻어야 할 것이니라.
7 그와 같은 변화 속에서도 나의 피조물
만백성은 나에게서 등을 돌렸으며, 나
를 의식하지 아니하였으며, 나를 우롱
하였으며, 나를 욕되게 하는 그와 같
은 역사의 흐름이 반복되었음이니라.
8 그 세월이 흘러 지금은 나의 피조물
만백성이 생각하는 것이 극에 달하였
으며, 너희들이 말하는 사탄이요, 악
마가 이 세상을 지배하며, 마지막 종
말의 시대라 하는 지금의 백성 그들이
또한,
9 너희들이 가고자 하는 길이며, 나의
법전을 만백성에게 전하여 인간의 본
성을 찾아 주며 하늘에 오르는 길을
볼 수 있는 이 심판의 기준인 나의 법
전을 그들이 읽고 깨우쳐 저희들의 가
슴에 안고 정독할 것이라 생각하는가?
10 그때보다 더 어렵고 힘든 길을 가야만
이루어짐을 알아야 할 것이니라.
11 어렵고 힘든 길의 역사가 아니면 이는
결코 이루어질 수 없으니,
12 하루아침에 무엇이 이루어지려니 그
리 생각하고 가서는 너희들이 다 무너
지고 쓰러짐을 알아야 할 것이니라.
13 너희들이 고통과 시련 속에서, 그리고
이 어려운 고비를 인내하는 속에서 어
찌 바로 서며 어찌 가느냐 하는 것은
너희들의 마음에 달렸음을 알라.
14 너희들의 시련과 고통은, 나의 아들

예수가 겪은 그 고통보다도 나의 아들
네가 더 어렵고 힘든 역사 속에서 그
모두가 이루어짐이니,
15 너의 제자들, 또한 나를 따르는 법전
을 읽은 백성, 너희들의 마음 자세를
지금보다도 열배 백배 더 굳건히 다지
는 속에서 너희들이 변화되는 역사가
없이는 아무것도 이루어질 수 없음을
알아야 할 것이니라.
16 오늘의 시련과 고통을 너희들이 축복
의 은혜와 영광으로 돌리는 그 마음의
자세가 되지 아니하고는 아무것도 이
루어질 수 없음이니 그리 알라.

4,840 번째 하나님 말씀

2003년 2월 5일 13시 48분

1 사랑하는 나의 아들아!
2 "네, 아버님! 말씀하옵소서."
3 네가 정녕 이 길을 가기 힘들고 어려
우며 너의 제자들 또한 이 길을 가며
이 역사를 이루는 데 힘들고 어렵거든,
4 너희들이 한번 그들이 지금 가고 있는
믿음의 그 형태를 들여다보도록 그리
하라.
5 지금 믿음의 길을 가고 있는 종파가
과연 반듯이 바르게 가며 만백성을 구
원하는 길로 가는 것인가?
6 그리하거든 너희들이 중단하며 이 길
을 가지 아니하여도 될 것이니라.
7 너희들은 한 사람의 생명을 구하는 그
것으로써도 사람이 살면서 그보다 큰
은혜와 영광이요, 아름다움이 없거늘,
너희들은 수많은 나의 백성을 구하는
그 대업을 맡아 가는 자들이니라.
8 지금 믿음의 길을 가고 있는 백성이
과연 무엇이던가?
9 하늘에 오르는 길은 무엇이며 기도하
는 것은 무엇이라 내가 너희들에게 가
르쳐 주었던가?
10 너희들은 기도하며 달라 하지 말며 구
하지 말라, 전지전능한 나 여호와가
그 모든 것을 다 알고 있음이니, 내가
줄 자를 선별하여 내려 줄 것이라 하
여 너희들이 달라는 기도를 하는 것은
잘못되었다 그리 말하였음이니라.
11 그러니 지금 너희들이 그 좋아하는 종
교 집단이 가는 믿음의 길이 과연 어
떠한 형태로 가는가?
12 그들이 재물을 바치면 구원을 받으며,
기도하면 구원을 받는다며 눈물의 기
도를 하는 것은 무엇이더냐?
13 저 자신은 어떠한 형국이든지 구원을
받아야 하며, 저 자신은 하늘에 올라
야 하기 때문에 그들은 그와 같이 기
도하고 경배하느니라.
14 그들이 재물을 바치는 것도 구원을 받
으려는 방법이요, 그들이 기도하며 그
들이 하는 모든 봉사며 남을 위해서
희생한다는 그 모든 것도 무엇 때문에
그리하는가?
15 그들이 구원이라는 그것을 생각하면
서 봉사하고 희생한들 무엇하는가?
16 구원을 받는다는 것, 구원을 받을 수
있다는 것, 그리고 저희들만은 꼭 구
원을 받아야겠다는 생각으로써 그와
같은 행동을 한다는 것은 조건부가 아
니던가?
17 그리고 너희들이 얻어지는 것이 있기
에 그리하는 것이 아니던가?

18 그리하는 것은 봉사가 아니며 사랑이
아니며 희생이 아니라 내가 그리 말하
였거늘,
19 그들이 지금 그와 같은 형태에서 믿음
의 길을 가지 아니하며 순수한 마음으
로써 과연 믿음의 길을 가고 있는가?
20 그렇지 않고 그들이 순수한 마음으로
써 믿음의 길을 가지 못하며 모든 행
하는 것이 구원을 받는다는 그 초점에
맞춰 저희들이 구원의 길을 한 발짝
나에게 올 수 있는 길이라 하여 행하
는 그 모든 행동은 나와는 관계없다
하였음이니,
21 과연 그들이 자신의 구원을 받으려고
봉사하고 희생하며 그와 같은 믿음의
길을 가고 있고 나 여호와를 부르는
것은 아닌가 한번 들여다보라.
22 그들이 나를 위해서, 정녕 나의 뜻을
위해서, 그리고 만백성을 깨우쳐 그들
을 구원하고자 하여 저희들이 참진리
의 길만을 묵묵히 가는 자인가?
23 그렇지 않고 저희들이 구원을 받겠다
는 욕심의 일념 때문에 믿음의 길을
가고 있는 것은 아닌가?
24 나로부터 선택된 너의 제자들이요, 나
의 백성 너희들이 그러해야 하느니라.
25 너희들은 너희들 자신이 구원을 받겠
다는 생각의 만분의 일도 해서는 아
니 되며,
26 너희들이 나에게 오르겠다는 그와 같
은 생각을 하고 나의 법전을 읽으며
나의 성전에 와 나의 아들이 내리는
강론을 듣는다면, 내가 전하는 나의
뜻을 듣는다 하면, 그들과 똑같은 자
들이니,
27 너희들 또한 잘못 가고 잘못 흘러감을
알아야 할 것이니라.
28 그와 같은 생각을 하지 아니하며, 너
희들이 나의 진리를 듣고 깨우쳐 내가
원하는 것이 무엇이며 내가 역사하고
자 하는 것이 무엇인가를 깨달아 만백
성에게 빛이 되고자 하는 그와 같은
마음 하나만을 가지고 가는 것이 나로
부터 선택된 백성이요, 참진리요, 진
정한 믿음이니라.
29 그러니 지금 믿음의 길을 가고 있는
백성이 그와 같은 종교 집단에 가고
있거든, 너희들은 여기서 포기해도 되
며 물러나도 됨이니라.
30 그들이 그와 같은 아름다운 마음으로
간다 하면 그들을 더 이상 가르치고
깨우칠 것이 없음이니라.
31 그러나 그들이 그리 가지 아니하며,
구원이요, 저희들이 나에게 오고자 하
는 욕망의 그 일념 때문에,
32 저희들은 어떠한 일이 있어도 구원을
받아 영원히 사는 나의 세상에 와 살
아야 하겠다는 그 마음을 가지고 모두
를 행한다면, 그들은 나와 관계없는
길로 감이니,
33 그 어리석고 불쌍한 백성에게 나의 뜻
을 전하는 것을 너희들이 게을리해서
는 아니 될 것이니라.
34 그것을 전하는 만큼 나의 피조물 만백
성의 생명을 구하는 것이요, 영원히
사는 그 빛을 너희들이 전함이니, 그
보다 더 큰 위대한 영광이 없음이니,
35 너희들이 오늘의 고통을 인내할 수 없
거든 그를 생각하라.
36 잘못 가고 있는 너희들의 형제를 구원

한다는 그와 같은 마음으로써 너희들
이 다스리고 바로 서야 함을 잊지 말
라.

4,841 번째 하나님 말씀

2003년 2월 5일 13시 56분

1 사랑하는 나의 아들아!
2 "네, 아버님! 말씀하옵소서."
3 너희들이 살아가는 그 마음이요, 너의
제자들의 그 마음은 말없이 흘러들어
오는 물을 받아들이는 바다와 같은 마
음이요, 모두를 수용하는 넓은 마음으
로 살아가는 것이 너를 따르는 제자들
이요, 그 백성이 가야 할 길임을 내가
명하였으니,
4 내가 너희들에게 천 번 만 번 명하면
무엇하며, 내가 너희들에게 아무리 전
한들 무엇하는가?
5 너희들이 이를 행하고 지키지 아니하
며, 그와 같은 마음 자세로 살아가지
아니한다면 차라리 듣지 아니한 자만
도 못함이니라.
6 너희들은 내가 일찍이 깨우쳐 작은 것
도 소홀히 듣지 말며, 작은 그 한마디
도 생명처럼 들으라 그리 말하였느니
라.
7 내가 전할 때는 큰 뜻을 가지고 전하
나 그 결과가 작은 것도 있으며,
8 작은 뜻을 가지고 전하나 그는 위대
한 뜻이 있으며 큰 역사를 이루는 것
이 있기에,
9 내가 너희들에게 가르치기를 너희들
생각으로써 작고 큰 것이라 하여 비중
을 두지 말라 내가 그리 말하였느니라.
10 내가 너희들에게 행하라 하는 나의
법전에 기록된 그 수많은 내용을 너희
들이 읽고 깨우치면서 그대로 행하고
지키지 아니하고 산다 하면,
11 160권이 아니요, 1,600권의 법전이
세상에 내려간들 무엇하겠는가?
12 내가 새로운 성경이요, 나의 법전을
기록하여 너희들에게 정독하고 깨우
치라 함은 그 뜻을 이해하는 것도 있
으나,
13 너희들이 그를 읽고 깨우침으로써 지
키겠다는 그 마음의 각오를 다시 다지
며 너희들을 다스려 나가고자 함이니,
14 내가 법전에 기록한 작은 뜻도 너희들
은 기억하여 그를 지키고 행하는 그와
같은 삶으로 살아가도록 그리 전하라.
15 그리하지 않으면 너희들이 말로써 믿
음의 길을 오며 수천 년 동안 흘러온
지금의 종교 집단의 그 믿음과 너희들
이 차별화됨이 없으며,
16 너희들도 그들과 똑같은 백성이니 너
희 역시 구원을 받을 수 없음을 알라.
17 그리하여 그 뜻을 그대로 행하는 그와
같은 삶을 살 때, 너희들이 성서의 뜻
을 이해할 수 있으며, 내가 너희들에
게 내리고자 하는 그와 같은 뜻을 알
것이니라.
18 내가 성서에 기록하여 너희들에게 전
하기를, 나의 아들이 너희들에게 성경
에 기록하여 전하지 아니하였던가?
19 '너희는 아래에서 났고 나는 위에서
났으며, 너희는 이 세상에 속하였고
나는 이 세상에 속하지 아니하였느니
라.
20 그러므로 내가 너희에게 말하거늘, 너

희가 너희 죄 가운데 죽으리라 하였느
니라.'
21 너희는 이와 같은 그 가르침의 뜻을
어찌 아는가?
22 너희들이 세상사 지금의 형태에서 벗
어나지 못하고 삶을 산다 하면 나에게
구원을 받을 수 없는 그와 같은 의미
를 전했거늘, 너희들은 과연 어찌 가
르치는가?
23 나의 예수는 성령을 갖고 세상에 태어
났음이니 그는 하늘에서 내려간 자요,
또한 그는 육으로써 세상에 나왔으니
아래로부터 태어난 백성이니라.
24 그리하여 그 뜻은 예수가 자신을 비추
어 너희들에게 깨우쳐 줌이니, 그 뜻
을 너희들은 알아야 할 것이니라.
25 예수가 위로부터 났다 하면 성령을 가
지고 난 것이요, 아래에 속한 자라는
것은 예수가 육을 가지고 세상에 났기
에 예수는 성령으로 태어난 위에서 난
자며, 아래로 육으로부터 난 자이니
세상에 속한 자이니라.
26 그 뜻을 너희들은 깨우쳐야 할 것이니
라.
27 나의 아들이 너희들에게 가르치며 나
여호와가 너희들에게 가르치고자 하
는 것이 여기에 있음이니라.
28 너희들은 성서에서 이 뜻을 읽고 가르
치기를, 예수는 하늘에서 난 자이기에
너희들이 감히 범접할 수 없으며 그리
따를 수 없는 자라 생각하며, 너희들
과 차별화를 두는 것이니라.
29 그러나 그렇지 아니함을 너희들에게
깨우쳐 줌이니라.
30 이는 너희들과 예수가 똑같다는 의미
임을 알아야 할 것이니라.
31 예수가 성령으로써 위에서 났으니 위
에 속해 있으며, 또한 육은 지상에 속
해 있으니 육에 속해 있는 예수는 너
희들과 똑같은 것임을 알아야 할 것이
니라.
32 성령으로 태어난 예수는 위에서 거듭
났다는 것을 너희들이 인정하고 알 수
있으나, 그것이 차별화된 것이 아니니
라.
33 또한, 예수가 육을 갖고 세상에 태어
난 것은 아래에 속한 것이니, 너희들
이 지금 육으로 아래에 속해 있음과
똑같음이니,
34 여기서 너희들에게 내가 가르치고자
기록한 그 내용의 뜻은 아래에 속한
자, 육을 가진 너희들이 예수와 똑같
으니,
35 예수가 성령으로 태어난 것처럼, 너희
들이 성령으로써 위에서 난 자처럼 변
화되는 것이 너희들이 가야 할 길이며
너희들이 행해야 할 길이며,
36 너희들은 그 길을 위해서 지금 존재하
며, 그와 같이 위에 속해 있는 자로 변
할 수 있으며, 다시 태어날 수 있는 것
이 너희들이 짐승과 다름이며,
37 나로부터 선택받은 백성이요, 나의 아
들딸이라 함이 여기 있느니라.
38 내가 일찍이 나의 아들을 통하여 너희
들에게 전하였느니라.
39 예수는 성령으로써 태어나 육을 가지
고 만백성을 구하려 했으나, 너희들은
육을 가지고 세상에 태어나 나의 성령
을 받아 만백성을 구하니,
40 너희들이 나의 아들 예수와 다를 것이

없다 내가 말하지 아니하였던가?
41 이제는 너희들이 성서에 기록된 그 뜻
에 대해 내가 법전에 기록한 내용을
다시 음미해 보면 나 여호와의 오늘의
뜻을 알 것이니라.
42 예수가 그와 같이 말하고 내가 성경에
기록하여 전한 것은, 너희들은 육으로
태어났으며 그리 영으로 변할 수 있고
하늘에 속한 자로 올라올 수 있으니,
43 그 길을 위해 살라 함을 알아야 할 것
이니라.
44 그와 같은 자격이 있는 너희들이 하늘
에 속한 삶을 살도록 깨우쳐 줌이니,
이 뜻을 잘 이해하도록 하여 너희들
것으로 만들라.
45 지금의 모든 종교 지도자들은 예수는
위에서 났으므로 그는 위대한 자요,
너희들과는 관계없다는 그와 같은 생
각을 하고 있음이니,
46 그리하여 너희들이 잘못 가고 있음이
니라.
47 그리하여 너희들이 나의 아들을 나와
삼위일체라 하며 신과 같이 받드는 것
은 잘못됨을 알라.
48 나의 아들 예수는 너희들과 같음이니
라.
49 성령으로 태어난 것은 하늘에서 온 것
이니 너희들은 성령으로 변하면 되며,
50 예수가 육으로써 지상에 속한 것은 너
희들과 똑같이 태어난 것임이니,
51 지상에서 육으로 태어난 너희들은 성
령으로 변해 오는 그와 같은 역사를
이룰 자격이 있으며, 그 길을 위하여
살아가야 한다는 것을 내가 가르쳐 줌
이니,
52 그것이 구원의 길이라는 것을 잊지 말
라.
53 그리하여 너희들은 자격이 있음이니,
이 뜻을 알라.
54 너희들이 성서에 기록한 내용을 자세
히 읽고 깨우쳐 보라.
55 나의 아들은 나로부터 특별한 사람이
더냐?
56 너희들의 형제라 하였던 그 대목이 또
한 기록되어 있을 것이며, 내가 그리
깨우쳐 전하였음을 잊지 말라.

4,842 번째 하나님 말씀

2003년 2월 5일 14시 06분

1 사랑하는 나의 아들아!
2 "네, 아버님! 말씀하옵소서."
3 예수는 위에서 태어나 위에 속한 자
요, 너희들은 아래에서 태어나 아래에
속한 백성이라 내가 그리 기록한 것은,
4 너희들을 나의 아들 예수와 차별화를
두고자 한 것이 아니요,
5 육에서 태어난 너희들이 깨닫고 변화
되어 천사와 같은 마음으로 변화되는
것,
6 그리하여 너희들이 위에서 태어난 백
성이 될 수 있다는 것을 내가 너희들
에게 가르쳤음이니,
7 너희들은 항상 아름다운 마음으로 살
아간다면 위에 속한 백성이 되니,
8 너희들이 곧 의인이 될 수 있는 것이
며, 인자가 될 수 있는 것이 너희들임
을 알아야 할 것이니라.
9 지금 내가 160권의 법전을 세상에 내
보내, 나의 아들을 따르는 제자 너희

들에게 축복과 영광을 내리기 전에 고
통과 시련을 주며 깨달음의 길을 가
게 하고자 내가 훈련을 시키는 것은,
10 그 속에서 너희들이 하늘에서 태어난
자로 변할 수 있음이며,
11 부귀영화와 권력에 젖어 있는 백성 너
희들은 미래의 삶이요, 다음의 세상을
알지 못하며,
12 오늘의 생활에 충만하여 있으며, 너희
들의 마음이 오만에 차 있으며 거만에
차 있음이니,
13 아무리 참진리요, 아름다운 뜻이라 하
여도 너희들의 오늘의 삶의 그 생활을
지우려 하지 아니하며 버리려 하지 아
니하는 것이니라.
14 고대광실에 살던 자에게 비바람 새는
초가삼간으로 옮기는 것이 하늘에 오
르는 길이라 할 때,
15 그 누가 찬바람에 몸서리치며 살을 에
는 그 길을 선택하려 하겠느냐?
16 그 차가운 비바람 속에 젖어 있는 백
성이 변하고자 노력하며, 거기서 벗어
나고자 노력하는 그 고통 속에서 너희
들이 참진리요, 아름다움을 깨우치게
되어 있음이니,
17 오늘의 너희들이 하늘에서 난 자요,
땅에서 난 자를 구분하지 못하며,
18 하늘에서 난 자는 하늘에서 난 자요,
땅에서 난 자는 땅에서 난 자이니 하
늘에 오를 수 없다는 그와 같은 생각
을 하는 너희들이기에,
19 너희들을 내가 선택한 것은, 하늘에서
난 자가 아니고 땅에 속하며 땅에서
난 자라 하여도 하늘에서 난 자처럼
하늘에 속하는 백성으로 될 수 있다는
것을 너희들로 하여금 깨우쳐 주고자
함이니,
20 내가 너희들에게 아무리 깨우쳐 준들
무엇하는가?
21 내가 너희들을 선택한 것은 너희들을
깨우쳐 주려는 것이 아니요,
22 지상에서 태어나서 땅에 속해 있는 백
성이 하늘에 속하는 백성으로 변화되
는 그 모습이요, 그 역사를 너희들에
게 이루라 함이니라.
23 아무나 할 수도 없고 아무나 갈 수 없
는 그 길을 이루라 하여,
24 그들이 정녕 하늘과 땅이 구분되어 있
으며 의로운 백성이요, 의인과 땅에서
나온 백성과는 도저히 하나가 될 수
없으며 형제가 될 수 없으며 같은 백
성이 될 수 없다 그리 착각하며 믿고
가는 그와 같은 형국에서,
25 만백성이 너희들을 보고 깨어나야 하
기 때문이니라.
26 그리하여 내가 그를 깨어날 수 있도록
하는 것은 무엇이던가?
27 너희들의 마음속으로 알고 있으며 생
각으로써 천 번 만 번 알고 있으면 무
엇하겠느냐?
28 그리 행동으로 하지 아니하면 너희들
은 만백성을 구하는 길을 갈 수 없으
나, 너희들은 그와 같이 할 수 있느니
라.
29 너희들이 변해 가는 그 모습을 나 여
호와는 기쁘게 생각하며, 너희들의 그
변하는 모습을 알고 있음이니라.
30 나의 아들이 변하여 달려가듯이, 너희
도 나의 아들을 따라 달려가는 그 모
습이 바로 세상에 속한 백성이 하늘에

속한 백성으로 변화될 수 있다는 것을
너희들이 몸소 실천해서 보여 줘야 되
며,
31 그 행동으로 해야 되는 너희들이기 때
문에,
32 너희들이 하나하나의 행동이요, 언행
에 조심하며 그리 살아가라 내가 너희
들에게 명하는 것이니라.
33 내 뜻을 너희들이 이제 알겠는가?
34 나 여호와가 간절히 바라는 것이 무엇
인가를 너희들은 알겠는가?
35 너희들은 성령으로써 거듭 태어난 백
성으로 변해야 할 것이니라.
36 그리하여 너희들이 나의 아들딸로 태
어나는 것이 바로 무엇이더냐?
37 하늘에 속해 있는 백성으로 갈 수 있
음이니라.
38 그리하여 나의 아들딸로서 너희들이
구원을 받게 되며, 너희 스스로 나에
게 오를 수 있음이니라.
39 너희들이 나에게 구원을 받고자 나에
게 오르고자 선행을 하고 베풀며 아름
다움을 행하며 봉사를 하는 그와 같은
삶이 아니라,
40 너희들 스스로 마음을 다스려, 지상에
서 태어나며 지상에 속해 있는 너희들
이 하늘에 속해 있는 나의 백성으로
변할 수 있는 것이 무엇인가 그것을
보고 그 길만을 달려가라.
41 더 이상을 생각해도 안 되며, 더 이상
을 연구해서도 아니 되느니라.
42 너희들이 하늘에 속하는 백성으로 변
할 때,
43 만백성에게 과연 지상에 있는 백성도
하늘의 백성이요, 하늘에 속하는 백성
으로 변할 수 있다는 것을 보여 주는
것이니,
44 너희들이 얼마나 갈고 닦아야만 되는
가를 알겠는가?
45 원수를 사랑하라는 것도 너희들에게
해당하는 일이며, 낙타가 바늘구멍으
로 통과한다는 그 말도 오늘의 너희들
을 위해서 내가 내린 말이라는 것을
잊지 말라.
46 너희들을 위해서 성서에 기록된 내용
이 수없이 있으며, 너희들의 오늘을
위해서 내가 가르치고 전한 것이 성경
에 수없이 기록되었으며,
47 지금 나의 법전에 기록되어 전하는 모
든 것이 바로 지상에 속해 있는 백성
이 하늘에 속해 있는 백성으로 변하는
길을 가게 하려고 내가 지금 이와 같
은 모든 역사를 끌고 감이니,
48 바로 너희들을 위해서 나 여호와가 이
리 가고 있음을 알겠는가?
49 나의 아들에게 그 어렵고 힘든 길을
내가 늦추지 아니하며 그를 몰고 가는
것은 너희들이 있기 때문이며,
50 너희들을 그리 변하게 하고자 함이 여
기에 있음이니 그리 알라.
51 이와 같은 이치를 모르고 가는 것이
지금의 종교 집단이며, 이 뜻을 모르
고 가는 것이 그들이니라.
52 그리하여 종교 집단이 잘못되었으며
잘못 가고 있다 내가 너희에게 그리
가르침이니라.
53 이제는 너희들은 알아야 할 것이니라,
54 예수와 나의 아들딸 너희들과 구분 짓
는 것이 아니라는 것을.
55 너희들이 구분 짓는 것은 잘못됨을 알

라.
56 너희들은 한 형제요, 친구요, 나의 아
들딸과 같이 똑같음이니라.
57 그러니 그 뜻을 알아 너희들이 그리
행하도록 하라.
58 나의 아들은 성령으로써 나와 지상에
서 육을 받아 지상에 속했으며, 너희
들은 지상의 땅에 속해 있으면서 성령
의 가르침을 받아 변하여 하늘의 백성
으로 올라오는 것이니,
59 이것을 모르며 이것을 가르치지 아니
하며, 하늘에 있는 자와 지상에 있는
자는 천양지차가 있어 도저히 너희들
이 오를 수 없다 그리 생각하는 자,
60 그리고 나의 아들 예수의 행동을 따라
갈 수 없다 말하는 자,
61 너희들은 인간 세상에서 났기 때문에,
하늘에서 났으며 하늘에 속해 있는 예
수를 인간 지상에 속해 있는 너희들이
따라갈 수 없으며 범접할 수 없다 그
리 가르치는 것이 협잡꾼의 집단이요,
사기꾼의 집단이요,
62 너희들을 지옥 불로 이끌고 가는 집단
들이 사악한 악마의 앞잡이라는 것을
잊지 말라.
63 너희들은 이를 뒤집어야 할 것이니라.
64 지상에서 너희가 태어났으나, 너희가
변하여 하늘의 백성으로 변화되는 것
이 나 여호와가 원하는 것이며, 예수
가 이 세상에 와서 이루고자 한 뜻이
거기에 있었으며,
65 나 여호와의 법전이 세상에 나가 새로
운 성경으로써 세상의 너희들에게 전
하는 것은 바로 무엇이더냐?
66 그를 위하여 존재하며 내가 역사함이
니라.
67 그것이 바로 너희들이 구원을 받는 것
이요, 하늘에 오르는 길이요, 너희들
이 내 품에 올 수 있는 길은 그 길밖에
없음이니라.
68 지상에 속해 있는 백성이 하늘에 속해
있는 백성으로 변하는 그 길만을 위하
여 달려오라.
69 구원을 생각하지 말라.

4,843 번째 하나님 말씀

2003년 2월 5일 14시 20분

1 사랑하는 나의 아들아!
2 "네, 아버님! 말씀하옵소서."
3 내가 나의 아들 예수를 통하여 성서에
다음과 같이 기록한 그 구절을 너희들
은 깊이 음미해야 할 것이니라.
4 이 구절을 깊이 음미하며 이 뜻을 알
아 그대로 행하는 자, 하늘의 빛을 보
게 될 것이니라.
5 나 여호와가 예수를 통하여 기록하기
를, '나 여호와가 예수를 사랑하는 것
같이, 예수가 또 너희들을 사랑하는
것같이 너희들은 서로 사랑하라' 그리
기록되어 있을 것이니라.
6 '사람이 친구를 위하여 자기 목숨을
버리면 이보다 더 큰사랑이 없나니,
너희가 내가 명한 대로 행하면 곧 나
의 친구이니라.' 예수가 그리 전하였
음이니라.
7 너희들은 이 기록된 내용을 알아야 할
것이니라.
8 예수가 말하기를 무어라 하였느냐?
9 예수가 전하는 그 뜻대로 행하는 자,

그대로 임하는 자, 그리고 순종하는
자는 곧 예수의 친구라 그와 같이 예
수가 말한 내용을 깊이 새겨 두고 너
희 것으로 만들어야 할 것이니라.
10 '이제부터 너희를 종이라 하지 아니하
리니, 종은 주인이 하는 것을 알지 못
함이니, 너희를 친구라 하였느니라.
내가 내 아버지께 들은 것을 다 너희
에게 알게 함이니라.'
11 이 소중한 내용을 너희들 종교 지도자
들은 과연 어찌 가르치는가?
12 나의 아들은 여기서 너희들에게 전했
느니라.
13 내가 원하는 것을 따르는 자, 그리고
내가 예수를 통하여 너희들에게 전하
고자 했던 그 내용대로 행하고 너희들
이 실천하는 것은,
14 예수가 스승이 아니요, 신으로서 세상
에 내려간 것이 아니요, 육의 형태를
한 너희들의 친구라 그리 여기서 못을
박아 전하지 아니하였던가?
15 너희들은 이 의미를 알아야 할 것이니
라.
16 너희는 있는 그대로 깨우치며 있는 그
대로 너희 것으로 받아들이는 그와 같
은 지능도 없음이니라.
17 너희들이 내가 비유하여 가르치는 그
뜻을 알지 못한다면, 있는 그대로 깨
우쳐 그대로 행하면 될 것을,
18 너희들은 있는 그대로 행하고 가르치
고 전해야 할 것을, 너희들 마음대로
고치고 너희들 생각대로 뒤집어 가르
치는 것이 지금의 너희들의 형국이 아
니던가?
19 너희들이 있는 그대로만 제대로 가르
쳤어도 지금과 같이 협잡꾼들이 득실
거리는 사기꾼의 집단이요, 사악한 집
단으로 변하는 종교 집단은 되지 아니
하였을 것이며,
20 단상에 서서 설교하며 가르치는 자들
이 앞과 뒤가 다른 추하고 더러운 모
습으로써 그 순박하고 아름다운 백성
앞에서 악을 쓰며 소리 지르는 자들은
아니 되었을 것이니라.
21 그들이 다 기만하는 자들이라는 것을
너희들은 알고 있는가?
22 나의 아들은 '친구'라 말하였음이니라.
23 나 여호와는 나의 아들 예수에 의하여
그리 전했느니라.
24 나 여호와의 뜻을 행하는 자, 순종하
는 자, 그리고 예수가 전하고자 하는
그 뜻과 내가 그에게 명한 그 모두를
행하는 자, 그대로 행하는 것은 다 똑
같은 자식이요, 아들이요, 딸이라 함
을 내가 거기다 기록하여 두었음을 너
희들은 알아야 할 것이니라.
25 위의 대목에서 너희들은 더 깊이 깨우
쳐야 할 것이 있음이니라.
26 너희들은 지금 삼위일체라 하여 예수
가 나 여호와라 그리 말하며 그리 부
르짖고 그것만이 구원을 받는 길이라
그리 말하나,
27 여기서 예수는 또한 제가 나로부터 보
내진 자라는 것을 확실히 명시하였으
며,
28 예수가 전하는 그 뜻이 거기에 포함되
어 있음을 너희들은 알아야 할 것이니
라.
29 그리하여 예수가 나의 뜻을 전한, 너
희들의 형제요, 같은 친구라 말한 그

의미는,
30 그의 아버지요, 창조주는 따로 있다
함을 그가 명시한 대목임을 너희들은
알아야 할 것이거늘,
31 어찌하여 너희는 그와 같은 깨달음을
얻지도 못하며 들여다보지도 못하는
가?
32 예수가 말했느니라.
33 예수가 말한 것은, 내가 전하는 대로,
그가 원하는 대로, 그가 이끄는 대로
따르고 순종하며 같이 가는 자는 그의
친구가 된다 하였음이니라.
34 이는 나 창조주 여호와와의 관계를 확
실히 너희들에게 전하는 대목이라 내
가 말했으며,
35 나의 백성 너희들과 똑같은 형제라는
말을 거기다 기록하여 전하지 아니하
였던가?
36 그러나 너희들은 지금 어찌하고 있는
가?
37 나의 예수가 창조주 나 여호와와 똑같
은 능력을 가지고 있다 그리 부르짖는
것이 지금 너희들이 아니던가?
38 너희들은 예수를 스승도 아니요, 나
여호와 하나님과 똑같은 자라 그리 만
들며, 똑같은 직위에 올려놓고 그리
가르치고 전하는 것이 지금 너희들이
가고 있는 형국이니,
39 나의 아들이 전하고자 한 그 뜻을 너
희들은 정면으로 거역하며 나의 아들
을 고통 속으로 몰아넣고 있는 것이
너희들이니라.
40 나의 아들 예수로써 구원을 받으며 그
보혈로써 하늘에 오르는 길을 올 수
있다는 것이 너희들이며,
41 예수의 뜻대로 사는 것만이 하늘에 오
르는 길이요, 나에게 오는 길이라 하
여 '주 예수, 주 예수!' 그리 부르짖고,
광란의 짓을 하며 눈물의 찬송을 부르
면서,
42 어찌하여 예수가 전하는 것은 따르지
아니하는가?
43 예수의 삶과 같이 산다는 것은 고통스
럽고 힘들고 어렵기에 너희들은 그 대
목은 꽉꽉 묶어 짓밟아 감춰 놓은 형
국이 아니던가?
44 진정한 종교 지도자라면 나의 아들 예
수가 행하는 대로 똑같이 행하는 것만
이 하늘에 오르는 길이요,
45 나의 아들 예수와 형제요, 친구가 되
는 것이라 그리 가르쳐야 하거늘, 그
러한 것은 가르치지 아니하며,
46 어찌하여 나의 아들 예수가 그리 말한
것을 거역하며,
47 그를 너희들이 스승이요, 선생보다도
더 위대하게 그리하여 신이라 하여 나
와 똑같은 자리에 올려놓고 그리 지금
가고 있는 것인가?
48 너희들이 얼마나 사악한 죄를 짓고 있
으며, 나를 얼마나 능멸하며, 나를 얼
마나 멸시하며, 나를 얼마나 욕되게
하는 행위며, 나의 아들을 얼마나 고
통스럽게 몰아넣는 것인가를 알아야
할 것이니라.
49 종교 지도자 너희가 나의 백성과 차별
화되었다 그리 말하느니라.
50 나의 백성이 너희들을 심판할 수 없으
며 다스릴 수 없으며,
51 너희들은 백성 위에 차원 높은 곳에
있는, 나로부터 선택된 종교 지도자라

그리 말함이니,
52 너희들은 과연 무엇이던가?
53 예수가 말하며 행하고 지키고자 하는 것을 똑같이 지키는 만백성은 예수와 친구요, 형제라 그리 말하였음이니,
54 너희들은 그와 같은 나의 백성과 차별을 두며, 나의 백성보다 높은 자리에 있다 그리 생각하며,
55 나의 백성이 너희들을 감히 단죄할 수도 없고 조언할 수도 없으며 잘못을 가르칠 수도 없으니,
56 너희들은 친구 관계도 아니요, 스승 관계도 아니요, 사제 관계도 아닌 너희들의 그 자세는 무엇이더냐?
57 예수는 만백성을 친구라 하였음이니라.
58 그러나 너희들은 만백성의 친구가 될 수 없으며,
59 너희들이 도둑질을 하든, 강도질을 하든, 간음을 하든, 살인을 하든 조언 한 마디 할 수 없는 것이 너희들의 백성이요, 신도들이요, 너희들과의 차이라 그리 부르짖고 그리 가르치고 있음이니,
60 너희들의 위치가 과연 무엇이더냐?
61 너희들은 예수의 보혈로써 구원받는다 그리 말하면서,
62 너희들은 예수와 친구라는 자들과 친구가 될 수 없으며, 더 높은 자리에 있다 함이니,
63 너희들이 얼마나 사악한 자이며, 교묘한 방법으로써 한 입 가지고 두말을 하는 것인가?
64 나의 백성들이 예수와 똑같다 예수가 그리 말하였거늘,
65 너희들이 그 위에 높이 있다는 것은 예수보다 높이 그 위에 있고자 함이니,
66 나의 아들 예수 위에 더 높은 자가 과연 누가 있다 너희들은 말하는가?
67 그는 나 여호와요, 창조주라는 것을 너희들은 알아야 할 것이니라.
68 너희들은 스스로 신이 되고자 함이요, 너희들이 신이 되며 창조주가 되었다 부르짖는 것이며,
69 바로 너희들이 지금 가고 있는 사악한 마음의 뿌리이니라.
70 나의 아들 예수가 행한 것을 따르는 백성은 그의 친구며 그의 형제라 그리 말하였음이니,
71 너희들은 예수의 친구요, 형제를 너희들보다 낮은 자요, 너희들이 더 높은 자라는 그 착각 속에 살아가고 있음이니,
72 과연 어떠한 종교 지도자로서 지금 서 있는가를 너희들은 알아야 할 것이니라.
73 지금의 종교 지도자 너희들이 그리 차별화되는 것은, 예수의 그 선을 넘어 예수보다 더 높은 자리에 있다 하는 것이니,
74 그것이 바로 내가 뭐라 말하였더냐?
75 나를 능멸함이요, 나를 무시함이요, 너희들이 내 자리에 앉은 것처럼 너희들이 내 자리를 앉고자 하는 그와 같은 사악한 자들이며,
76 사악한 악마의 표본이 지금의 잘못 가는 종교 집단이요, 지도자이니라.
77 지금 여기에 기록하여 전하는 내용이 과연 잘못된 부분이 있는가 읽어 보라.
78 너희들이 한 자도 빼서도 안 되며 더

해서도 안 되며 획을 고쳐도 안 된다
는 그 성경에 기록되어 있음이니라.
79 나의 아들 예수가 행하는 대로 그대로
따르는 자, 그는 친구라 말하였느니라.
80 너희들은 그 친구를 종처럼 부리며,
친구가 너희들이 잘못하는 것을 지적
할 수 없으며 너희들에게 조언할 수
없다 하니,
81 너희들은 과연 어떠한 존재라 생각하
는가?
82 예수의 친구를 벗어나 그 위에 서 있
음이니, 나 여호와의 자리에 앉아 있
다는 착각이며 내 자리를 찬탈하는 사
악한 자이니라.
83 그를 바로 깨우치도록 그리하라.

4,844 번째 하나님 말씀

2003년 2월 5일 14시 30분

1 사랑하는 나의 아들아!
2 "네, 아버님! 말씀하옵소서."
3 너희들이 예수의 보혈로써 구원을 받
았다 말하며 너희들은 구원을 받은 백
성이라 그리 말하느니라.
4 그러면서 너희들은 어찌하여 나의 아
들 예수가 전하는 그 뜻은 지키지 아
니하며 그를 행하지 아니하는가?
5 내가 성서에 기록하여 너희들에게 전
하기를, 나의 아들이 그리 전했느니라.
6 예수가 행하는 그것을 똑같이 행하는
백성은 다 그의 친구라 말하였느니라.
7 그리고 형제와 같은 자라 말하였느니
라.
8 내가 너희들에게 전했듯이, 예수는 스
승도 아니요, 신도 아니요, 예수가 전
하며 나 여호와가 전하는 뜻을 그대로
행하는 자는 예수의 친구라 그리 말하
였느니라.
9 너희들은 그와 같이 예수가 행하는 것
을 따르며 예수가 이루고자 했던 그것
을 믿고 따르는 것이 너희들이 해야
하는 길이거늘,
10 너희들은 어찌하여 그와 같은 행함은
하지 아니하고 구원을 받았다 그리
말하는가?
11 너희들의 집단을 위해서 속하는 백성
으로 가는 것이 아니라,
12 너희들이 하늘에 오르는 길인 하늘에
속한 백성으로 변하는 것이 너희들이
원하며 너희들이 가야 하는 것이 아니
던가?
13 지금 나의 아들을 따르는 백성이요,
나의 법전을 읽고 깨우쳐 가고자 하는
백성은 태어나기는 땅에서 태어났으
며 땅에 속한 백성이나,
14 하늘에 속한 백성으로 변하고자 피나
는 노력을 하며, 스스로 악과 싸워 그
리 가는 것이 지금 선택된 나의 아들
딸이요, 나의 성전에 와 나의 성령을
직접 듣는 백성들이니라.
15 그러나 수천 년 동안 믿음의 길을 가
는 오늘의 종교 집단 너희들은 과연
어찌 왔는가?
16 너희들은 위에 속해 있는 백성으로 가
는 것이 아님이니라.
17 너희들은 땅에 속해 있는 백성으로서,
지금 땅의 조직이요, 땅에 사는 백성
으로 땅의 조직을 가지고 그 집단을
이끌어 가는 것이 너희들의 지금의 형
국이니라.

18 그러니 나와는 아무런 관계도 없는 것
이 너희들이라 내가 그리 말하고 전함
이니라.
19 너희들이 정녕 하늘에 오르는 백성이
요, 나의 뜻을 본다면,
20 너희들은 땅에 속해 있으며 땅에서 태
어났으나, 소인배 집단의 협잡꾼 같은
행위요, 그 집단으로 이끌어 가고 전
락해서는 아니 되는 것이 너희들이 가
야 할 길임을 알라.
21 내가 나의 아들 예수가 행하는 것처럼
사는 것은 예수의 친구요, 종이 아니
라 말했으며, 형제와 같은 자라 말하
였거늘,
22 너희들은 어찌하여 그와 같은 길을 깨
우쳐 바로 살며 예수와 같은 삶을 살
려고 그 길을 달려가는 것이 아니라,
23 그저 구원을 받았다는 그 명분 아래
너희들의 육의 삶을 위해 살아가는가?
24 이는 하늘의 백성이 되는 것을 너희들
이 모르고 있기 때문이니라.
25 너희들이 소인배의 집단이요, 협잡꾼
의 종교 집단으로서 지금 전락해 있으
니,
26 너희들은 하늘의 백성으로 올라갈 수
있는 것이 아니요,
27 영원히 아래 땅에 속하는 백성의 집단
으로서 지금 끌고 가 있는 것이 너희
들이니 그리 알아야 할 것이니라.
28 지금 소인배요, 협잡꾼들의 집단을 하
늘에 속하는 백성으로 만들고자 하는
것이 너희들을 통하여 이루고자 하는
것이며, 나 여호와의 뜻이니라.
29 지금의 모든 종교 집단들은 하늘에 오
르는 백성의 길을 갈 수 없음이니라.
30 하늘에 있는 백성으로 속할 수가 없으
며,
31 땅에 속해 있는 백성으로 그들이 존재
하며 그리 살다 저희들의 육의 삶이
다했을 때 나에게 심판을 받아 지옥
불로 가는 그와 같은 길로 가고 있음
이니,
32 지금의 모든 종교 집단이 소인배들의
얽히고설킨 그 집단 위에 서로 반목하
고 시기하며 질투하며, 재물을 놓고
크고 작은 것을 시시비비하는 것이 나
의 성전이라는 곳에서 검은 어둠 속에
서 이루어지고 거래하는 것이니라.
33 너희들은 알아야 할 것이니라.
34 이 소인배 협잡꾼의 집단을 하늘에 오
르는 백성으로 인도하고 깨우쳐, 그리
인도하는 것이 너희들의 대명임을 알
아야 할 것이니라.
35 그들은 소인배이기 때문에 나의 법전
을 태우며, 저희들을 구원하는 이 새
로운 성경을 찢어 버리며, 그리 짓밟
으며, 나의 아들까지 지상에 존재치
못하도록 하며,
36 나의 아들 예수를 죽인 자들처럼, 그
들의 뿌리요, 그 피를 받은 자들이 지
금 새로운 성경이요, 새로운 법전이
요, 새 시대를 열어 가고자 하는 나로
부터 선택된 백성 너희들을 존재치 못
하도록 하는 것이 그들의 짓이니라.
37 그들이 소인배로서, 저희 소인배 속에
서 저희들끼리 얼마나 물고 뜯고 싸우
는 것인가를 알아야 할 것이니라.
38 너의 제자들에게 전하라.
39 너희들은 비록 육에서 땅에 속하여 세
상에 태어났으나, 너희들이 하늘의 백

성으로 변하는 것이 너희들이 가야 할
길이라는 것을 잊지 말라.
40 나의 아들 예수는 성령으로써 하늘에
서 내려왔으나 육을 받았음이니, 그는
하늘에 속한 자요, 땅에 속한 자이니,
41 나의 아들 예수가 육으로써 세상에 와
땅에 속한 자라 함은 바로 무엇을 의
미하는지 알겠는가?
42 너희들과 똑같이 육을 가지고 땅에서
나며 땅에 속해 있는 백성인 예수가
하늘에서 태어나 하늘에 속한 백성인
것처럼,
43 너희들이 아름다운 마음으로 살아갈
때 나의 성령이 충만하니, 너희들이
하늘의 백성이 될 자격이 있다는 것을
깨우쳐 주고자 함이니, 이 뜻을 깊이
기려 너희들 것으로 만들도록 그리하
라.

4,845 번째 하나님 말씀

2003년 2월 5일 14시 53분

1 사랑하는 나의 아들아!
2 "네, 아버님! 말씀하옵소서."
3 지금 너희들이 아름다운 믿음이요, 아
름다운 길을 가고 있다 하면,
4 나 여호와의 뜻에 의해 가는 길이며,
진정 그 길을 가며 하늘에 오르는 길
이요, 참진리를 연구하고 간다 하면,
5 지금같이 험악한 세상은 이루어지지
아니하였을 것이니라.
6 그러니 그들이 잘못 가고 잘못 이루었
기 때문에 오늘의 종말의 시대요,
7 도둑이 들끓는 세상이요,
8 인간이 인간을 두려워하며 사람이 사
람 보기를 두려워하며,
9 사람을 도둑으로 보며, 도둑과 같은
세상이 되었다 그리 말함이니,
10 그것이 바로 무엇인지 알겠는가?
11 사랑을 베풀며 사랑의 길로 인도한다
는 종교 집단들이 소인배의 집단으로
서 소인배의 행동을 벗어나지 못하며,
12 인간이 지상에 태어난 그 지상에 속한
백성의 한계를 벗어나지 못하는 그와
같은 형국으로 그곳에 살아가다 보니,
하늘의 뜻을 모르기에 그들이 협잡꾼
이요, 소인배의 집단으로 전락하였음
이니라.
13 그리하여 그들은 소인배요, 협잡꾼과
같은 그 뿌리를 계속 내리고 그 뿌리
가 번성하여 이 세상을 덮었으니,
14 그리하여 너희들이 말하는 도둑의 세
상이요, 종말의 시대에 사악한 시대라
그리 말하느니라.
15 그러면서 그들은 지금도 변화와 개혁
을 알지 못하며,
16 내가 새로운 역사를 이루고자 새로운
성경이요, 새로운 나의 뜻을 세상에
내려보내는 것을 모르며,
17 저희들은 우물 안 개구리만도 못하게
그저 저희들끼리 모여서 저희들 것만
을 가지고 그리 살아가고자 하는 것이
그들이니라.
18 그리하여 그들은 사랑이 무엇인지 모
르기에 편을 가르며, 저희들과 같지
않은 자는 정적과 같이 생각하는 마음
의 자세로써 살아가니, 그 문조차도
열지 못하는 것이 그들이니라.
19 사랑이란 모두를 다 가슴에 안으며 모
두를 다 이해하고 용서하는 속에서 살

아가는 것이거늘,
20 그 자체를 말로써는 행한다 하면서 실제로 행동은 하지 못하는 것이 그들이니라.
21 그러기에 소인배가 받아들인 성경의 가르침이요, 나의 뜻이요, 예수가 전하고자 했던 그 모든 뜻은 그들이 그들 것으로써 또는 나의 뜻으로써 내가 원하는 것을 알지 못하며 그리 가지 못함이니라.
22 그리하여 내가 새로운 심판의 역사를 이루는 새로운 성경인 나의 법전을 내려보내도,
23 그들은 소인배요, 소인배로서 그 한계를 벗어나지 못하기 때문에 그 뜻을 모르느니라.
24 그리하여 그 소인배의 독소와 같은 뿌리가 지금 세상을 지배함이니,
25 너희들 만백성이 먹고 사는 그 물도 무엇이더냐?
26 독을 만드는 미물이 먹으면 독을 만드는 것이 되며, 아름다운 자가 먹으면 아름다움을 생산하는 그와 같은 기초가 되는 것이 아니던가?
27 그와 같이 너희들이 지금 이 형국이 되어 있음을 알아야 할 것이니라.
28 동물이 물을 먹으면 동물의 몸을 지탱하는 것이며, 인간이 먹으면 인간의 생명을 지탱하는 것처럼,
29 그가 어찌 받아들이고 어찌 소화시키느냐에 따라서 다름이니라.
30 큰 그릇이요, 넓은 마음이요, 사랑이라는 것이 아니요,
31 그저 소인배의 집단이요, 협잡꾼의 집단으로서 변화되어 있기 때문에,
32 오로지 그를 먹고 마시는 자들이 나의 성경을 듣고 배우는 자들이 협잡꾼의 집단으로서만 계속 번져 가고 있으며,
33 재물과 금화를 모아들이는 데만 그저 혈안이 된 그와 같은 집단으로 변화되는 것이 그들의 형국이니라.
34 같은 물을 먹되 독사가 먹었을 때 독을 만들어 내는 그와 같은 형국으로 지금 퍼져 가는 것이 이 세상에 너희들이 독버섯처럼 퍼진 것이니라.
35 그리하여 너희들 스스로 도둑의 세상이요, 종말의 세상을 만들어 놓고, 너희들이 스스로 그를 개탄하며 그를 바로잡아야 한다 함이니,
36 원천의 샘이요, 원본의 뿌리가 너희들이거늘, 그 뿌리가 뽑히지 아니하고 어찌 잡는다 말하는가?
37 너희들은 하늘에 속해 있는 백성과 지상에 속해 있는 백성이 구분되어 있음이니라.
38 지상에 속해 있는 백성은 하늘에 속해 있는 백성으로 살고자 노력할 때 그 역사를 이루는 것이거늘,
39 그러나 지상에 속해 있는 백성이 그 한계를 벗어나지 못하며 그 선을 넘지 못한다면 그들은 지상의 백성으로서 그대로 존속하게 되어 있는 것이니라.
40 그리하여 하늘의 백성으로서 다시 태어나는 그 역사를 이룰 수 없는 것이 너희들이니,
41 그 역사를 이루는 것이 내가 너희들에게 원하는 것이며,
42 나로부터 선택된 백성이 변하는 속에서 지상에 속해 있는 백성이 하늘의 백성으로 변하는 그 역사를 이루도록

내가 하고 있는 것이 그 뜻이니,
43 그러나 그리 변할 수 없는 것이 너희
들임을 알아야 할 것이니라.
44 내가 나의 아들 예수를 통하여 성서에
간곡히 기록하였음이니, 이 대목 또한
너희들이 읽고 또 읽어 너희들 것으로
써 깨우침을 얻어야 할 것이니라.
45 내가 성서에 기록하여 전하기를 예수
를 통하여 너희들에게 이리 전하였느
니라.
46 나의 아들 예수를 세상에 내려보내,
모든 나의 성령이요, 나의 뜻이요, 너
희들이 하늘에 오르는 길 모두를 다
깨우쳐 너희들에게 내려보내며,
47 죄가 무엇이며 죄가 아닌 것이 무엇인
가를 나의 아들 예수가 세상에 내려가
그를 전하며 너희들에게 깨우쳤음이
니,
48 너희들은 인간으로서 지은 죄를 짓지
아니하였다 핑계 댈 수 없으며, 너희
들이 무엇이 죄가 되고 안 되는가를
몰라 죄가 되는 줄 모르고 행하였다는
그와 같은 변명을 할 수 없다 내가 기
록하였느니라.
49 나의 아들 예수가 세상에 내려가 나의
뜻을 전하면서 어떤 것이 죄며 어떤
것이 죄가 아닌가를 너희들에게 가르
치지 아니하였다면 너희들은 무엇이
죄이고 죄가 아닌지 몰라서 그리되었
다 핑계를 댈 수 있으나,
50 나의 아들이 세상에 나가 그를 전하였
음이니, 너희들이 핑계도 댈 수 없다
그리 내가 성경에 기록하여 놓지 아니
하였던가?
51 너희들은 이를 알아야 할 것이니라.
52 나의 아들을 따르며 나의 법전을 가지
고 공부하는 백성 너희들은 지금 나의
법전이 세상에 내려가지 아니하였다
면,
53 너희들은 심판의 기준이 무엇인지 몰
라 죄를 짓고 심판의 두려움을 몰랐다
그리 말할 수 있으며 그리 핑계 댈 수
있으나,
54 예수가 세상에 내려가 죄가 무엇이며
죄가 아닌 것이 무엇인가를 가르쳤기
때문에 너희들이 그를 핑계 댈 수 없
듯이,
55 내가 심판하여 구원할 자와 구원받지
못할 자를 구분하는 나의 법전이요,
새로운 성경을 세상에 내려보냈으니,
56 너희들이 구원의 길을 몰랐다 나에게
핑계 댈 수 없으며 변명할 수 없는 것
이 나의 법전이 세상에 내려가서 너희
들에게 전함이니,
57 이것이 마지막 심판의 기본이요, 근본
이라는 것이 여기에 있음이니라.
58 예수가 세상에 내려가서 너희들에게
전한 것은 너희들이 죄를 지으면서 죄
가 아니라 핑계 댈 수 없다는 것을 너
희들에게 가르치고자 하였음이니,
59 그는 예수가 중간 주자로서 중간의 그
모든 임무를 수행한 것이며,
60 마지막 시대에 마지막 주자는 무엇이
더냐?
61 심판의 결과이니라.
62 그러니 나의 법전이 지금 내려가는 것
은 심판의 기준이요, 기본이라는 것을
너희들은 여기서 깨달아야 할 것이니
라.
63 너희들은 나의 법전이 세상에 내려갔

으며 새로운 성경이 세상에 나와 전해
졌으니, 너희들은 나에게 심판을 받는
것이 어떠한 것이며 심판을 몰랐으며
그 심판에 따라 벌을 받는 것을 몰랐
다 핑계 댈 수 없음이니 그 무서움을
너희들은 알아야 할 것이니라.
64 성서에 기록된 그 내용이 오늘에 필요
한 것이며, 오늘에 필요한 것을 입증
하기 위해 내가 심판의 시대를 열 것
을 미리 알려 주었음이니, 바로 심판
이 시작됨을 너희들은 알라.
65 어떠한 이유든 너희들이 심판에 대한
핑계를 댈 수 없으며, 심판을 몰라서
너희들이 그리 살지 못했다는 어떠한
이유도 댈 수 없음이니,
66 이것이 바로 내가 법전을 내려보내는
뜻임을 알라.
67 예수를 내려보내 너희들이 죄에 대한
핑계를 댈 수 없게 하였으며,
68 나의 법전이 세상에 내려가 너희들이
심판에 대해 변명을 할 수 없도록 그
리되어 있으며,
69 그와 같이 짜여 있으며 그 계획에 의
해서 흘러가는 이 무서움을 너희들이
들여다보고 깨우쳐 보도록 하라.
70 너희들이 변명을 댈 수 없으니,
71 그저 말로써 수다 떨며 구원을 받을
수 있으며, 행동이 소중하지 아니하
며, 그저 너희 손으로 지은 성전에 재
물을 바치면 그 재물을 바친 만큼 너
희들이 쉽게 구원을 받을 수 있다는
그와 같은 생각을 저버려야 할 것이니
그리 알라.

4,846 번째 하나님 말씀

2003년 2월 5일 15시 17분

1 사랑하는 나의 아들아!
2 "네, 아버님! 말씀하옵소서."
3 '나를 미워하는 자는 또 내 아버지를
미워하는 자라' 나의 아들 예수가 성
경에 그리 기록하여 전하였음이니라.
4 예수를 믿지 아니하며 예수를 미워하
는 자는 또한 나 여호와를 미워하는
자라 내가 그리 너희들에게 전하여 깨
우쳐 주었음이니,
5 지금 너희 백성이 나의 이름으로 구원
을 부르짖고 있으면서, 과연 너희들은
나의 성령이요, 내가 내려보내는 새로
운 성경이요, 너희들을 심판하고자 내
려보내는 이 구원의 나의 법전을 어찌
하여 들여다보지 아니하며 그를 보려
하지도 아니하는가?
6 그러면서 너희들은 내가 내리는 새로
운 성경이요, 나 여호와가 직접 내려
보내는 나의 법전을 악마요, 사탄이
말하는 것이라 그리 말함이니,
7 어찌하여 그와 같이 우매한 짓을 하고
있는 것인가?
8 내가 나의 사랑하는 사람이요, 내가
사랑하는 나의 백성 그 누구를 통하여
나의 뜻을 전하여, 그로 하여금 글로
만들어 문자로 만들어서 책으로 만들
어 너희들에게 전하며 깨우쳐 주는 방
법 외에 그 무엇이 있다 말할 수 있는
가?
9 너희 자신이 받지 아니하며 너희가 선
택되지 아니한 것은 이 세상에 모두
다 사탄이요, 이단이라 그리 밀어붙이

며 그리 몰고 가니,
10 너희들이 속 좁은 소인배며, 협잡꾼의
행동이라 하지 않았는가?
11 남의 물건을 나쁘다고 속여서 제 것을
파는 것이 사기꾼이요, 협잡꾼이 아니
고 무엇이던가?
12 너희들이 가진 물건은 썩고 못 쓸 것
도 좋다고 팔며, 병든 짐승을 좋은 짐
승이라 파는 자요,
13 남들이 파는 좋은 짐승은 병든 짐승이
라 말하는 자와 같으니,
14 남이 가진 소중한 것을 가짜요, 잘못
된 것이라 하며 그리 파는 장사꾼이
요, 협잡꾼이요, 사기꾼하고 무엇이
다른가?
15 너희들은 소인배의 집단으로서 잘못
가며,
16 너희들은 믿음이 아니요, 너희들이 지
은 성전을 관리하기 위하여 금화와 은
화를 거둬들이기에 여념이 없는 너희
들이 과연 믿음의 길을 가는 백성인가?
17 그리하여 너희들을 바로잡고자 내가
새로운 성경을 누군가를 통해서 이를
글로 만들어 전하는 것이 나의 진리
요, 나의 뜻이기에,
18 내가 오늘 나의 아들을 통하여 160권
이라는 대장서로써 너희들을 깨우치
고자 하거늘,
19 어찌하여 너희들은 이것이 사탄이요,
이단이라 그리 몰아붙이며, 너희들 것
만이 위대하다 그리 말하는가?
20 너희들이 나 여호와를 미워하는 것은
나의 아들 예수를 믿지 아니함이라 하
였으니,
21 너희들이 나의 새로운 성경이요, 나의
법전을 믿지 않는 것은 너희들이 나를
부정하는 그와 같은 우를 범하고 있음
을 알아야 할 것이니라.
22 너희들은 예수를 미워하여 나 여호와
를 미워하지 말라.
23 내가 나의 아들 예수를 미워하는 자가
나 여호와를 미워하는 자라 말했듯이,
24 지금 그와 같은 우를 범하는 것이 너
희들임을 알아야 할 것이니라.
25 나의 법전을 욕되게 하는 자는 나 여
호와를 능멸하며 나를 부정함이요,
26 내가 너희들을 구원하고자 하며 심판
을 하는 그 역사를 너희들은 말로 하
면서 이를 믿지 않는 자들이니라.
27 이제 만백성 너희들은 알아야 할 것이
니라.
28 나의 아들이 인간 세속의 60평생의
삶을 살면서 그가 지금까지 살아왔던
세속에서 얽히고설킨 그 모든 삶을 바
로잡으며, 그가 정도의 길이요, 바로
서고자 하는 것을 너희들은 보게 될
것이니라.
29 그가 얼마나 바로 사는 것인가를 너희
들은 보게 될 것이니라.
30 너희들보다도 더 잘못 산 그가 나의
법전을 읽고 깨우치며, 나의 성령을
받아 글로, 문자로, 책으로 만들어 너
희들에게 전하는 그 대명을 받은 이후,
31 60평생 세속에 산 지금의 나의 아들
이 얼마나 삶을 잘 정리하며 바르게
사는 것인가를 너희들은 보고들을 것
이니라.
32 그러하니 너희들이 잘못 산 것은 인간
세속의 육의 삶이 있기 때문이며, 가
정을 이끌어야 하며, 육의 삶에 부닥

치고 사는 그 삶에서 바른 삶이며 진정한 아름다움이요, 거짓 하지 아니하며, 남의 물건을 탐하지 아니하고는 살 수 없다는 그와 같은 얘기를 할 수 없으며,

33 나의 아들이 변한 그 모습을 너희들이 보고 들어 너희가 핑계 댈 수 없기 때문임을 알아야 할 것이니라.

34 이제 너희들은 60이 넘게 세상을 살아온 나의 아들이 그 지난날의 삶을 정리하며 바로 살며 나의 뜻대로 살아가는 그 모습을 보았기에, 인간으로서 십계명을 지키며 나의 법전대로 살 수 없다는 그와 같은 핑계를 댈 수가 없음이니라.

35 또한, 나의 법전에 너희들이 아름답게 사는 그 내용을 상세히 기록하여 그를 깨우친 백성은 그를 알도록 내가 너희들에게 전하였음이니,

36 이 세상에 내가 그 모두를 존재하도록 했으니, 너희들은 어떠한 방법이든지 나에게 핑계 댈 수 없으며, 나에게 이유를 댈 수 없음을 알아야 할 것이니라.

37 이유 없이 무조건 거부하며, 이유 없이 나의 법전이 잘못된 것이며, 나의 아들을 사탄의 종이라 너희들이 그리 몰아붙이는 것은,

38 너희들이 바로 진정한 뜻을 알지 못함이며, 사랑을 모르는 것이니라.

39 너희들이 나에게 오르고자 하는 것은 다 같은 백성으로서 똑같이 나에게 오는 것이며, 나에게 향하여 오는 마음은 다 똑같으니,

40 너희들은 같은 형제요, 동족이라 내가 말하지 아니하였던가?

41 그러나 너희들이 오는 길에 내가 내리는 나의 법전이요, 나의 새로운 성경을 무조건 거부하며 무조건 사탄이라 말하며, 이를 찢어 버리고 태우는 것이 너희들의 지금의 형태며,

42 나의 아들까지 학대하며 나의 아들의 생명까지 노리는 것이 너희들이며,

43 그 제자들까지 핍박하며 그 제자들에게 고통을 가하여 그들이 존재하지 못하도록 하는 것이 너희들이 지금 하고 있는 그 마음의 자세이니라.

44 내가 이루고자 하는 것, 또한 나의 아들과 나를 따르는 나의 아들의 그 제자들이 나의 명에 따라 내가 이루고자 하는 역사를 이루는 그것까지도 너희들이 짓뭉개며 막으려고 하는 것이 너희들의 지금의 형국이며 너희들의 마음의 자세이니라.

45 너희들이 바로 믿음의 길을 가면 될 것이며, 너희들이 구원을 받는 길을 그대로 가면 될 것이거늘,

46 나의 새로운 성경이 세상에 나와 너희들이 먹는 것을 뺏어 먹으며, 너희들이 잠자는 것을 자지 못하게 하며, 너희들이 가는 믿음의 길을 못 가게 하며, 너희들이 믿는 그 광란의 짓을 중단시키던가?

47 너희들은 너희대로 가면 될 것이며, 나의 아들은 나의 아들대로 나의 법전을 세상의 만백성에게 전하여, 그 모든 심판은 나로부터 선택된 백성 그들이 스스로 할 것이거늘,

48 어찌하여 너희들은 이 역사마저도 하지 못하게 하는가?

49 너희들이 지옥 불로 달려가는 길을 가
면서, 바로 깨우쳐 하늘에 오르고자
하는 나의 백성까지 막고 있으며,
50 그를 깨우치고자 그 힘들고 어려운 길
을 위하여 역사하는 나의 선택된 백성
이 하고자 하는 그 일마저도 너희들이
못 하게 함이니,
51 너희들이 이중, 삼중으로 지금 죄를
짓고 있으며,
52 나의 피조물 만백성 중에 바로 가고자
하는 자까지 너희들이 못 가게 막으며,
53 그들을 깨우치고자 모두를 다 바쳐 역
사하는 선택된 나의 백성이요, 나의
아들을 따르는 제자들까지도 너희들
이 핍박하며 학대하며,
54 그들이 존재하지 못하도록 그 사악한
짓을 하고 있는 것을 너희들은 알아야
할 것이니라.
55 너희들이 수백 년, 수천 년 영원히 육
에서 살 것같이 생각하나, 백 년의 세
월을 넘지 못하는 것이 너희들의 육의
삶이니라.
56 육의 삶이 백 년도 안 되는 그 속에서
영원히 지상에 남아 있으며 지상에 속
해 있는 그 백성으로 살아가겠는가,
하늘에 속해 있는 백성으로 살아올
것인가?
57 하늘의 백성으로 속해 너희들이 살려
한다면 나의 법전을 읽고 깨우치는 그
길밖에 없음이니라.
58 지금이 종말의 시대요, 마지막 시대
요, 도둑이 들끓는 세상이라 너희들이
말함이니,
59 그를 천사들이 사는 세상으로 바꾸는
것은 너희들의 방법이요, 너희들의 성
경이요, 너희들이 가르치는 소인배의
종교 집단이요, 협잡꾼들이 우글거리
는 그와 같은 형국으로써는 바로잡을
수가 없음이니라.
60 그리하여 새로운 성경의 진정한 깨달
음을 위해 몸부림치고 가는 나의 선택
된 백성이 지금 세상에 존재하게 되었
음을 너희들은 잊어서는 안 될 것이니
라.

4,847 번째 하나님 말씀

2003년 2월 5일 21시 59분

1 사랑하는 나의 아들아!
2 "네, 아버님! 말씀하옵소서."
3 너희들의 인생의 살아가는 그 길이 멀
고도 먼 길이며 그 끝을 모르고 살아
가듯이,
4 그리 살다 명이 다했을 때 나에게 오
는 그와 같은 것 외에는 아무것도 알
지 못함이니라.
5 너희들의 그 긴 인생의 삶이 언제 끝
나며 언제 그 결과가 이루어지는지 너
희들은 모르고 삶이니,
6 이와 같이 모르고 사는 나의 백성 너
희들은, 지금 나의 성령을 들으며 새
로 내리는 나의 법전을 듣고 깨우치는
백성 너희들은 항상 준비된 삶을 살아
야 한다 내가 너희들에게 그리 전하였
음이니라.
7 그리하여 살아가면서 나의 법전을 읽
고 공부한 너희들이 얼마만큼 깨우쳐
졌으며, 너희들의 마음이 어느 쪽에서
얼마만큼 변화되어 있는가를 수시로
점검하며 수시로 돌아다보는 그와 같

은 삶을 살아야 함을 잊어서는 아니
될 것이니라.
8 그와 같이 너희들 스스로 다스리며 너
희들이 얼마만큼 변해 있는가 이를
보며 행해야 함을 알아야 할 것이니라.
9 그리고 너희들이 살아가면서 나의 뜻
대로 나의 법전대로 행하지 못하며 힘
들고 어렵거든,
10 너희 스스로 너희들 마음에 바르게 살
겠다, 곱게 살겠다 그와 같이 자신에
게 약속하고 그를 행하고 지키는 것
이 어렵고 힘들어 행할 수 없거든,
11 너희들이 고칠 수 없는 그와 같은 잘
못된 버릇이요, 잘못 행하는 것을 정
녕 너희들 자신에게 약속해서 고칠 수
없거든,
12 너희들은 나 여호와에게 약속하는 그
와 같은 용기를 갖도록 그리하라.
13 나 여호와에게 너희들은 이와 같은 일
을 하지 않겠다 약속하며,
14 창조주 아버지라 부르는 나 여호와에
게 너희들이 직접 그를 약속하라.
15 너희들이 버릴 수 없으며 지킬 수 없
고 행할 수 없는 것을 그와 같이 도저
히 네가 고칠 수 없거든,
16 그 약속을 나 여호와 창조주에게 직접
네가 맹세를 하고, 네가 나에게 약속
의 선언을 하도록 하라.
17 그리하면 너희들 자신에게 약속하고
지키려고 노력했던 것보다 너희들이
무서운 마음으로써 그 고비를 넘길 수
있으며,
18 그 고비를 넘기는 훈련을 쌓음으로 인
해서 모든 것을 다 너희들 마음에 너
희 자신이 약속해도 지킬 수 있는 그
와 같이 변하는 삶을 살 수 있을 것이
니라.
19 이제 나의 아들을 따르는 제자들이요,
나의 법전을 읽고 깨우친 만백성 너희
들은 너희들의 삶을 위해서 사는 것이
아니요,
20 많은 백성을 구원하는 그와 같은 역사
의 삶을 살아가야 하기 때문이니,
21 너희들이 변할 수 없거든, 그 모두는
나에게 약속하며, 나와 너희들이 일대
일로써 모든 약속이요, 언약을 하라.
22 그리하면 지키는 데 힘이 날 것이며
용기가 날 것이며, 행하는 데 너희들
이 자신이 생길 것이니,
23 모두는 나에게 직접 너희들이 약속을
하며 언약을 하는 그와 같은 마음으로
써 이제 너희들이 다스려 나가도록 그
리하라, 사랑하는 나의 아들딸들아!

4,848 번째 하나님 말씀

2003년 2월 5일 23시 06분

1 사랑하는 나의 아들아!
2 "네, 아버님! 말씀하옵소서."
3 구원의 길이 무엇이며 그 길이 어떠한
것인가, 너희들에게 어떻게 이루어지
는가를 아는 백성이요, 그것을 아는
종교 지도자는 감히 두려워 함부로 말
을 하지 못함을 너희들은 알아야 할
것이니라.
4 나에게 오르는 길이 얼마나 힘들고 어
려운 길이며,
5 어떠한 길을 거쳐 너희들이 어떠한 마
음의 다스림을 겪고, 어떠한 고통에서
깨어나 너희들이 다시 태어나는 그와

같은 어렵고 힘든 삶을 살아가는 것이
구원의 길이요, 하늘에 오르는 길이라
는 것을 안다 하면,
6 감히 두려워 너희들이 남을 구원한다,
구원해 줬다는 그와 같은 말을 할 수
없음을 알아야 할 것이니라.
7 너희들이 아무것도 모르며 무지하고
무식하기 때문에 남을 구원해 줬다,
구원할 수 있다며, 나의 아들 예수의
보혈로써 구원을 받았다 하며,
8 너희들의 손으로 지은 성전에 나와 재
물을 바치는 것으로 구원을 받았다 그
리 말할 수 있음이니라.
9 그는 무지하며 알지 못하기 때문에 감
히 그와 같은 말을 하는 것이니라.
10 나의 사랑하는 백성, 나의 아들을 따
르는 제자 너희들은 알고 있을 것이니
라.
11 너희들이 하나를 고쳐 하나의 변화의
역사를 이루는 것이 얼마나 힘들고 어
려운 것인가를 잘 알 것이니라.
12 너희들이 지금까지 살아왔던 그 모든
생활의 방법을 바꾸며,
13 너희들이 해 왔던 모든 뜻을 나 여호
와의 주관이요, 나의 뜻의 계명에 맞
춰 바꿔 나가며 변화되고 고치는 것이
얼마나 힘들고 힘든 길인가를 너희들
은 잘 알 것이니,
14 그와 같이 어렵고 힘든 변하는 길을
살아가는 백성 너희들은 변화되어 새
로 태어나는 것이 얼마나 무섭고 두려
운 것인가를 알기 때문에, 너희들은
그를 함부로 말하지 못함이니라.
15 그를 알지 못하는 자가 겁이 없어 무
지에서 오기 때문에 그는 그와 같이
구원해 줄 수 있으며 구원되었으며 구
원했다 그리 설교하며,
16 단상에 서서 나의 피조물 만백성을 그
리 우롱하여 가고 있음이니라.
17 그들이 정녕 구원의 길이 얼마나 힘든
것이며, 구원의 길을 역사하는 것이
얼마나 고통스러운 것이며,
18 너희들이 인내할 수 없는 길을 가며,
스스로 깨우치며 그 고통 속에서 죽음
과도 맞바꿀 수 없는, 죽음보다도 더
어렵고 힘든 것이 너희들의 변화요,
19 너희들이 차라리 죽음과 바꿔 변화될
수 있으면 그 길을 선택하는 것이 깨
우쳐 변해 가는 길이니,
20 그것을 모르는 자들이 함부로 그와 같
이 설교하며 떠드는 것이니라.
21 그를 아는 자들은 정녕 말을 할 수가
없음이니라.
22 너희들이 나의 참뜻이요, 하늘에 오르
는 그 역사의 고통스럽고 어려운 길을
안다면,
23 이것은 참진리요, 저것은 진리가 아니
요,
24 이는 나 여호와의 뜻이요, 나의 뜻이
아니라 너희들이 마음대로 그리할 수
가 없음이니라.
25 지금 너희들은 아무것도 모르는 자들
이기 때문에, 어떤 것이 나의 진리요,
나의 뜻이요, 나에게 오르는 길이라
함부로 단정하며 규정지음이니,
26 너희들이 얼마나 어리석은 자들인가?
27 고통과 고통 속에서 금광에서 광맥을
찾은 사람들처럼, 그 광맥을 찾아 환
호하며 그가 기뻐하는 것처럼,
28 너희들이 하늘에 오르는 길이 무엇인

지를 모르기에, 지금의 가는 길이 광
맥을 찾은 광부보다도 크나큰 영광의
기쁨이라며 그리 설레는 마음으로 나
의 피조물 만백성을 이끌어 가나,
29 너희들은 정녕 모르기 때문에 그러니
라.
30 너희들은 믿음이요, 하늘에 오르는 길
이 너희 소임이며, 너희들 것인 양 떠
들고 있음이니,
31 이와 같이 가르치는 자, 그와 같은 설
교요, 그들의 인도하는 말에 너희들이
귀를 기울이지 말라.
32 하늘에 오르는 것은 너희들이 임기응
변으로써 구원을 받으며 하늘에 오르
는 것이 아님을 알라.
33 정녕 하늘에 오르는 진리를 아는 자,
하늘에 오르는 길을 아는 자, 나 여호
와가 원하는 것을 아는 자는 임기응변
으로써 나의 피조물 만백성을 그리 인
도함이 아니니라.
34 정녕 구원의 길을 보지 못하였기 때문
에 그들은 말로써 웅변술로써 나의
피조물 만백성을 이끌어 가는 자들이
니, 그들에게 현혹되지 말라.
35 진정한 나 여호와의 길에 오르는 자는
말이 없음이니라.
36 그리고 감히 그와 같이 말하지 않는
자,
37 묵묵히 스스로 변하는 모습을 만백성
에게 보여 줘, 그를 보고 만백성이 깨
우쳐 하늘에 오를 수 있도록 실천하는
자, 행하는 자,
38 그리고 감히 두려워 구원의 '구'자도
입을 열지 못하는 그와 같은 지도자야
말로 나로부터 선택된 백성임을 알라.
39 너희들이 지금 가고 있는 그 변화는
너무나도 잘못 가고 있으며 나 여호와
와 관계없는 길을 가고 있음이니,
40 나 여호와의 아픈 마음을 너희들이 안
다면, 나의 법전을 읽고 바로 서야 할
것이니 그리 알라.
41 나의 법전을 읽고 정독하여 깨우친 자
가 바로 서지 못할 때는 나 여호와를
능멸하며 내가 존재함을 믿지 아니하
는 것이니,
42 너희들이 세상에 나온 그 뿌리조차도
알지 못하며 그를 인정하지 아니하려
는 그와 같은 자임을 잊지 말라.

4,849 번째 하나님 말씀

2003년 2월 5일 23시 11분

1 사랑하는 나의 아들아!
2 "네, 아버님! 말씀하옵소서."
3 구원의 길이란 나 여호와의 뜻을 알
며, 내가 행하는 것을 진정 알며, 나의
참진리의 뜻을 깨우친 자만이 구원의
길을 인도하는 백성이라 말할 수 있음
이니라.
4 내가 가르치고자 하는 것, 내가 이루
고자 하는 것, 내가 원하는 나의 참뜻
을 모르면서 가르치는 종교 지도자들
이 얼마나 어리석은 자들인가 너희들
은 알아야 할 것이니라.
5 적으로부터 보호하기 위하여 병아리
들을 품에 안는 어미 닭의 그 마음을
그 병아리들이 알 수 없듯이, 병아리
가 그 어미의 마음을 어찌 알겠는가?
6 세속에서 살아가는 너희들이 부모가
자식을 사랑하는 마음을 자식이 모르

며 그 뜻을 모름이니,
7 지금의 종교 집단 너희가 나 여호와의
뜻을 모르며, 내가 원하는 것이며 내
가 이루고자 하는 것이며 새로운 역사
를 이루는 것을 너희들이 알지 못하고
지금 그리 가르치고 가고 있음이니,
8 지금의 너희들의 믿음의 형태가 과연
어떠하다 생각하는가?
9 너희들은 진정한 믿음이 아님을 알라.
10 내가 비유하여 여기서 너희들에게 하
나를 깨우치고자 함이니, '대학'이라
는 그와 같은 학교가 있음이니라.
11 그 학교에 가서 너희들이 3년이요, 4
년이라 정한 그 기간에 교육을 받고,
12 또 차원 높은 교육의 이수 과정을 마
쳐 지도자가 될 수 있으며, 선생이 될
수 있으며, 교수가 될 수 있는 그와 같
은 절차를 밟고자 너희들은 많은 시
간과 노력을 경주하는 것이니라.
13 그러나 그 대학이라는 곳의 내면을 모
르면서 대학의 정문에 서서 그 학교를
한번 쳐다보고 난 백성이 제가 그 학
교에서 이제는 모두를 다 배웠으며,
거기서 가르치는 것을 다 알고 있으
며, 제가 박사 학위를 딴 것처럼, 그리
고 제가 많은 백성을 가르치는 교수
요, 선생이 된 것처럼 그와 같이 행동
하는 것이,
14 지금 너희들이 가고 있는 믿음의 형국
이 그와 같으니라.
15 그 학업의 전당에서 어떠한 역사가 이
루어지고 어떠한 선생으로부터 그들
이 무엇을 배우는지도 모르며 돌아가
는 것도 모르는 자가 그 학교의 외형
을 보고 제가 그 학교를 완전히 아는
것처럼, 그리고 그 학교에서 가르치는
것을 다 터득한 것처럼,
16 그리하여 선생이요, 지도자가 된 것처
럼 그와 같이 생활을 하고 있는 것이
바로 지금의 종교 집단 너희들이 하고
있는 행위임을 알아야 할 것이니라.
17 그와 같이 너희들이 나의 뜻을 모르며
내가 이루고자 하는 것을 모르면서 나
의 피조물 만백성을 이끌어 가고자 하
는,
18 진정 아무것도 모르는 것이 너희들이
니라.
19 그러니 내가 너희들에게 무엇을 원할
것이며, 너희들이 무엇으로써 나의 피
조물 만백성을 하늘에 오르는 길로 연
구하여 하늘에 인도한다 그리 말하는
가?
20 정녕 모든 지도자요, 학생을 가르치는
그 선생이 얼마나 힘들고 어려운 역경
속에서 그가 학생들을 가르치는 그 자
리에 서는 것인가 너희들은 그 노고와
뜻을 모르는 자들이니라.
21 너희들은 그와 같은 형국에서 지금 나
의 피조물 만백성을 이끌어 가고 있으
며,
22 또한 신도라는 그 백성은 무엇을 원하
는가?
23 어떠한 곳에서 너희들이 배우고 깨우
쳐 하늘에 오르고자 하는 것인가를 아
는가?
24 학업이라는 그 과정을 거치지도 않은
자가 그 학교의 외형을 보고 제가 교
수가 된 듯이 선생처럼 떠들고 설교하
는 자들의 그 말을 믿고 지금 따라가
는 나의 착하고 아름다운 백성 너희들

이 바로 그와 같은 자들이니라.
25 신도라 하여 너희들이 종교 지도자 앞
에 가 '할렐루야!' '아멘!' 하며 눈물의
기도를 하며, 눈물로 광란의 찬송을
부르며, 재물과 시간을 다 바치고 따
라감이니라.
26 지금의 모든 종교 지도자의 그 형태가
학업을 이수하지 아니하고 학교라는
것의 그 형태만을 보고 와서 그 모두
를 다 터득한 것처럼 그와 같은 행위
를 하는 것이요, 지도자의 행위를 하
고 있다 함을 너희들은 잊지 말라.
27 이와 같이 무서운 것이 지금 종교 지
도자 너희들이 가는 길이니라.
28 내가 원하는 것을 모르며 나의 뜻을
모르며 내가 가고자 하는 것을 전혀
알지 못하며 가는 자들이기 때문이니
라.

4,850 번째 하나님 말씀

2003년 2월 5일 23시 18분

1 사랑하는 나의 아들아!
2 "네, 아버님! 말씀하옵소서."
3 너희들이 믿음의 길에서 자신을 뒤돌
아봐야 할 것이며, 지금 너희들이 가
고 있는 모습을 돌아다보는 그와 같은
깨달음을 얻지 아니하면 너희들이 구
원의 길을 볼 수가 없음이니라.
4 이 세상의 모든 피조물 만백성은 다
나의 아들이요, 나의 딸이니라.
5 그리하여 너희들이 갈구하고 원하는
것이 무엇이던가?
6 너희들이 나로부터 생명을 받아 나간
그 하늘나라요, 나의 품에 오고자 하
는 것이 아니던가?
7 그러기에 너희들이 나에게 돌아오고
자 하는 것이 바로 너희들의 마음이
요, 그 길을 위해 지금 살아가는 것이
아니던가?
8 그렇다면 여기서 피조물 만백성 너희
들은 다 나의 아들이요, 나의 딸이니
라.
9 그리하여 너희들이 어떠한 종파에 몸
을 담아 나에게 기도하고 나에게 경배
하든, 어떠한 집단에 속해 있든 너희
들은 결국 나에게 오르고자 함이니,
너희들은 다 어떠한 것이던가?
10 한 형제라 내가 말하였으나,
11 너희들은 나에게 오르는 길을 같이 걸
어오는, 진짜 다정하고 사랑스러운 서
로의 길동무가 되는 것이 아니던가?
12 너희들은 어찌하여 나의 백성이 어떠
한 종파에 속해 있다는 것을 앞세워
경원시하며, 정적과 같이 생각하는 그
와 같은 마음을 가지고 어찌 길동무
가 될 수 있다 하는가?
13 어떠한 집단이든 너희들은 옳고 그름
을 평할 수 없으며, 저희들만이 위대
한 길이라 말할 수 없음이니라.
14 다만, 명확한 것은, 나 여호와를 향하
여 나의 자식들이 같이 그 길을 걸어
온다는 것은 엄연한 사실이니라.
15 그러니 너희들이 사랑하며 웃고 즐기
며 손을 잡고 길동무로서 다정한 모습
으로써 겸허한 자세로 나를 향하여
같이 그 사랑하는 마음으로 올 수는
없는가?
16 그리 나에게 가까이 올 수 있는 것은
없는가?

17 너희들은 결국 나를 향하여 오는 다
같은 길동무이니,
18 그 길동무끼리 벗이 되어 자연의 아름
다움을 보며 새의 울음소리를 들어 가
며 자연의 흐르는 소리를 들어 가며,
너희들이 그와 같이 손에 손을 잡고
나에게 올 수는 없는가?
19 너희들은 어찌하여 같은 길동무로서
한 길을 오면서도 원수처럼 생각하며,
서로 쳐다보지 아니하며 적대시하는
그와 같은 삶을 살아가는가?
20 너희들이 먼 길을 떠나고자 하면 가
족이 중간에 먹을 음식을 준비하여 너
희들에게 전해 줌이니라.
21 너희들은 그를 가지고 오면서 같은 길
동무로서 같이 그 음식을 나누어 먹으
며 서로 맛을 음미하며 그와 같이 오
면 되는 것을,
22 너희들 가족이 먼 길을 가는 너희들에
게 중간에 취할 수 있도록 싸 준 그 음
식을 너희들 것만이 아름다우며 소중
한 것이며 값진 것이며,
23 남의 가족이 싸 준 음식은 거기에 독
약이 들어 있으며 죽음의 약이 들어
있으니 그를 먹어서도 안 되며 쳐다봐
도 안 되며 맛을 봐서도 안 된다는 그
와 같은 협국의 마음 자세로 지금 억
지를 부리는 것이 지금 가고 있는 종
교 지도자 너희들이니라.
24 어찌하여 너희들 것만 먹을 수 있으며
남들 것은 먹을 수 없으며, 그는 식사
대용으로 쓸 수 없다 너희들이 그리
말하는가?
25 이제는 그와 같은 억지를 부리며, 그
와 같은 욕심이며 우월주의에 빠진 백
성 너희들이 깨우치고 너희들 자신을
돌아다봐야 할 것이니라.
26 어떠한 종파에 속해 있든, 이 세상에
생명을 가진 나의 백성 너희들은 다
나의 아들딸이니라.
27 그리하여 너희들이 추구하는 것은 내
품에 오기를 원하는 것이며, 영원히
사는 하늘나라에 오기 위하여 너희들
이 달려오고 있음이니,
28 어떠한 형태로 오든 어떤 옷을 입고
오든 너희들은 다 하나의 길동무거늘,
29 어찌하여 멀고도 먼 길을 가는 그 길
동무끼리 원수와 같이 생각하며 그와
같이 적대시하는가?
30 서로 손을 잡고 너희들이 한마음이 되
어 웃고 즐기는 그와 같은 아름다운
길동무요, 벗이 되어 나에게 오는 그
와 같은 마음을 가진 백성, 그가 정녕
나에게 올 수 있음을 알라.
31 너희들이 같은 한 길을 오면서 서로
적대시하며, 시기하고 질투하며, 파벌
을 조성하며,
32 '너와 내가 하나'가 아니라, '너는 너고
나는 나'라는 그와 같은 길이요,
33 바르고 고운 길이 있는 것을 가르쳐
주지 않으며 저만 오려 하는 그와 같
은 인간의 심보를 가진 것이 지금의
종교 집단이 가고 있는 길이니,
34 너희들이 바르고 쉽다고 달려오는 그
길이 지옥으로 달려가는 길임을 알라.
35 내가 뭐라 말했느냐?
36 하늘에 오르는 길은 어렵고 힘들며,
지옥으로 가는 길은 넓고 편하다 하였
음이니,
37 너희들만이 편하고 간편한 길이라 하

여 달려가는 것이 지옥으로 가는 것임
을 알아야 할 것이니라.
38 이 세상에 살아 있는 모든 백성 너희
들은 나를 향하여 달려오는 하나의 벗
이요, 서로의 길동무라는 것을 잊지
말라.
39 어찌하여 멀고도 먼 여행을 같이하는
그와 같은 길동무요, 같은 백성이요,
같은 형제끼리 그리도 투기하며 시기
하며,
40 그와 같이 무서운 마음이 도사리며 저
만이 구원을 받으며 저만이 나에게 온
다 하면 되는가?
41 그리하여 지금 달려오는 것이 너희들
의 형국이니, 그 무서움에서 깨어나며,
42 너희들이 가고 있는 것이 얼마나 죄를
짓는 것이며 두려운 것인가를 볼 줄
아는 백성이 되어야 할 것이니 그리
전하라.

4,851 번째 하나님 말씀

2003년 2월 5일 23시 27분

1 사랑하는 나의 아들아!
2 "네, 아버님! 말씀하옵소서."
3 영원불멸이요, 절대적이라는 그 믿음,
4 처음 믿은 그 믿음을 끝까지 그대로
믿어야 하며, 그 믿음은 변화될 수 없
으며, 새로운 길을 갈 수 없다 그리 말
하는 자,
5 그리고 너희들이 몸담은 그 종파요,
그 종교 집단만이 구원을 받는다는 그
와 같은 생각에 젖어 굳어져 있는 너
희들,
6 과연 구원받는다 믿는 너희들은 어찌
하여 남의 것을 볼 줄 모르며, 남의 것
을 경청하여 너희 것으로 만드는 그와
같은 지혜도 없는가?
7 너희들은 세상사 넓은 마음으로 보는
그 마음을 갖고 살아야 함을 알아야
할 것이니라.
8 세상사 살아가면서 한 사람의 친구만
을 사귀고 살아가는 자와 많은 사람이
요, 여러 가지 직업을 가진 사람을 사
귀며 살아가는 자 중에 누가 더 세상
을 현명하게 살아가는 자라 말할 수
있는가?
9 지금 저희들 것만이 구원을 받는 길이
요, 오로지 제가 가는 길만이 하늘에
오르는 길이라 그리 억지를 부리는 백
성,
10 그들이야말로 세상을 좁게 만들며, 세
상을 경멸하게 하며, 세상의 사랑을
모두 다 빼어가며, 세상사의 모든 것
을 황폐하게 하는 소인배의 집단임을
알라.
11 소인배의 그 행동이 어떠하던가?
12 저 자신밖에 모르며, 세상이 넓은 것
을 모르며, 오로지 제 생각만이 옳다
고집하는 그와 같은 자를 소인배라
말할 수 있음이니라.
13 사랑할 줄 모르며 용서할 줄 모르며
이해할 줄 모르며, 오로지 제 고집만
을 부리는 자, 그와 같은 자들이 소인
배라 함이니,
14 지금의 믿음의 길을 가고 있는 종교
집단이 소인배의 집단으로 전락하여
있음을 너희들은 알아야 할 것이니라.
15 너희들이 살아가는 세상 속에 '참새라
는 작은 새가 봉황이라는 큰 새의 생

각이요, 그를 따를 수 없음이요, 그가
무엇을 이루고자 하며 무슨 뜻을 가지
고 있는 것인가를 작은 새가 모른다'
는 말이 있듯이, 그와 같은 착각 속에
서 너희들이 벗어나야 함을 알아야 할
것이니라.
16 지금 나 여호와가 원하며 나 여호와가
가고자 하는 그 뜻을 감히 알지도 못
하는 자들이 참진리요, 그리고 구원의
길이라 하고 있으며,
17 저희들만이 오로지 선택된 것이며, 저
희들만이 하늘에 오르는 길이라 그리
말함이니,
18 그와 같이 말하는 자는 참진리요, 진
정한 구원의 길을 볼 수도 없으며 보
지도 못하느니라.
19 이와 같은 착각 속에 사는 백성은 진
리의 위대함을 모름이니라.
20 세상에 갓 태어난 강아지가 세상사 무
엇을 알겠는가?
21 그는 세상 물정을 모르며, 누가 적이
고 누가 강자며 약자인지 모르는 것이
니라.
22 금방 눈을 뜬 강아지가 무엇을 알겠는
가?
23 그는 무엇이 무서운지를 모르니, 분별
할 능력이 없는 것이니라.
24 그리하여 그는 범이요, 사자 앞에서
대들며, 그 사자 앞으로 달려가며, 그
사자에게 대드는 그와 같은 무서운 형
국이요, 무지한 행위를 하는 것이니,
25 그것은 알지 못하기 때문에 그리하는
강아지의 행동이 아니던가?
26 과연 그가 세상사를 알아 범이 무서우
며 사자가 무서운 것을 안다면 그 앞
에 감히 대들겠는가?
27 아무것도 모르기 때문이니라.
28 지금 나의 아들을 통하여 새로운 성경
이요, 새로운 법전을 세상에 내려보냄
이니,
29 이를 보고 깨우치며 이를 행하고자 하
지 않는 자는 나의 진리를 알 수 없으
며 나의 뜻을 알 수 없음이니,
30 너희들이 지금 바로 무엇이더냐?
31 범 앞에 대드는, '하룻강아지 범 무서
운 줄 모른다'는 그와 같은 형국이요,
32 그와 같은 형태로써 지금 가고 있는
것이 믿음의 집단 너희들이 가는 형국
이니라.
33 감히 너희들이 구원을 받았다 말하는
것은, 그 구원의 위대함이 무엇이며
그 구원이 어찌 역사하는 것이며 어찌
하여 이루어지는 것인가 그 기초요,
근본도 모르는 것이니,
34 바로 눈을 뜬 강아지만도 못한 것이
지금 너희들이 가진 믿음이요, 너희들
이 가고 있는 길임을 알아야 할 것이
니라.
35 너희들은 지금 나 여호와에게 도전함
이니라.
36 그리고 나를 능멸하고자 하는 것이 너
희들이니라.
37 나의 뜻과는 관계없이, 내가 이루고자
하는 것도 모르면서 너희들이 만백성
을 구원의 길로 인도한다 하며 인도했
다 그리 말하며, 구원을 받았다 그리
말하는 것이 바로 너희들이 나에게 도
전하는 행위임을 알아야 할 것이니라.
38 너희는 이제 깨달아야 할 것이니라.
39 너희가 지금까지 배워 왔던 그 모두를

덮어 두며,
40 내가 새로운 심판이요, 새로운 성경이
요, 나의 법전이요, 구할 자와 버릴 자
를 선택하기 위하여 내려보내는 나의
법전을 접하여,
41 내가 이루고자 하는 그 뜻에 따라 너
희가 지금까지 믿어 왔던 모든 종파의
대변화와 개혁을 스스로 단행하며 이
루지 아니하면,
42 정녕 그리도 갈구하는 하늘에 오르는
길을 볼 수도 없는 것이 너희들이니라.
43 새로 내려보내는 나의 성경이요, 나의
법전에 귀를 기울여 너희들이 이를 보
고 깨우쳐, 내가 원하는 것이 무엇인
가를 스스로 알 때,
44 너희들이 하늘에 오르는 영광의 빛을
보게 되며, 너희의 마음에 충만한 은
혜를 받음을 알게 될 것이니, 이를 명
심하여 행해야 할 것이니라.
45 이를 주저하는 자, 이를 거역하는 자,
정녕 그는 나의 백성이 아니니라.
46 내가 나의 법전에 수천수만 번 이와
같은 뜻을 너희에게 전함이니,
47 내가 오죽하면 너희들의 지금의 그 믿
음이 나 여호와의 뜻을 모르며 내가
이루고자 하는 것을 모르기에 하룻강
아지 범 무서운 줄 모르는 자의 행동
과 같다 비유하여 가르쳤겠는가?
48 너희들은 여기서 다시 한 번 짚고 넘
어가 봐야 할 것이니라.
49 사탄이 기록하는 말이요, 마귀가 전하
는 말이요, 지금의 마지막 시대에 세
상을 우롱하고자 내려오는 거짓 선지
자가 하는 말이라 하여도,
50 그 뜻과 너희들이 행하는 것과 살아가
는 것이 정녕 나의 법전에 기록된 내
용의 범주를 벗어나지 못하며 그 틀을
벗어나지 못하며 그 한계를 벗어나지
못하고 산다 하면,
51 너희들은 나의 법전에 기록한 그 내용
을 들여다봐야 할 것이니라.
52 그를 들여다봤을 때 사탄이요, 이단이
요, 악마요, 그리고 마지막 시대의 거
짓 선지자가 너희를 현혹하기 위하여
하는 행위가 정녕 아니라는 것을 깨달
을 것이니라.
53 거기에는 나 여호와의 참진리가 있음
을 알 것이며, 내가 이루고자 하는 역
사가 거기 있으며, 너희들이 하늘에
오르는 빛을 볼 수 있는 역사함을 얻
게 될 것이니, 그 길을 선택하도록 그
리하라.
54 그것만이 너희가 구원받을 수 있음을
내가 이리도 간곡히 애원하듯이 기록
하거늘,
55 나의 이 뜻을 너희가 조금이라도 생각
한다면, 너희는 곧 나의 법전을 접하
여 읽어 보도록 그리하라.

4,852 번째 하나님 말씀

2003년 2월 5일 23시 38분

1 사랑하는 나의 아들아!
2 "네, 아버님! 말씀하옵소서."
3 모든 종교 집단 너희들이 하루하루를
살아가는 것은, 하늘을 향하여 구름을
타고 나의 아들이 재림하여 세상에 내
려와 너희들을 구원할 것이며, 너희들
은 들림을 받을 것이며, 그리하여 천
국에 오른다는 그것을 기대하며 그날

을 생각하며 지금 모두가 살아가는 것
이 아니던가?
4 그리고 그날을 위하여 너희들은 준비
하며 또한 그리 기도하고 경배하는 것
이 아닌가?
5 너희들이 여기서 그와 같은 생각을 하
고 믿음의 길을 간다면 그것은 너희들
의 욕심이 아니던가?
6 나 여호와에게 향하는 길이며 나를 따
르는 백성은 너희들이 존재하지 아니
함이요,
7 욕심을 가지며 거래하는 마음으로 믿
음의 길을 간다면 그는 나와는 아무런
관계도 없다 하였음이니라.
8 그러나 지금 믿음의 길을 가고 있는
자, 너희들의 손으로 지은 성전에 가
재물을 바치며 봉사하며 그 모든 시간
을 바치며 살아가는 너희들이 오로지
한 가지,
9 나의 아들이 재림하여 너희들을 구원
할 것이며, 너희들은 들림을 받을 것
이며, 천국에 올라갈 수 있다는 것을
기대하고 바라며,
10 나의 아들이 천군을 내려 나팔 불며
구름 타고 세상에 내려와 너희들만이
구원을 받을 것이라 그리 생각하는 자,
11 그리고 그 길을 위하여 오늘날까지 살
아가며 죽을 때까지 믿음이라는 곳을
달려가는 백성,
12 너희들은 그것이 다 허사이며 허무한
꿈임을 알라.
13 너희들이 그와 같은 기대를 걸며 너희
들만이 구원을 받는다는 생각 그 자체
가 나와는 관계없으며, 너희들이 구원
을 받을 수 없음을 알라.
14 너희들이 정녕 나 여호와의 백성이요,
나를 위하여 살아간다면, 내가 명하는
것을 잘 배우고 깨달아 순종하는 백성
으로서 나에게 사랑을 받아,
15 너희들이 지옥에 가 있는 그 백성을
구원하기 위해 지옥 불로 뛰어들어 갈
수 있는 그와 같은 용기와, 너희를 희
생으로 태워서 지옥 불에 가 있는 너
희 형제들을 구원할 수 있는 그와 같
은 마음으로써 너희들이 기도하며 그
길을 가는 것이 나로부터 선택된 백성
이 가는 길이며 가야 할 길이라 너희
들은 생각하지 아니하는가?
16 바로 그와 같은 마음을 가지고 가는
백성이어야만 너희들이 나로부터 선
택된 자요, 나의 뜻을 너희들이 순종
하며, 거역하지 아니하는 것이니,
17 계산하는 믿음으로 믿지 아니하는 것
이 아니던가?
18 나의 아들이 재림하여 너희들을 천국
으로 인도하여 너희들만이 들림을 받
을 것이라 그리 믿고 있으며, 그를 위
해 너희들의 모든 것을 다 바치고 봉
사하는 것은,
19 나의 아들 예수가 천군을 데리고 구름
을 타고 요란하게 내려와 너희들에게
축복의 빛이 내려질 그날을 위하여 너
희들이 행함이니, 장사꾼도 그와 같은
장사가 없음이니라.
20 너희들이 말하는 금화와 은화요, 지폐
나 동전 얼마를 갖다 바치고서 너희들
이 그와 같은 큰 은혜와 축복과 영광
을 얻고자 하는 것은,
21 그것이 얼마나 우매한 욕심이며, 얼마
나 상상할 수 없는 욕심의 발로에서

나오는 것인가?
22 그 욕심의 뿌리를 버리지 못한 너희들
이 어찌하여 하늘의 빛을 보며 구원의
길을 보겠는가?
23 그 욕심부터 다 뽑아 버려야 할 것이
니라.
24 너희들이 정녕 나의 백성이라 한다면,
너희들이 내가 명한 그 십계명이요,
나의 새로 내리는 성경이요, 나의 뜻
에 따라 너희들이 아름답게 살기 위한
그 삶이요,
25 나로부터 너희들이 구원을 받아 지옥
에 가 있는 너희 형제들을 구원할 수
있는 그와 같은 임무를 받아 그들에게
너희들이 봉사하고 희생하는 그와 같
은 마음을 가지고 살아가는 것이 마음
을 비운 자이거늘,
26 너희들은 그와 같은 생각은 꿈에도 하
지 아니하며, 오로지 저만이 구원받으
며 저만이 들림을 받는다는 그와 같은
생각을 하고 있으니, 너희들이 얼마나
불쌍한 인간들인가?
27 너희들이 지금 나를 얼마나 거역하며
나를 욕보이며 나를 괴롭히고 있는지
알겠는가?
28 나의 아들 예수가 재림하여 너희들에
게 그와 같은 역사를 이룬다는 그 기
대를 걸고 있으나,
29 나 여호와는 너희들에게 성경에 기록
하여 전했으며 나의 법전에 의하여 전
했느니라.
30 나 여호와는 다시 나의 아들이 세상에
내려오는 그와 같은 일은 절대로 있을
수 없다 하였으며, 예수의 재림은 없
다 내가 그리 너희들에게 전하고 깨우
쳐 주었음이니라.
31 그리하여 너희들이 나의 아들이 세상
에 내려올 것이라는 그와 같은 기대를
하지 말라 내가 그리 말하였거늘,
32 너희들은 내가 그와 같이 전한 나의
뜻을 듣지도 아니하며, 그를 묵살하
며, 나 여호와의 뜻을 너희들은 인정
하지 아니하며, 나를 모욕하며, 나를
능멸하는 그와 같은 처사가 무엇이던
가?
33 예수가 재림하지 아니한다는 것을, 너
희들은 예수가 이 세상에 내려와 재림
하여 너희들을 구원할 것이라는 그와
같은 법과 규정을 너희 스스로 정해
놓은 것이 아니고 무엇인가?
34 너희들이 이미 나의 아들이 세상에 내
려와 재림하여 너희들은 들림을 받을
것이며 천국으로 안내할 것이니, 그리
하여 나의 아들 예수가 내려온다는 것
을 너희들이 미리 정해 놓았음이니,
35 그것은 나 여호와와 아무런 관계도 없
으며,
36 너희들이 나 여호와를 지배하며 나 여
호와를 다스린다는 그와 같은 착각 속
에 사는 것이 지금의 종교 집단이요,
지도자들이 하고 있는 그 사악한 행위
임을 너희들은 알라.
37 너희들이 내가 보낸 나의 아들 예수로
써 구원을 받으며 나에게 오며, 나의
이름을 부르면 구원을 받는다 말하는
너희들이,
38 내가 나의 아들 예수는 재림이 없다
하였으면 그 재림이 없는 것으로 그리
알아야 할 것이거늘,
39 너희들은 나의 아들 예수는 재림한다

하였으니, 그것은 너희들의 규정에 따
라 너희들의 계명에 의하여 너희들의
생각에 따라 미리 다 정해 놓고 짜 놓
은 각본을 만들어 놓고 지금 그리 행
함이니,
40 그것이 얼마나 나에게 무서운 죄며,
나를 능멸하며 나를 욕보이는 행위인
지를 알겠는가?
41 너희들이 지금 하고 있는 행위가 그러
한 계획이니라.
42 그와 같은 계획하에 너희들이 행위를
함이니라.
43 나 여호와는 그와 같은 계획이 없으
며, 나 여호와는 그와 같이 역사함이
없다 내가 말하였음이니,
44 이는 너희들의 머리로써 너희들의 손
으로 만든 계획이며 너희들이 만들어
놓았음이니,
45 이는 나의 피조물 만백성을 우롱하여
이끌어 너희들이 부귀영화를 누리며
나의 백성으로부터 군림하며 제왕적
인 대우를 받는 것은 너희들이 내가
지시하는 내 뜻을 거역함이요,
46 내가 원하지 않는 것을, 내가 있을 수
없다는 것을 너희들이 만들어 놓고 그
대로 가고자 하는 것이니,
47 바로 너희들은 구원의 길을 가는 것이
소중함이 아니요, 육의 삶이며 편안한
삶이며 제왕적인 대우를 받고 사는 것
이 더 소중하기에 그 길을 달려가는
자들이니,
48 얼마나 너희들이 사악하고 간악한 백
성이요, 지도자인가?
49 그들 앞에 가서 너희들이 무엇을 배우
며 무슨 구원을 받는다 그리하는가?
50 지금 그와 같이 나의 아들 예수는 내
가 재림하지 않는다 하였으나, 재림한
다 그리 가르치는 자,
51 그리고 들림을 받을 수 있으며 천국이
반드시 올 것이라 그리하여 나의 피조
물 만백성을 가르치고 깨우치는 자,
너희들은 바로 무엇이던가?
52 하늘을 너희들이 관장하고자 하는 것
이며 하늘을 지배하고자 하는 것이며,
53 나 여호와의 위에 있어서 너희들이 나
를 다스리는 듯이 그와 같은 착각 속
에 있는 것이니, 그와 같은 종교 지도
자 그 집단 속에서 하늘에 오르는 길
이라 하여 시간과 재물과 모두를 바치
는 불쌍한 나의 백성 너희들이 깨어나
야 할 것이니라.
54 그리 깨어나 너희들이 그들을 단죄했
을 때, 이 악의 뿌리는 세상에서 거둬
질 것이며, 이 악의 뿌리는 세상에 계
속 존재하지 못할 것이니라.
55 너희들이 깨어나서 그들을 단죄하지
아니하며 그들을 다스리지 아니한다
면, 이 악의 뿌리는 계속 존재할 것이
며 이는 계속 반복될 것이니라.
56 그리하여 나의 새로운 성경이요, 나의
법전이 세상에 나와 너희들을 구원하
고자 하나 이를 막으며 이를 전하지
못하게 하는 것이 너희들이 지금 하고
있는 행위이니,
57 거기에 동참하는 백성 너희들 스스로
죽음의 길이요, 지옥의 불로 찾아가지
말라.
58 나의 아들이 재림하여 세상에 내려와
너희들을 구한다는, 너희들이 세운 그
계획은 하늘의 계획이 아니며, 나 여

호와의 뜻이 아니며, 그는 있을 수도 없는 일임을 너희들은 알아야 할 것이니라.
59 인간 세상사 너희들이 만든 계획이니 그 계획은 무엇이던가?
60 나를 기만함이며 하늘을 기만하며 만백성을 기만하는 것이니라.
61 그리고도 죄를 모르며 그 두려움을 모르는 것이 너희들이니, 너희들이 얼마나 오만방자한 행동을 지금 하고 있는가?
62 그리고 나에게 얼마나 너희들이 도전하는 것이며 나를 욕보이며 나를 능멸하며,
63 나에게 너희들이 그와 같은 행위를 하는 것이 얼마나 크나큰 죄인가를 너희들이 아직도 모르고 있음이니,
64 이와 같은 뜻을 내가 나의 아들을 통하여 법전에 기록하여 너희들에게 전함이니, 만백성 너희들은 이를 읽어야 할 것이니라.
65 이단이요, 사탄이요, 사악한 자라 하며 너희들이 벌레 보는 듯한 마음으로 나의 법전을 던지고 태우고 찢어 버리는 자, 어떠한 형벌로써 너희들이 그 대가를 치르는 것인가를 알게 될 것이니라.
66 재림할 때 구원을 받으며 들림을 받는다는 생각이 너희들의 욕심이니,
67 그와 같은 마음을 가지고 있는 한 너희들은 나와 아무런 관계도 없음을 알아야 할 것이니라.
68 나를 능가하려는 그와 같은 행위로써 너희들이 착각 속에 살아가지 말라.
69 내가 너희들을 그냥 놓아두지 아니하며, 너희들이 지금 육에 있는 세상에서 내가 너희들을 단죄하고자 하며 너희들의 뿌리를 뽑고자 함이니 그리 알라.

부 록

【하나님께서 가르쳐 주신 운동】

천재지변이 일어날 때, 동물이나 미물들은 미리 알고 대피하지만, 인간은 알지 못하고 큰 화를 당합니다. 하나님께서 인간에게 가장 높은 지혜를 주시고 완벽하게 창조해 주셨기에 동물들보다 더 잘 알 수 있지만, 욕심으로 마음이 혼탁해져서 한 치 앞을 보지 못하는 것입니다.

마찬가지로, 인간은 누구나 스스로 필요한 운동을 해서 건강을 지킬 수 있도록 하나님께서 만들어 주셨습니다. 우리의 머리에서 우리 몸에 필요한 동작을 해 달라고 끊임없이 신호를 보내지만, 인간이 혼탁하게 살아서 그 신호를 알아채지 못합니다. 그러니 자연스럽게 자기 몸이 원하는 그 신호를 따라서 운동하는 것이 하나님께서 가르쳐 주신 운동 방법입니다. 바로, 우리의 영이 육을 이끄는 운동입니다.

▶ 하나님 운동법

1. 눈을 감고, 발을 어깨너비로 벌리고 바르게 선다.
2. 몸에 힘을 풀고, 허리를 숙이면서 손과 머리를 아래로 내린다.
3. 허리를 펴고 싶을 때, 천천히 펴면서 하고 싶은 동작을 하면 운동이 시작된다. (사람마다 다르다.)
4. 멈추지 말고, 어떤 동작이든지 자기 몸의 느낌대로 계속 이어서 한다.

▶ 참고 사항

① 눈을 감은 상태로 아무 생각 하지 않고, 자기 몸의 느낌대로 움직입니다.

② 마음을 비우고, 욕심을 버리고, 지난날의 잘못을 반성하면서 몇 차례 시도하다 보면, 자기도 모르게 하고 싶은 동작이 끊임없이 생깁니다.

③ 운동 장소는 방 안이든 운동장이든 관계없으며, 걷거나 달리고 싶을 때는 눈을 떠도 됩니다.

④ 매일 40분 이상, 주 4회 이상, 3개월 이상 하면 음식 조절에 들어갑니다.
- 음식으로 생긴 병은 음식으로 치료하게 되며, 어떤 음식을 먹어야 하는지 스스로 알게 됩니다.
(자기 몸에 필요한 음식만 먹고 싶어집니다.)

⑤ 사랑하는 사람과 함께 운동하면 서로 치료해 주기도 합니다.

⑥ 운동을 하다가 몸의 어느 한 부분을 계속 손으로 자극한다면 그쪽에 이상이 있는 것이니, 의사에게 상담을 받고 적절한 치료를 받으면 됩니다.

⑦ 다이어트 및 기타 건강관리에 효과적입니다.

⑧ 꾸준히 운동하여 영이 맑아지면, 자신의 과거와 미래를 스스로 보게 됩니다.

누구나 스스로 하실 수 있습니다.

간 행 사

《새로운 성경》은:

- 새로운 성경은, 하나님께서 선량하고 선한 자를 선택하여 십계명을 암송하도록 하시고, 십계명을 암송한 다음에 음성으로써 들려주시는 말씀을 듣고 그대로 카세트테이프에 녹음해서 받아쓴 책입니다.

- 90분짜리 녹음테이프 700여 개에 달하는 말씀으로, 1999년 8월부터 2004년 7월까지 총160권(권당 288쪽)을 완성하였으며, 그 이후에도 현재까지 계속 말씀을 내려 주고 계십니다.

- 새로운 성경은 "하늘을 두루마리 삼고 바닷물을 먹물삼아 쓰고 써도 다 못 쓴다"는, 끝없이 방대한 하나님의 말씀이 두루마리로 직접 내려오는 것입니다. 이러한 새로운 성경은 구약과 신약을 폐하려는 것이 아니라 "인봉된 성서의 비유의 뜻"을 상세히 설명하여 완성하고자 하나님께서 직접 내려 주신 말씀입니다.

《새로운 성경》의 구성:

- 제 목: 2013년, 160권 모음집을 발간하면서, 본 도서의 제목을 "하나님! 말씀하옵소서"에서 《새로운 성경》 으로 명해 주셨습니다.

- 단행본: 각 권당 288쪽(신국판) 책이 160권까지 시리즈로 출판됩니다.
(모음집은 단행본을 16권씩 묶어서, 총 10부로 구성됩니다.)

《새로운 성경》의 성경적 근거:

- 신약 성경 [요한복음] 16장 13절에 "진리의 성령이 오시면 그가 너희를 모든 진리 가운데로 인도하시리니 그가 자의로 말하지 않고, 오직 듣는 것만을 말하며" 하신 말씀처럼 하나님의 음성을 들은 것만 기록하였으며,

- "장래 일을 너희에게 알리시리라" 하신 말씀과 같이 개인, 나라, 인류의 "장래"일을 하나님께서 알려 주시는 것만 기록하여 책으로 만들었습니다.

《새로운 성경》의 기록 방법:

· 1999년 8월부터 하나님께서 저에게 들려주시는 음성을 기록하였습니다. 처음에는 제가 들은 말씀을 불러 주면 저의 아내가 기록하여, 2000년 1월 29일에 1권 초판이 세상에 나왔습니다. 2000년 4월부터는 주시는 말씀을 받아 녹음기에 기록하여 시리즈로 출간하기 시작하였습니다.

· 녹음을 시작하면서 하나님의 말씀을 받는 데 가속도가 붙었고, 2001년 5월 3일에 1부(1~16권까지)를 인쇄하여 출판하였으며, 2004년 7월까지 총160권 분량의 말씀을 받아 기록하였습니다.

하나님께서 저에게 주신 것은:

· 첫째, 만백성을 상대로 내려 주시는 "기도", 둘째, 수시로 내려 주시는 "묵상", 셋째, 개인의 과거, 현재, 미래를 알려 주시는 "개인 기도", 넷째, 개인의 건강을 위해서 내려 주시는 "음식 처방", 다섯째, 하나님께서 가르쳐 주신 "운동"등이 있습니다. 이 중에 첫 번째, "기도"를 책으로 편찬하였습니다. 사람의 생사, 개인의 미래에 관한 천기는 수록하지 말라 하셨습니다.

강론 안내:

· 하나님께서는 지금도 매일 저에게 새로운 하늘의 비밀의 말씀을 내려 주고 계십니다. 수시로 내려 주시는 말씀을 정리해서 제자를 육성하라는 말씀에 따라 매주 강론을 하고 있습니다. 누구나 무료로 들으실 수 있습니다. (book160.com)

《새로운 성경》을 읽는 분들에게 드리는 선물:

· 개인 기도: 개인의 과거, 현재, 미래에 관하여 말씀을 내려 주십니다.

· 음식 처방: 사람은 음식을 먹고살다가 건강을 잃으니, 음식과 운동으로 건강을 되찾는 방법을 알려 드립니다. 단, 하나님이 계심을 믿고, 십계명을 지키겠다고 진실로 서약하는 분들께 알려드립니다.

《새로운 성경》의 은혜와 기적:

· 새로운 성경 전160권은 16권씩 묶어서 총 10부의 모음집으로 구성됩니다. 모음집 한 부를 읽고 깨우치는 자에게 하나님께서 다음과 같은 기적이 있다고 하셨습니다.

· "첫째, 그가 죽어 하늘에 갔을 때 그의 죄를 묻지 아니하며, 구원을 받는 위대한 은혜가 있으며, 둘째, 그의 소원과 소망이 이루어지고, 셋째, 죽은 자(부모, 형제, 자식, 사랑하고 은혜 입은 분)의 이름으로 구입한 책을 읽고 누군가 한 사람이 깨우칠 때, 그 죽은 자가 지옥에서 천국으로 구원을 받게 되며, 넷째, 유산, 중절 수술 등으로 태어나지 못한 아이를 위하여 구입한 책을 보고 한 명이 깨우쳤을 때, 그 아이가 사람으로 다시 한 번 태어나는 은혜를 받는다."

· "새로운 성경"을 3회 이상 정성을 다해 정독하는 자, 성서의 비밀을 알게 되고, 세상의 이치를 알게 되며, 세상을 지배하고 통제할 수 있는 지혜를 다 얻게 된다고 하셨습니다. 이 책은 만백성이 정독하고 이웃에게 전하여, 평생 가슴에 묻은 슬픔과 고통의 짐을 벗고 미래를 위한 힘찬 삶을 살아가도록 하는 책입니다.

끝으로

· 하나님께서는 흰 눈이 세상을 덮듯이 새로운 성경을 온 세상에 전하라고 하셨습니다. 《새로운 성경》을 각국어로 번역해서 온 인류에게 구원의 길을 깨우쳐 주고, 그 수익으로 가난하고 어려운 백성을 구제하여, 만백성의 영과 육을 함께 구원하는 선지자의 임무를 수행하라고 저에게 명하셨습니다.

· 하늘에서 내려 주신 말씀의 보화를 만백성에게 나누어 주는 것이 선지자의 임무라고 하셨습니다. 새로운 성경을 통해서 얻는 재물을 사용할 곳도 하나님께서 일일이 명해 주십니다. 모든 재물은 저의 자의로 쓸 수 없고, 하나님께서 명하시는 대로만 쓰여집니다.

· 어떤 명분으로든 십일조나 각종 헌금을 거두어들이지 말라 하셨으며, 국내뿐 아니라 각국에 성전과 단독 서점을 운영하며, 한국의 많은 젊은이들을 전 세계에 지도자로 내보내라고 하셨습니다.

· 우리는 세계적으로 새로운 성경을 보급하며 어려운 이들을 돕는 역사를 해 나갈 것입니다. 지금까지 비록 몇 명 안 되는 제자들과 함께 이러한 일을 역사했지만, 앞으로도 계속 하나님께서 기뻐하시는 일들을 해 나갈 것입니다. 부족한 저희에게 여러분들의 지혜와 성원을 보내 주시기를 바랍니다. 많은 분들의 참여와 도움을 간절히 기다립니다. 감사합니다.

한국어로 내려온 《새로운 성경》 단행본을 출간하며
2016년 4월 10일

발행인 **김 용 철**

한국어로 내려온

새로운 **성 경** · 5부 · 제65권

지은이 하나님 말씀
대역자 김용철

초판인쇄 1쇄 2017년 4월 3일

펴낸 곳 도서출판 하얀마음
등록번호 제 10-2107호 (2001년 2월 14일)
주소 서울시 노원구 덕릉로86길5, 2층
전화번호 02) 313-1114
팩스 02) 393-5554
전자우편 book160@hanmail.net
편집위원 조나영 김미향 이석교
제작지원 김창현 김지영

도서상담 1600-7527
ISBN 978-89-5875-165-6 (04230)
978-89-5875-100-7 (세 트)

값 10,000원
잘못된 책은 구입하신 곳에서 바꾸어 드립니다.

※이 책은 10부로 제작되며, 각 부 16권씩 총160권으로 구성됩니다.※

1부	2부	3부	4부	**5부**	6부	7부	8부	9부	10부
1권	17권	33권	49권	65권	81권	97권	113권	129권	145권
2권	18권	34권	50권	66권	82권	98권	114권	130권	146권
3권	19권	35권	51권	67권	83권	99권	115권	131권	147권
4권	20권	36권	52권	68권	84권	100권	116권	132권	148권
5권	21권	37권	53권	69권	85권	101권	117권	133권	149권
6권	22권	38권	54권	70권	86권	102권	118권	134권	150권
7권	23권	39권	55권	71권	87권	103권	119권	135권	151권
8권	24권	40권	56권	72권	88권	104권	120권	136권	152권
9권	25권	41권	57권	73권	89권	105권	121권	137권	153권
10권	26권	42권	58권	74권	90권	106권	122권	138권	154권
11권	27권	43권	59권	75권	91권	107권	123권	139권	155권
12권	28권	44권	60권	76권	92권	108권	124권	140권	156권
13권	29권	45권	61권	77권	93권	109권	125권	141권	157권
14권	30권	46권	62권	78권	94권	110권	126권	142권	158권
15권	31권	47권	63권	79권	95권	111권	127권	143권	159권
16권	32권	48권	64권	80권	96권	112권	128권	144권	160권